調理科学実験

編著　大羽和子
　　　川端晶子
著　　阿久澤さゆり
　　　石田　裕
　　　大越ひろ
　　　佐藤恵美子
　　　澤山　茂
　　　高橋智子
　　　田村咲江
　　　升井洋至
　　　村山篤子
　　　森髙初恵

株式会社 学建書院

はしがき

　新しい世紀の幕開けとともに，食生活もいっそうの多様化に拍車がかかり，食生活の営みにも変化がみられる．健康と安全・安心を望む人々の願いが大きなうねりとなり，食に対する関心と期待が高まっている昨今である．

　食の営みのターゲットは「おいしく食べて健康でありたい」，「おいしく食べて美しくありたい」，「1日の疲れを癒し明日への活力を貯えたい」などということであり，日常茶飯事の食行動はこうした願いを込めた楽しみの時間でもある．

　火の発見とともに食品を加熱して食べることを経験した人類は，おいしさの追求に努力を重ねてきた．各地域の歴史と文化に培われながら，「食べ方」に傾向をつくり，それらを伝承し，また，変容を加えながら今日にいたっている．

　調理学は，「人間はどのような食べ方をしたらよいか」を学び研究することを目的としている学際領域の学問である．人間が食べる行動には，生理的意義と精神的意義があるが，調理学は食べることの生理的意義を持つ縦糸と，精神的意義を持つ横糸の織りなす人間学の原点でもある．調理学は物と心の接点である「食べ物」を対象とし，人々の心身の健康と幸せを願いながら，調理に関する事柄を文化的・科学的に究明し，法則性を見いだし，調理の技術の向上や食生活の実践に役立つ理論を提供することを目標としている．

　たとえば，炊飯の例をみよう．日本人にとって「炊き干し法」という炊飯方法はかなり経験を積まないとむずかしく，古くより炊飯のコツとして，「はじめチョロチョロ中パッパ，ブツブツいうころ火をひいて，赤子泣くともフタとるな」といわれてきたが，電磁誘導加熱（IH）方式の炊飯器が開発され，このことわざに対応した炊飯原理（p.5）が見事に実行されて，誰でも「おいしいご飯」が炊けるようになった．その他多くの調理機器の出現は食品産業の発展や，個人の食生活の向上にも役立っている．これらと平行して調理学は人間文化に根ざす食のあり方も対象としているので，感覚の数量化，官能評価，嗜好調査，おいしさのトレンドの調査などの基礎技術を身につけなければならない．また，超高齢者社会に向けて，高齢者の食事形態にも関心が向けられ，専門的な対応が迫られている．

　消費者の立場から，食の専門家としての業務も増加し，栄養士，管理栄養士，フードスペシャリスト，フードアドバイザーなどで，新しい調理学的な専門的知識・技術が要求されてきた．

調理過程で起こる現象は複雑で完全に解明することは困難であるが，科学的に説明でき，また科学現象をうまく利用している面がかなりある．そこで，調理するというなじみやすい言葉を通して，物理，化学，生物，数学などの科学的な要素を理解し，科学的思考力を高めることができよう．また，調理過程で起きている現象を，日常見過ごしていることも多いので，実験という方法で注意を促し観察力を養うことも，調理科学実験を行う目的の1つである．講義のみでは理解しにくい調理の理論を実験を通して，より深く理解できることも事実である．

　本書は，調理科学実験のために学生が使用するテキストとして，また学生みずからが新しい実験を試みたり，研究を発展させるときの手助けとなるよう編集したものである．実験内容は定性的なものもあるが，数量化を試み，数値の扱い方を習得できるようにした．また，実験結果はわかりやすくするために，図表で示し，学生自身の言葉で考察能力が身につくように配慮した．

　前半では，調理科学実験に共通する基本実験として，計量・計測，調理と温度，比重と密度，水分活性の測定，食品とpHおよび食品の組織，食品物性，調理と酵素，官能評価の項目をあげ，後半では，植物性食品，動物性食品，成分抽出素材の調理性，さらに超高齢者社会に向けて，介護食（咀嚼・嚥下食関連）の実験を加えた．執筆分担の先生方が，日ごろの学生実験や研究指導の体験から精選された項目を限られた頁数にまとめた．

　終わりに，執筆を分担いただいた諸先生方に感謝申し上げるとともに，出版にあたり献身的なご尽力，ご配慮をいただいた学建書院木村勝子社長ならびに大崎真弓，馬島めぐみ両氏に厚く御礼申し上げます．

　2003年3月

大羽　和子
川端　晶子

目 次

1 調理科学実験にあたって 〈川端 晶子〉

1. 調理科学に関する基礎知識 —— 2
   1）調理学（調理科学）の内容構成 *2*
   2）調理科学実験 *2*
   3）調理科学の研究方法 *3*
   4）本書で取り上げた"調理科学実験"のテーマ *4*
2. 調理科学実験をはじめるにあたって —— 6
   1）実験の心得 *6*
   2）リポートの書き方 *6*

2 調理科学に関する基礎実験 〈石田 裕〉

1. 計量・計測 —— 8
   - 実験1　食品の目安量と重量・容量・廃棄率の関係 *8*
   - 実験2　食品の体積の測定 *12*
2. 調理と温度 —— 14
   - 実験1　液状食品の温度降下の測定 *14*
   - 実験2　食品の内部温度の測定 *15*
3. 比重と密度 —— 18
   - 実験1　液体の比重の測定 *18*
   - 実験2　固形食品の比重・密度の測定 *20*
4. 食品と水分活性 —— 22
   - 実験1　水分活性の測定 *22*
5. 食品とpH —— 25
   - 実験1　食品のpHの測定：pH試験紙およびpHメーターによる測定－みそ3種－ *25*
   - 実験2　食品成分の緩衝作用 *26*

3 食品の組織に関する実験 〈田村 咲江〉

1. 光学顕微鏡による食品の観察 —— 28

v

1）光学顕微鏡の種類　*28*
　　　2）顕微鏡を使用する際の留意点　*29*
　　　3）生物顕微鏡観察のための標本作製法　*30*
　　　　実験1　でん粉粒の糊化開始状態の観察　*32*
　　　　実験2　じゃがいもに含まれるグリコアルカロイド（ソラニン）の検出　*34*
　　2．電子顕微鏡による食品の観察　*36*
　　　1）透過電子顕微鏡　*36*
　　　2）走査電子顕微鏡　*36*
　　　3）食品組織の観察例　*37*

4　食品物性の測定　〈阿久澤さゆり・高橋　智子・森髙　初恵〉

1．粘度の測定　*41*
　　実験1　毛細管粘度計による粘度の測定　*42*
　　実験2　回転粘度計による粘度の測定　*44*
　　実験3　ラピッド・ビスコ・アナライザーによる糊化特性の測定　*46*
2．静的粘弾性の測定と解析　*48*
　　実験1　クリープ測定と解析　*49*
　　実験2　応力緩和測定と解析　*52*
3．動的粘弾性の測定　*54*
　　実験1　でん粉懸濁液の糊化過程における動的粘弾性　*54*
4．破断特性の測定と解析　*56*
　　1）破断特性　*56*
　　2）カードメーターによる破断特性の測定　*56*
　　実験1　破断特性の測定　*57*
5．テクスチャーの測定　*60*
　　実験1　食品のテクスチャー特性の測定方法　*60*
6．その他の経験的力学量の測定機器　*64*

5　調理と酵素に関する実験　〈大羽　和子〉

　　実験1　色の変化と酵素－野菜・果実の酵素的褐変の抑制　*66*
　　実験2　味の変化と酵素－甘味とアミラーゼについて　*68*
　　実験3　テクスチャーの変化と酵素－ゼラチンゼリーとたんぱく質分解酵素　*70*
　　実験4　酵素の抽出と活性測定のための基礎実験　*72*

6 官能評価法

〈澤山　茂・森髙　初恵〉

1. 味覚による実験 ……………………………………………………………… 76
   - 実験1　味覚による閾値の測定・5味の識別　76
   - 実験2　味の対比効果　80
2. 2点比較法（Pair test）……………………………………………………… 82
   - 実験1　2点比較法　82
3. 3点比較法（Triangle test）………………………………………………… 85
   - 実験1　3点比較法　85
4. 一対比較法（Paired comparison）………………………………………… 89
   - 実験1　シェッフェの一対比較法　89
5. 配偶法（Matching test）…………………………………………………… 94
   - 実験1　配偶法　95
6. 順位法（Ranking test）……………………………………………………… 96
   - 実験1　順位法　96
7. 評点法（Scoring method）………………………………………………… 100
   - 実験1　評点法　100
8. セマンティック・デファレンシャル法（SD法）………………………… 107
   - 実験1　セマンティック・デファレンシャル法（SD法）　107

7 植物性食品の調理性に関する実験

〈佐藤恵美子・升井　洋至・村山　篤子〉

1. 米 …………………………………………………………………………… 114
   - 実験1　米の性状試験　114
   - 実験2　炊飯（分粥）における米と加水量との関係　115
   - 実験3　米の吸水　116
2. 小麦粉 ……………………………………………………………………… 118
   - 実験1　小麦粉の種類による生地の性状とグルテンの採取量　118
   - 実験2　ルーの加熱温度とソースの性状　120
   - 実験3　小麦粉の膨化調理－スポンジケーキ　122
   - 実験4　材料配合の割合の差異によるクッキー　124
3. いも ………………………………………………………………………… 128
   - 実験1　じゃがいもの調理特性－粉ふきいもとマッシュポテト　128
4. 豆 …………………………………………………………………………… 130
   - 実験1　だいずとあずきの調理加工特性　130
5. 野菜 ………………………………………………………………………… 134

|実験1| 生野菜の吸水と放水　*134*
|実験2| だいこんの食塩浸透　*136*

6．果　実 ·· *138*
|実験1| 果実の酸, 糖, ペクチン含量とゼリー　*138*
|実験2| 渋柿の脱渋　*140*

7．調理と色 ··· *142*
|実験1| 野菜・果実の調理に伴う色の変化　*142*
|実験2| 調理過程の色の生成－酵素的褐変, 非酵素的褐変　*145*

8　動物性食品の調理性に関する実験　〈大羽　和子〉

1．食　肉 ·· *148*
|実験1| 肉の加熱　*148*
|実験2| 肉の軟化　*153*

2．魚　介 ·· *154*
|実験1| 魚肉とpH－塩じめ, 酢じめ　*154*
|実験2| 魚肉の加熱－魚肉だんご　*156*
|実験3| 魚類の鮮度　*158*

3．卵 ·· *162*
|実験1| 卵の鮮度の鑑別と各部分の重量　*162*
|実験2| 卵白の起泡性と泡の安定度　*164*
|実験3| 卵の熱凝固－ゆで卵　*166*
|実験4| 卵液の熱凝固　*168*

4．乳および乳製品 ··· *170*
|実験1| カッテージチーズ　*170*
|実験2| 生クリームの泡立てと分離　*172*

9　成分抽出素材の調理性に関する実験

〈佐藤恵美子・村山　篤子・森髙　初恵〉

1．でん粉 ··· *174*
|実験1| ブラベンダー・アミログラフによるでん粉の粘度解析　*174*
|実験2| でん粉の糊化度の測定　*177*
|実験3| ブラマンジェのテクスチャー　*179*

2．砂糖とその他の甘味料 ··· *181*
|実験1| 砂糖溶液の加熱温度とその性質　*181*
|実験2| 砂糖の結晶化－フォンダン　*183*
|実験3| 砂糖の結晶化防止－抜糸　*184*

| | 実験4 | 各種甘味料の甘味　*186* |

3．海藻抽出物とゼラチン ……………………………………………………………… *188*
| | 実験1 | 寒天・カラギーナンおよびゼラチンのゾル－ゲル変化　*188* |

4．油　脂 ……………………………………………………………………………………… *194*
	実験1	じゃがいもの素揚げにおける水と油の交換　*194*
	実験2	揚げ物の種類と適温および揚げ時間　*196*
	実験3	マヨネーズ　*198*
	実験4	フレンチドレッシング　*200*

10 介護食（咀嚼・嚥下食関連）の実験 〈大越　ひろ・高橋　智子〉

1．嚥下補助食品としての市販とろみ調整食品の使いやすさおよび飲み込み特性 … *203*
	実験1	粘稠性を発現する主原料が異なる市販とろみ調整食品の添加濃度と硬さ　*203*
	実験2	市販とろみ調整食品添加試料の硬さの経時変化　*205*
	実験3	市販とろみ調整食品添加試料の飲み込み特性　*206*

2．ゼリー状食品の飲み込み特性および咀嚼性 ……………………………………… *211*
	実験1	異なるゲル化剤の添加濃度とゼリーの硬さ　*211*
	実験2	ゼリー食品の飲み込み特性　*213*
	実験3	寒天ゼリーの咀嚼食塊の形状　*214*

索　引 ……………………………………………………………………………… *215*

調理科学実験

1 調理科学実験にあたって

1. 調理科学に関する基礎知識

1）調理学（調理科学）の内容構成

　調理学（cookery science）は，普遍的論理を持つ"科学"としての側面と，多面的な価値観を許容する"文化の学"としての性格を持っている．調理という行為は，本質的に文化現象であるが，実際の調理の過程では科学的法則が関与してくる．調理は経験をもとに発達してきたものであるが，調理の技術は進歩し，科学革新の波に乗って食生活をサポートする食品産業の発展はめざましい．

　近年，調理学は周辺科学や技術の発展に伴い，自然科学的な発想と手段を導入して，調理のコツの科学的解明や，調理に関する理論体系の研究がめざましい進展をとげつつあるが，これらと並行して，人間文化に根ざす食のあり方についても，調理学の対象として研究が進められている．大学における調理学は，図1-1のように，理論（調理学・調理科学），実験（調理科学実験）と実習（調理学実習）から構成される．

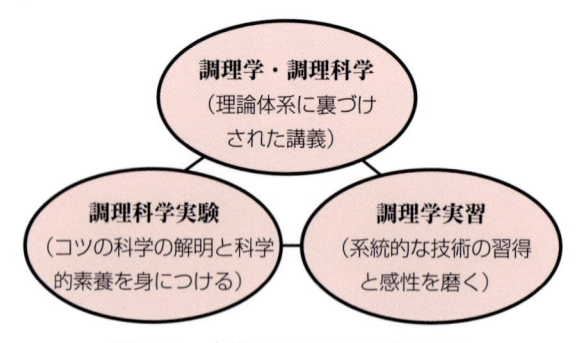

図1-1　大学における調理学の内容

2）調理科学実験

　実験には，なぜこのような現象が起こるのかを見いだすことを目的とする発見的実験と，その理由を明らかにする証明的実験がある．調理に関する実験を通して科学的・分析的素養を身につけることを目的とする．

(1) 調理のコツを科学的に会得し，食品の扱い方と調理性を理解する．
(2) 実験を通して調理の技術の要点を会得，おいしく仕上げる調理の技術の向上をはかる．
(3) 調理の疑問を解明し，さらに高度の研究を展開する素養を身につける．

3) 調理科学の研究方法

　調理素材として用いる食品にはさまざまな成分が含まれていて，調理過程における成分の変化も複雑であるうえ，嗜好や習慣，健康状態の異なる個人が評価して食べるところに，調理科学研究の対象を複雑にしている．

　経験をもとに発達した技術を主体とする調理科学は，学際領域の学問でもあり，複雑多岐にわたる．表1-1に示すような研究方法があるが，複雑な調理現象を解明するためには，いくつかの方法を併用することが広く行われている．

表 1-1　調理科学の研究方法

1) 調理操作からのアプローチ
   - 調理のコツの解明
   - 調理法の体系化・法則性の解明
   - 調理システムの人間工学的研究
   - 加熱調理の科学

2) 食品成分の化学的アプローチ
   - 栄養・機能性成分の定量
   - 嗜好成分の定性・定量
   - 酵素に関する実験

3) 食品の組織学的アプローチ
   - 組織の観察
   - 表面構造の観察
   - 形態変化の測定

4) 食品物性からのアプローチ
   - 液状食品の粘度の測定
   - 静的粘弾性の測定と解析
   - 動的粘弾性の測定と解析
   - 破断特性の測定と解析
   - テクスチャーの測定と解析

5) 計量心理学からのアプローチ
   - 官能評価法
   - 食べ物の性質の官能評価
   - 人間の感覚・感情の評価

6) 食文化からのアプローチ
   - 比較論的方法
   - 歴史学的方法
   - 社会学的方法
   - 分類学的方法

7) ケモメトリックスからのアプローチ

　　ケモメトリックスとは，数学的手法や統計的手法を適用し，最適手順や最適実験計画の立案，選択を行うとともに，科学データから得られる科学情報量の最大化を目的とする一分野である．学際分野である調理科学の研究にはぜひ取り入れたい．

8) サイコレオロジーからのアプローチ

　　サイコレオロジーとは，食べ物の力学物性と人間の知覚の問題を取り扱う学問分野である．客観的な物性測定と官能評価による主観的な測定の関係を求めることが調理科学分野で広く利用されている．

4）本書で取り上げた"調理科学実験"のテーマ

　調理科学に関する実験項目として，前半には基礎的な実験項目を解説した．

　後半では身近な食べ物を選び，調理の疑問にこたえ，実験を通しておいしい食べ物を調製する要点を会得するとともに，新しい料理を創造するための基礎的素養を身につけるためにポピュラーなテーマを選んだ．

　なお，超高齢者社会に向けて，咀嚼機能や嚥下機能が低下した高齢者の食事の形態に関心が深まってきたため，最後の章で"介護食（咀嚼・嚥下食関連）"の実験を加えた．

(1)　調理科学実験にあたって

(2)　調理科学に関する基礎実験

　　① 計量・計測，② 調理と温度，③ 比重と密度

　　④ 水分活性の測定，⑤ 食品とpH

(3)　食品の組織に関する実験

　　① 標本作製法，② 光学顕微鏡による観察，③ 電子顕微鏡による観察

(4)　食品物性の測定

　　① 粘度の測定，② 静的粘弾性の測定と解析，③ 動的粘弾性の測定

　　④ 破断特性の測定と解析，⑤ テクスチャーの測定

(5)　調理と酵素に関する実験

　　① 色の変化と酵素，② 味の変化と酵素

　　③ テクスチャーの変化と酵素，④ 酵素の抽出と活性測定

(6)　官能評価法

　　① 味覚による閾値の測定・味の対比効果

　　② 2点比較法，3点比較法，一対比較法，配偶法，順位法，評点法

　　③ セマンティック・デファレンシャル法（SD法）

(7)　植物性食品の調理性に関する実験

　　① 米（図1-2），② 小麦粉，③ いも，④ 豆，⑤ 野菜（表1-2），⑥ 果物，⑦ 調理と色

(8)　動物性食品の調理性に関する実験

　　① 食肉，② 魚肉，③ 卵，④ 乳および乳製品

(9)　成分抽出素材の調理性に関する実験

　　① でん粉，② 砂糖とその他の甘味料

　　③ 海藻抽出物とゼラチン（図1-3，1-4），④ 油脂

(10)　介護食（咀嚼・嚥下食関連）の実験

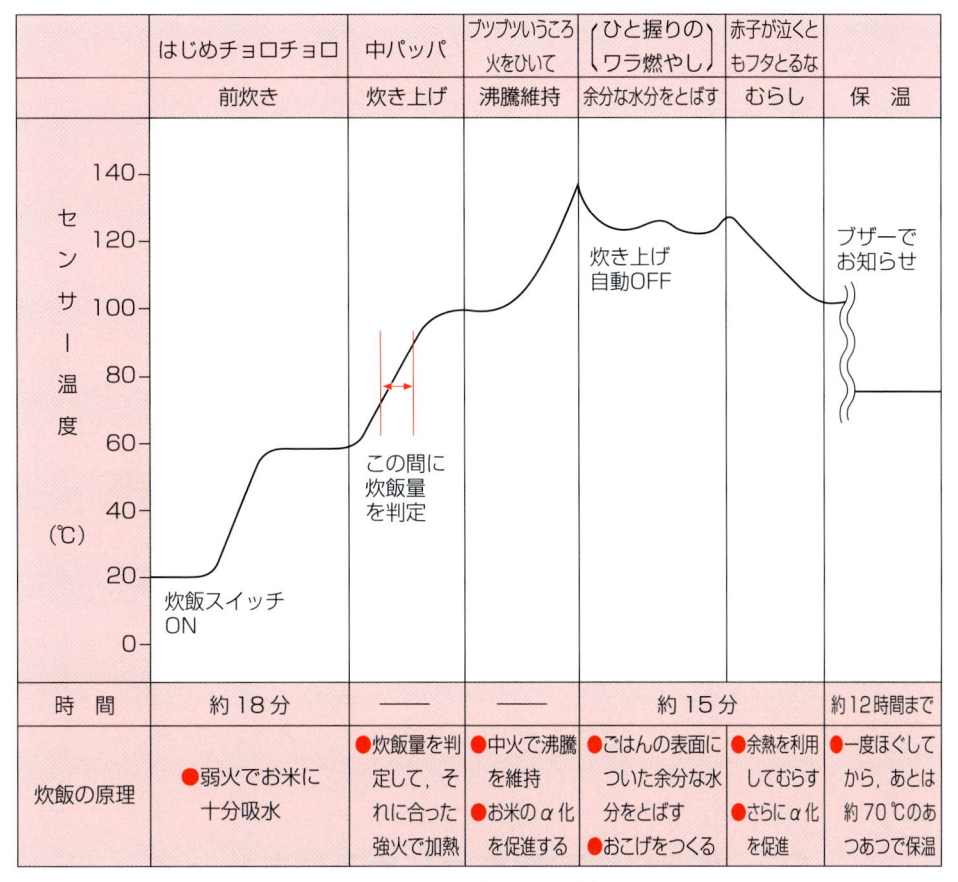

	はじめチョロチョロ	中パッパ	ブツブツいうころ火をひいて	(ひと握りのワラ燃やし)	赤子が泣くともフタとるな	
	前炊き	炊き上げ	沸騰維持	余分な水分をとばす	むらし	保温
時間	約18分	—	—	約15分		約12時間まで
炊飯の原理	●弱火でお米に十分吸水	●炊飯量を判定して、それに合った強火で加熱	●中火で沸騰を維持 ●お米のα化を促進する	●ごはんの表面についた余分な水分をとばす ●おこげをつくる	●余熱を利用してむらす ●さらにα化を促進	●一度ほぐしてから、あとは約70℃のあつあつで保温

グラフ中の注釈:
- センサー温度(℃): 0〜140
- 炊飯スイッチON
- この間に炊飯量を判定
- 炊き上げ自動OFF
- ブザーでお知らせ

図1-2 IHジャー炊飯器の炊飯の原理
(平田孝一:炊飯技術の完全マニュアル, p.24, グレインS.P., 2002)

表1-2 野菜や果物に多く含まれる食物繊維

食物繊維			(食物繊維の種類)	(含まれる食品)
	不溶性		植物の細胞壁（ペクチン質, セルロース, ヘミセルロース, リグニン, イヌリン）動物性食品（キチン, キトサン, コラーゲン）	果物 野菜（ごぼう, だいこんを含む）, 穀類, 豆類など かに, えびの甲殻, ふかひれ, 魚肉, 鶏の手羽など
	水溶性	ドロドロ型（高分子型）	ペクチン質, グアガム, グルコマンナン, アルギン酸ナトリウム	果物 野菜, 海藻, 植物の種子, 葉, 根など
		サラサラ型（低分子型）	でん粉を加工したり, 化学的に合成したもの（低分子化アルギン酸, 低分子化グアガム, ポリデキストロースなど）	一部の機能性飲料, 機能性食品 （パン, 菓子など）

(川端晶子:レモンでイキイキ, p.61, 講談社, 2000)

1 調理科学実験にあたって

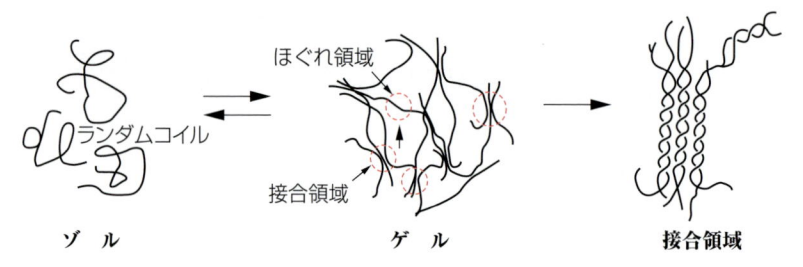

図 1-3 寒天のゾル−ゲル転移とゲルの接合領域の模式図
(川端晶子：食品物性学. p.27, 建帛社, 1989)

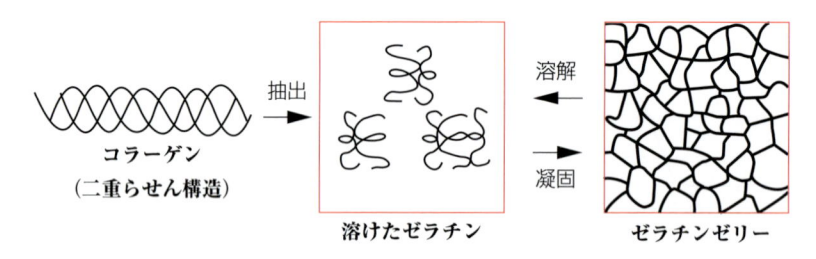

図 1-4 コラーゲンからゼラチンゼリーへの基本構造の変化
ゼラチンの溶けた溶液が冷却されると、ゼラチンが細かい網目構造を呈し独特の弾力性を持つゼラチンゼリーができあがる．可逆性があり、温度によって凝固と溶解を繰り返す．
(川端晶子：調理学. p.123, 建帛社, 2002)

2. 調理科学実験をはじめるにあたって

1) 実験の心得

(1) 予定の実験テーマに関する【目　的】，【実験方法】(試料，器具，条件，操作)，【実験結果のまとめ】，【参　考】などをよく読んで理解しておくこと．
(2) 実験方法や実験結果を記録しやすいように，ノートを準備すること．
(3) 実験室のエチケットやマナーを守ること．
(4) 清潔，整頓に留意すること．
(5) けが，火災，薬物に対して注意すること．

2) リポートの書き方

　実験の記録は，ありのままをできるだけ何でも書くことが望ましい．実験のなかから何を観察し，どう記録するかということは，たいへん重要なことである．

> **調理科学実験のテーマ**
>
> 年月日，天候，室温
> 実験グループ，実験者名
>
> 【目　的】
> 【実験方法】
> 　　試料・材料
> 　　試薬
> 　　実験装置および器具
> 　　実験条件および方法
> 【実験結果】
> 【考　察】
> 【参考文献】

次の点を詳細に記録しておく．

【テーマ】
【年月日，曜日，天候，室温，実験グループ，実験者名】
【目　的】　従来の実験をもとに，何を，どうするかをわかりやすく書く．
【実験方法】
(1) 試料・材料：特別な試料については，産地，入手方法なども記録する．
(2) 試薬：純度，製造会社なども記録する．
(3) 実験装置および器具：実験用測定機器については，機器名，仕様（製造会社名，型）を記録する．
(4) 実験条件，方法，経過：あらかじめ，実験条件，方法をよく検討し，経過はありのままを記録する．失敗も貴重な体験であるから，すべてを記録する．

【実験結果】　測定値，観察結果などをまとめて書く．
【考　察】　実験が終わったら，実験経過の全般を見渡して，それぞれの結果について考察を記す．参考文献を読んで考察するのがより望ましい．
【参考文献】

2 調理科学に関する基礎実験

複雑な調理現象の解明とおいしい食べ物を調製する過程の再現性を的確にとらえるには，食品を正しく計量することが要求される．調理科学に関する基礎実験として，①計量・計測，②調理と温度，③比重と密度，④食品と水分活性，⑤食品とpHをとりあげた．

1．計量・計測

実験1　食品の目安量と重量・容量・廃棄率の関係

目的

調理科学に関する実験実習には，目安量と重量・容量・廃棄率の相互関係を理解し，実験に必要な計量器の正しい使い方を知り，計量概念と分量の感覚を身につけることが大切である．

(1) 日常よく使用されている食品材料や調味料について，求められる精度に従って，さまざまな秤やメスシリンダーなどの測容器を選択して重量や容量を測定する．また，食品によっては計量スプーンや計量カップを用いて，容量の測定値からそのものの重量を導き出し，重量と容量の関係を明らかにする．

(2) 食品はすべてが可食されるわけではない．すなわち根や皮，種子，内臓，骨などを除いて食される食品については，その廃棄量を明らかにしておかなければならない．

以上の基礎的な実験をとおして，食品の目安量と重量・容量・廃棄率の関係を明確にし，食品の特徴や測定方法を理解する．

実験方法

試料：米，小麦粉，ご飯，食パン（6枚切り），魚（1匹），切り身魚，ハム，鶏卵，みかん，じゃがいも，キャベツ，豆腐，のり，しょうゆ，食塩，上白糖，みそ，こしょう，植物油など

器具：計量スプーン，計量カップ，すり切り用ヘラ，メスシリンダー，駒込ピペット，上皿天秤，直示天秤，電子天秤，電子キッチンスケール，ビーカー，薬包紙，粉ふるい，一般調理器具

操作

a．食品の重量・容量の測定

(1) 秤は秤量（測定可能な最大量），感量（最小目盛）を調べ，目的に応じて選択する．秤を水平な台の上におき，あるいは水平調整のある秤は水平調節をしたあと，ゼロ調整をする．風袋となる器の重量をあらかじめはかっておき，これに試料を加え風袋を差し引くか，風袋引きのついた秤では風袋を載せたあと，ゼロ設定をし，試料

の重量を直読する．

(2) メスシリンダーは，水平において目の位置と液面を合わせ，液面の最低部（メニスカス）を刻線に合わせて容量を読み取る．少量をはかるときは測定したいものが入りきる大きさで，口径はできるだけ小さいものを使用すると精度よく測定できる．

(3) じゃがいもや鶏卵などの固形物についてはあらかじめ 1 つ，あるいは米などは 1 カップ分の重さを目測，あるいは手秤りではかり，予想重量を書き留めておく．

(4) 計量スプーンと計量カップははじめに水を測定（秤で重量を測定 1 cc ＝ 1 g とする）する．大さじ 15 cc（cm^3），小さじ 5 cc（cm^3），カップ 200 cc（cm^3）を入れたときの状態を確認する．

① 新たに各スプーンおよびカップに一定量入れ，これを風袋引きした容器に移し重量をはかる．これを 3 回繰り返し平均をとる．

② しょうゆなどの液体試料は，①の水と同様にして重量の測定を行う．また同容量の計量スプーンに 1/2 量を移し，目安量が目測できるようにする．

③ みそなどの固形食品は計量カップや計量スプーンをあらかじめ風袋としてはかるか，風袋引きにして，それぞれに隙間のないように充填してすり切り重量の測定を行う．

④ 小麦粉はふるいにかけたものを軽くスプーンやカップに盛り上げ，すり切ったものの重量を測定，3 回の平均をとる．またカップの底を軽くたたきながら，ゆすり込んだ場合とさらに強く押し込んですり切った場合など，それぞれの重量変化も確認する．

⑤ その他のものについても工夫して測定する．

(5) 計量スプーンとカップの測定値は標準値と比較する．これにより自分のはかり方の傾向をつかんでおく．

b．食品の廃棄率の測定

(1) 野菜や果物はそのまま，あるいは泥を落として水気を除き，その重量を測定する．次いで通常の調理操作法に従って皮を剝いたり，種を除いたりして可食部と廃棄部に分け，それぞれの重量を測定する．

(2) 魚介類は洗って水を切ったあと，重量を測定する．次いで内臓，頭，骨あるいは殻などを取り除いて，可食部と廃棄部に分けそれぞれの重量を測定する．また料理によって廃棄部が変わることが想定される場合は，廃棄部の取り扱いが変わるので考慮が必要である．

(3) 鶏卵は全重量を測定してから割卵し，卵殻の重量を測定する．次いで卵白と卵黄に分けそれぞれの重量を測定し，全卵に対する個々の比率を求める．

(4) 各食品の廃棄率は次の式により算出する．

$$廃棄率（\%） = \frac{廃棄部重量}{全重量} \times 100$$

$$または，廃棄率（\%） = \frac{全重量 - 可食部重量}{全重量} \times 100$$

(5) 廃棄率は食品成分表に記載の値と比較し，これにより自分の廃棄率などの傾向をつかんでおく．

実験結果のまとめ

表 2-1 食品の目安量と重量・容量・廃棄率の関係表

食品名		目安量	目測重量(g)	手秤り(g)	実重量(g)	容量(mℓ)	可食部重量(g)	廃棄率(%)	使用した秤	備考
穀　類	米	1カップ								
	ご　飯	1膳								
	食パン	6枚切1枚								
	小麦粉	1カップ軽く								
		1ｃ（やや強く）								
		1ｃ（強く）								
魚介・肉類	いわし 生	1匹								
	鮭 切り身	1切れ								
	ハ　ム	1枚								
卵　類	鶏　卵	1個								
	卵　白	1個分								
	卵　黄	1個分								
	卵　殻	1個分								
野菜・果物	キャベツ	1個								
	たまねぎ	1個								
	じゃがいも	1個								
	みかん	1個								
調味料	しょうゆ	大さじ1								
		小さじ1								
	塩	大さじ1								
		小さじ1								
	ご　ま	少々								
水	水	大さじ1								
		小さじ1								
		カップ1								
その他										

参　考

(1)　一般に調理によく用いられる家庭用の上皿天秤は，5g以下の少量を正確にはかるには適さない．また最近用いられるようになってきたデジタルキッチンスケールも感量が1gあるいは2gのものが多く，いわゆる小さじの量を正確にはかることは困難である．この実験で用いる秤としては，感量が0.1g，秤量が2～3kg程度の電子天秤がよい．

(2)　駒込ピペットはあまり正確を要しない範囲で液体をとり移すのに適している．少量の液量の調節には便利である．

(3)　廃棄率は，日常の食習慣で廃棄する部分の全重量に対する重量的な比率（％）である．調理の目的によって，すなわち皮を厚く剝くか薄く剝くか，面取りをするか否かなど，処理の仕方や食べ方によっても変わってくることを知っておく必要がある．

(4)　実際の食品を調理素材として扱う場合，単に秤量だけが正確であればいいというものではない．食品の個体差，部位による差などを考慮しなければならない．しかしそれでは実験にならないので，ある程度食材の条件をそろえて行うが，個々で得た結果を基本的な資料として用いることはその法則性を知るためには重要である．

(5)　結果のまとめの表については，必要に応じて充実させ，献立作成や，購入量の算定，栄養価の概算などに応用発展させて利用する．

実験2　食品の体積の測定

目的　野菜の体積，パンのふくらみ状態を測定するときなどのように，不定形の個体の食品の体積を測定する．

実験方法　試料：きゅうり，ロールパン

器具：なたねまたはあわ，メスシリンダー，すり切り用定規（30～40 cm），ボール小（ロールパンが楽に入る大きさ＝口径 15 cm くらい），ボール大（あふれたなたねまたはあわを集める＝口径 30 cm くらい）

操作

a．水を用いる方法（ぬれても体積に影響のない食品の場合）

(1) メスシリンダー（きゅうりが入る口径のもの）に適量の水を入れ目盛りを読む．

(2) きゅうりをこのなかに静かに入れる．増量した水の量をメスシリンダーの目盛りから読み取る．きゅうりの重量を測定し，比重（密度）を求める（p.20 参照）．

(3) 水の増量分，(2)−(1)がきゅうりの体積（cm³）となる（図 2-1 左）．

b．なたねやあわを用いる方法（なたね法）

(1) 試料の体積をはかるために用いる器の体積を知るために，なたねまたはあわをボール小に山盛り入れ，定規ですり切る．

(2) 次いでボール大になたねまたはあわを移し，空いたボール小にロールパンを静置する．

(3) ボール大からなたねまたはあわを移し，ロールパンを入れたまま定規ですり切る．

(4) ここにあふれたなたねまたはあわをメスシリンダーに移し，容量を読み取りロールパンの体積とする（図 2-1 右）．

(5) あらかじめロールパンの重量を測定しておけば次式より気孔率が求められる．

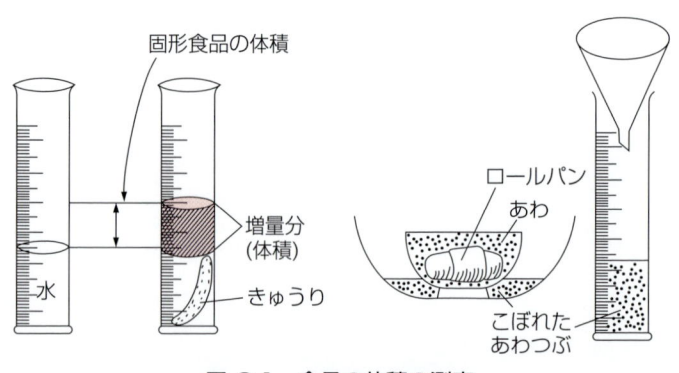

$$気孔率（\%）= \frac{体積（cm^3）}{重量（g）} \times 100$$

図 2-1　食品の体積の測定

実験結果のまとめ

表 2-2 食品の体積，重量と気孔率

食品名	重量(g)	体積(cm³)	比重（密度[g/cm³]）	気孔率(%)
きゅうり				
ロールパン				

参　考

(1) きゅうりの体積をはかるときに用いるメスシリンダーは，なかで詰まらない程度で，極力精度のいいものを使用する．メスシリンダーに入れるときは斜めにして入れるとはまり込みにくい．

(2) パンの表面になたねまたはあわが付着しそうなときは，あらかじめ表面に乾いた粉を薄くまぶしておくとよい．

(3) 測定する試料が多いときは，あらかじめ，なたねまたはあわの容量と重量の関係をグラフにしておくとよい（図 2-2）．このグラフを用いることにより，あふれたなたねまたはあわの重量から容量を導き出すことができる．

(4) 測定は必ず3回以上行い，平均値で表す．

(5) なたねとあわでは表面のなめらかさが異なり，なたねに比べあわは角が立っている．このことから粒同士がひっかかってしまい，再現精度はなたねより低い．しかし価格はなたねがあわの10倍以上と高価なため，方法を学ぶことに主眼をおくならあわでもよい．

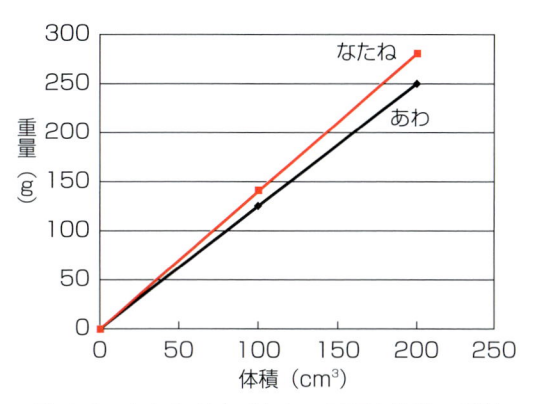

図 2-2 なたねおよびあわの重量と体積の関係

2. 調理と温度

調理における食品の温度の変化の測定には種々の温度計が用いられる．本実験では，液状食品の温度降下および固体食品の加熱操作における内部温度の上昇を測定し，各温度計の取り扱いを知るとともに，各食品に最も適した計測方法を検討する．

実験1　液状食品の温度降下の測定

目　的　水銀温度計またはアルコール温度計を用いて正しい温度のはかり方を学ぶ．汁物のとろみつけによく用いられるでん粉を用いて湯との温度降下速度の比較を行い，その違いを考察する．

実験方法　試料：でん粉糊液（1％じゃがいもでん粉溶液），水

器具：ビーカー（300 ml），水銀またはアルコール温度計，ストップウォッチ，三脚，金網，スタンド，バーナー各2個，電子天秤，一般実験器具

操作

(1) あらかじめ重量を測定したビーカー2個に水 210 cc（ml）ずつを入れ，一方にじゃがいもでん粉 2 g を加え加熱溶解する．沸騰後透明感が出るまでガラス棒で攪拌沸騰を続け，これをでん粉糊液とする．また水のみも同時に沸騰させる．

(2) でん粉糊液を火から下ろし，天秤でビーカーの重量プラス 200 g とする（多いときはさらに加熱，少ないときは湯を加え攪拌して調整する）．

(3) 水についても沸騰後同様に 200 g に合わせる．

(4) 200 g に合わせたものをあらかじめセットしたスタンドの下におき，温度計の液溜めの部分が液の中心になるよう位置を固定する．またこのとき，おく場所は同一条件のところとする．

(5) 温度計の目盛りを観察しながら，いずれも 95℃ を示した時点でストップウォッチをスタートさせる．

(6) 10分ごとに温度計示度を読み取り，60分まで観察し終了する．

実験結果のまとめ　2種の溶液の温度降下については，表および図を作成し，両者の経時的変化が異なる要因について検討する．調理における意義づけも考える．

表 2-3　液温の経時的変化

経過時間（分）	0	5	10	15	20	25	30	35	40	45	50	55	60
1％でん粉糊液（℃）	95												
湯　　（℃）	95												

実験2　食品の内部温度の測定

目　的　熱電対温度計の正しい取り扱い方を知る．大きさの異なる試料について同時に加熱を行い，内部温度の上昇の相違を観察する．

実験方法　試料：だいこん 1/2 本（3 cm 角，1.5 cm 角を各 1 個とれるもの）
　　　　　　器具：熱電対温度計，ビーカー（1 ℓ）1 個，三脚，金網，スタンド，バーナー，竹ぐし，一般調理器具，一般実験器具

操作
(1)　だいこんは皮を剝き測定用に 3 cm 角，1.5 cm 角に調製する．
(2)　中心部に熱電対温度計を差し込むための穴を竹ぐしであらかじめ開けておく．なお穴を開ける方向は繊維に沿って行う．
(3)　熱電対温度計センサーの 2 本または 3 本セットできるものについては，本体にセンサーをそれぞれ接続する．
(4)　室温調整，あるいはゼロ点調整の必要なものは，あらかじめ調整しておく．
(5)　図 2-3 のように熱電対温度計のセンサー部先端がだいこんの中心の位置になるように差し込み，中心部の温度を測定する（通常は先端 1 cm くらいまでがセンサー部である）．
(6)　水を 600 mℓ 入れたビーカー内にだいこんを底につかないようにセットし，スタンドとクランプで固定する．
　　また，もう 1 本をビーカー内の湯の中心にセットする（中心にセットする温度計はアルコール温度計でもよい）．
(7)　バーナーで加熱し，2 分ごとにそれぞれの温度を読み取り記録する．
(8)　湯がおよそ 100 ℃ に達した時点で消火し，だいこんを取り出し，それぞれの煮え具合を比較する．
注意：センサー部と本体を接続するコード類は，焦げたり，溶けたりしやすいので，加熱中の取り扱いは十分注意する．

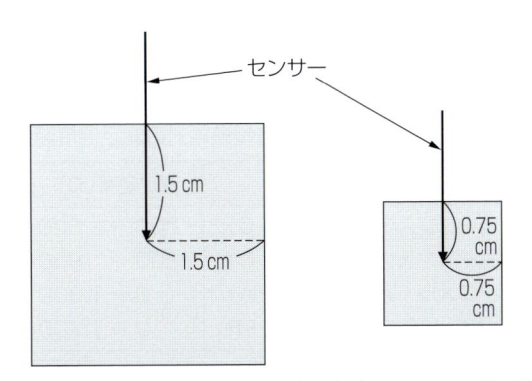

図 2-3　だいこんの形態と熱電対温度計センサーの設置位置

実験結果のまとめ　だいこんの内部温度の変化と湯温の変化をグラフに表す．また大きさによる違いなどについても考察する．

表 2-4　食品の大きさと中心への熱の伝わり方の違い

	0分	5分	10分	15分
だいこん　3 cm角　(℃)				
だいこん　1.5 cm角(℃)				

参　考

(1) 熱電対温度計

　熱電対と熱起電力を温度に変換して表すための計器を組み合わせたものをいう．熱電対は図 2-4 に示すように，2種の金属の針金を組み合わせて環状につないだもので，接点 Q，P の温度が異なると起電力が生じ，環状導線に電流が流れる．これを熱起電力という．熱電対の接触点 Q の温度を 0 ℃ に保ち，接点 P の温度を変えていくと，この差に比例して熱起電力を生じるため，この起電力をはかることにより温度を知ることができる．また組み合わせる金属により熱起電力が異なることから，測定が必要な温度帯により組み合わせを変えることがある（表 2-5）．とくにクロメル－アルメル熱電対は安定で経年変化が少ないという利点がある．

　熱電対温度計は使用上の便宜のため，起電力の代わりにメーター上では温度で表される．基準冷接点 Q が温度変化した場合に自動的に温度補償する回路を組み込んだものである．数か所の温度をスイッチの切り替えによりほぼ同時に測定できることや，コードを介して遠隔操作ができるのも利点である．その他，センサー部の形状により表面温度を測定できるものもある．

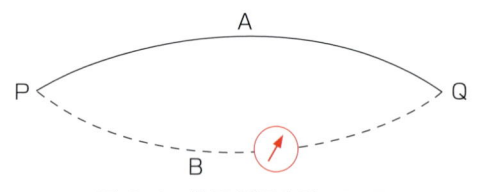

図 2-4　熱電対温度計の原理

表 2-5　各種熱電対の測定温度範囲と起電力

金属の組み合わせ	測定範囲(℃)	100℃の熱起電力(mv)
銅－コンスタンタン（C－C）	－200～　300	4.28
鉄－コンスタンタン（I－C）	－200～　800	5.27
クロメル－アルメル（C－A）	0～1,300	4.10
白金－白金ロジウム（P－PR）	0～1,700	0.64

（中浜信子：全栄施協月報，1970）

(2) 温度計の種類と測定範囲

表 2-6　温度計の種類と測定範囲

温度計		測定温度範囲（℃）	特　徴
液体温度計	水銀 水銀（高圧不活性ガス封入型） エタノール トルエン ペンタン	−30～360 −30～650 −100～70 −90～100 −200～30	液体の熱膨張を利用した温度計で，水銀，着色したアルコール，トルエン，ペンタンなどをガラス管に封入し，温度による体積変化を毛細管を利用して検出する．
金属温度計	バイメタル	−150～400	熱膨張の異なる 2 枚の薄い金属板を接着し，らせん状に巻いたもの．2 枚の金属の熱膨張の違いによって指針が動く．
電気的温度計	熱電対 白金抵抗 サーミスタ	表 2-5 参照 −200～500 −50～300	白金の電気抵抗が温度で変わることを利用したもの．サーミスタ（半導体の一種）を抵抗体として用いたもの．
放射温度計	赤外線放射	−50～500	放射熱を光学系を通して検出．物質のもつ放射エネルギー量を検知器で電圧に変換後増幅，デジタル化して CPU で演算処理後，その物質の温度を求める方法．

※市販されている機器として熱電対温度計は，㈱カスタム製 CT-1310 などがあり，放射温度計はミノルタ㈱製 放射温度計 HT-11 などがある．

(3) 温度の表し方は一般的に摂氏（℃）と華氏（℉）がある．氷の融解点を 0 ℃，沸点を 100 ℃ としてその間を等分したものが摂氏であり，1724 年ファーレンハイトが当時得られた最低の温度を 0 ℉ とし人の体温を 96 ℉ に設定，これを等分したものが華氏である．今日，わが国では通常摂氏（℃）が用いられている．

3．比重と密度

実験1　液体の比重の測定

目的　比重計または比重瓶を用いて身近な液状食品の比重を測定し比較する．また両測定法の特徴を理解する．

その1　比重計による方法

実験方法
試料：10％および50％しょ糖溶液，食酢，しょうゆ，サラダ油
器具：ボーメ比重計，メスシリンダー（100 mℓ），温度計，一般実験器具（ビーカーおよび三角フラスコ（100 mℓ，200 mℓ 各5個程度），メスシリンダー，ガラス棒など）

操作
(1) メスシリンダーに試料を入れる．
(2) 温度計を入れ液温を測定する．

比重計の目盛りは水20℃を標準にしてつけられているが，食品の比重を相対的に比較する場合は同じ液温であれば室温でもよい．ただし表すときは必ず測定温度を付記しておくことが必要である．また食品によっては規格基準に比重が含まれるものがあり，この場合は指定された条件で測定することとする．

(3) 比重計を試料溶液の入ったメスシリンダーに浮かせる．

比重計には7本組，19本組などがある．試料溶液に入れた際，比重計の封入されている錘（おもり）が重過ぎても軽過ぎても，比重計の測定範囲を逸脱してしまう．そこで最初に親メーターを浮かべ，どの比重計を用いるか，およその見当をつけるとよい．読み取りは図2-5に示すように，目の位置と比重計の目盛りを合わせて行う．小数点以下4桁まで読み取ることができる．

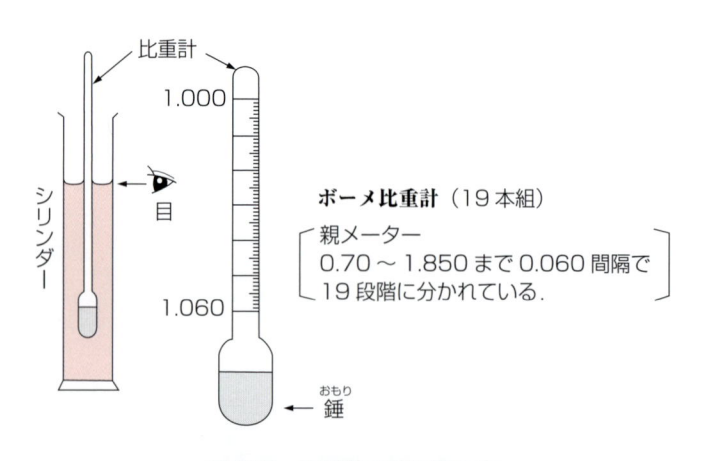

図 2-5　比重計の読み取り方

実験方法

その2　比重瓶による方法

試料：10％しょ糖溶液，10％食塩水

器具：比重瓶（ピクノメーター）25 mℓ（cm³）または 50 mℓ（cm³），一般実験器具

操作

(1) 乾燥した比重瓶の重量を化学天秤で正確に測定する…（w）．

(2) ゲーリュサック型を用いる場合は蒸留水を比重瓶に満たし，aより吹き出した水をぬぐい取り，恒温器で全体を 20 ℃ に調整し，次いでaからこよりを差し込み，液面を標線bに合わせる．これを化学天秤ではかり，水と瓶の重量とする…（W）．

ワード型の場合は口先cまで満たし，同様に重量を測定する（図 2-6）．

(3) 比重瓶の水を捨て，瓶を乾燥，あるいは試料溶液で十分共洗いしたのち，試料を水の場合と同様に比重瓶に満たし，20 ℃ で重量を測定する…（W´）．

(4) 各試料の比重を次の式で計算する（d＝測定温度の蒸留水の比重；この例では20 ℃ の比重）．

$$比重 = \frac{試料の質量}{水の質量} \div d = \frac{(W´-w)}{(W-w)} \div d$$

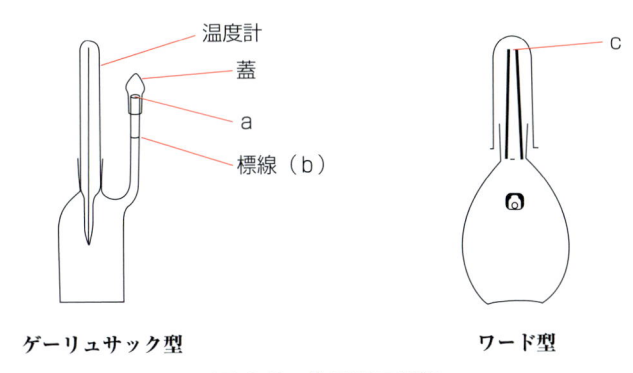

図 2-6　比重瓶の種類

実験結果のまとめ

表 2-7　食品の比重

ボーメ比重計による測定

	10％しょ糖液	50％しょ糖液	食　酢	しょうゆ	サラダ油
液温（℃）					
比　重					

比重瓶による測定

	10％しょ糖液	50％しょ糖液
測定温度（℃）		
比　重		

実験2　固形食品の比重・密度の測定

目的　食品の体積を測定し，重量との関係から比重を求める．

その1　体積を水またはなたねなどで置換してはかる方法

実験方法

試料：じゃがいも（小さめのもの），鶏卵（Sサイズのもの）

器具：メスシリンダー（500 mℓ），包丁，なたね法用ボール（大，小），なたねまたはあわ，すり切り用定規，電子天秤

操作

(1) じゃがいもはそのまま洗い，水を拭き取ったものを使用，鶏卵はそのまま使用する．

(2) 500 mℓ のメスシリンダーに 250 mℓ まで正確に水を入れ，試料を静かに入れ，増加した水の量をメスシリンダーの目盛りで読み取る．この増量分を試料の体積とする．

(3) 水に入れると水分を吸収し変形や変質するものはなたね法を用いる（p.12 参照）．

$$密度 = \frac{重量（g）}{体積（cm^3）}$$

また同じ試料について最低3回は測定を繰り返し，平均を求める．さらに測定値のばらつきを明らかにするために標準偏差をあわせて求めるとよい．

その2　試料の比重を同じ比重の溶液に置換して測定する方法

実験方法

試料：じゃがいも（小さめのもの），鶏卵（Sサイズのもの）

器具および試薬：ビーカー（500 mℓ）3個，食塩，ボーメ比重計とメスシリンダーまたは比重瓶，一般実験器具

操作

(1) ビーカーに5％，10％，20％の食塩水を用意し，薄いほうから順に試料を入れていく．

(2) ここで，薄いほうでは沈み，濃いほうでは浮くことが確認されたら，薄いほうの溶液に試料を入れ徐々に食塩の量を増やしてゆく．

(3) ある時点で浮きも沈みもしない状態が得られるが，このとき，この溶液の比重は試料の比重と等しいとされ，この溶液の比重をボーメの比重計，あるいは比重瓶ではかることにより，かなり正確な値を得ることができる（図 2-7参照）．

注意：この方法はとくに2つの物質のわずかな比重の違いの相対的比較には有効である．

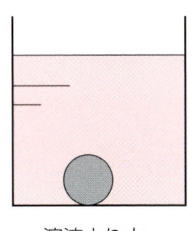

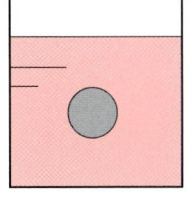

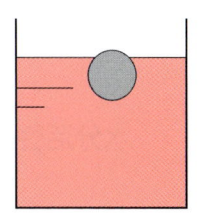

| 密度 | 溶液より大 | 溶液と等しい | 溶液より小 |

図 2-7　同比重の溶液との置換による比重測定

実験結果のまとめ

表 2-8　固形食品の比重

水との容積置換

	じゃがいも	卵
体積（cm³）		
重量（g）		
密度		

塩類溶液との比重代替

	じゃがいも	卵
測定温度（℃）		
比　重		

参　考

(1) 密度：ある物質の詰まり方の程度を表す．通常は単位体積当たりの質量，一般的には g/cm³ で表される．密度は物質固有の値であり，温度や圧力によって変化する．4℃の水の密度は 0.999973 g/cm³ であり，同じ単位で表したある物質の密度は実際には比重として表された数値の 0.999973 倍になる．しかし実際には無視してさしつかえない場合がほとんどであり，実用上は比重と SI 単位系の密度は数値的には区別する必要性は少ない．

(2) 比重：密度と混同しやすい用語として比重があるが，比重はその物質と同体積の標準物質の質量との比であるから単位を持たない．標準物質としては固体または液体の場合，通常 4℃における水が使われ，物質がこれより軽いか重いかを比較するときに用いる．d_4^{20} は水 4℃の密度を 1.0000 とみなし，ある物質の比重を 20℃で測定したことを示している．

4．食品と水分活性

実験1　水分活性の測定

目 的　水分活性とは食品中の水の状態の概略を表す言葉である．従来，食品の保存性と微生物制御という観点から，微生物の利用できる水の状態を表す指標[1]として便利に利用されてきた．しかし今日，水分活性を変化させることで，嗜好性の面で硬さなどさまざまな物理的な性質が改善されること[2]や酵素活性の保持[3]，水分活性を低下させることでクロロフィルの分解抑制[4]などが明らかにされてきている．とくに物性的な面では用いる糖の種類による保水性の違いや，糖類（糖および糖アルコール）の濃度の上昇（一定の範囲で）に伴うゲルの硬化や保水性の向上などは明らかであり，この要因として溶質自体が溶解のために自由水を利用するということを考えると，水の量より水の状態を中心に考えることが適切である．この点においても水分活性をはかることは意味を持つ．

実験方法　試料：寒天ゲルの調製
　① しょ糖無添加寒天ゲル：蒸留水（水）50 ml に 1 %（w/v）の割合（0.50 g）で粉末寒天を加え加熱溶解する．沸騰後2分間弱く煮沸を続けたあと温湯を加えて 50 g に調製する…（A）．
　② 50 % しょ糖添加寒天ゲル：水 50 ml にしょ糖 50 g を加え攪拌，溶解する（容量約 80 ml）．これに 1 %（w/v）の割合（0.80 g）で粉末寒天を加え加熱溶解する．沸騰後2分間弱く煮沸を続けたあと温湯を加えて 100 g に調製する…（B）．
　③ 50 % ソルビトール添加寒天ゲル：水 50 ml にソルビトール 50 g を加え攪拌，溶解する（容量約 80 ml になる）．これに 1 %（w/v）の割合（0.80 g）で粉末寒天を加え沸騰後2分間弱く煮沸を続けたあと温湯を加えて 100 g に調製する…（C）．
　（A），（B），（C）をシャーレに流し込み，同じ条件でかため試料とする．
試薬：硫酸カリウム（25 ℃，RH 96.9 %），塩化カリウム（25 ℃，RH 84.2 %）
器具：コンウェイの微量拡散装置 6 セット，アルミ箔皿 6 枚，化学天秤，カッター，円形型抜き（2.5 cmφ），一般実験器具

操作
　(1) あらかじめ微量拡散装置の外室に飽和硫酸カリウム溶液（RH 96.9 %）を入れたもの3セット，外室に塩化カリウム飽和溶液（RH 84.2 %）を入れたもの3セットを用意する．
　(2) 内室に合わせてアルミ箔で皿をつくり重量を測定しておく．
　(3) 所定の糖濃度で作製した寒天を型（直径 2.5 cm）で抜き，2 mm 厚に切り出

し秤量既知のアルミ皿に載せ秤量する（極力重量を合わせる）．

(4) これを拡散装置内室におき，ワセリンで蓋を密着させ，クリップをして 20 ℃ 孵卵器に 1 ～ 2 時間放置する．

(5) 孵卵器から取り出し，蓋をあけアルミ箔ごと化学天秤で秤量する．

(6) 図 2-8 を用いて重量の増加率と減少率をプロットし結ぶ．増減 0 の点を切る Aw を求める（Aw＝RH/100）．

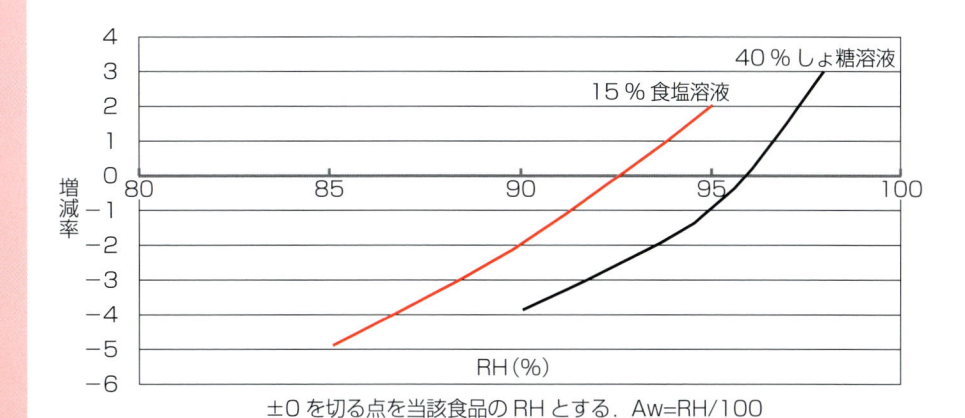

±0 を切る点を当該食品の RH とする．Aw＝RH/100

図 2-8　図式内挿法[5]による水分活性（Aw）の測定

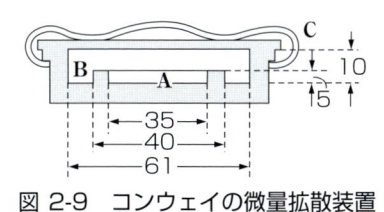

図 2-9　コンウェイの微量拡散装置
A：内室，B：外室，C：締め金
数字は　mm

実験結果のまとめ

表 2-9　異なるしょ糖濃度および糖類を配合した寒天ゲルの水分活性と硬さ

	水分活性	硬さ（手で押す）	歯ざわり	舌ざわり
しょ糖無添加				
50 ％しょ糖溶液				
50 ％ソルビトール				

1) M.Plitman, Y.Park, R.Gome and J.Sinskey：*J. of Food Science*, **38**, 1004～1008, 1973
2) R.H.Chordash and N.N..Potter：*J.Milk Food Technol.*, **35**, 7, 395～398, 1972
3) Katsuharu Yasumatsu, Masahiro Ono, Chikashi Matsumura and Hiroo Simazono：*Agr. Biol. Chem.*, **29**, 665～671, 1954
4) F.LaJollo, S.R.Tannenbaum and T.P.Labuza：*J. of Food Science*, **36**, 1004～1008, 1971
5) A.H.Landrock, B.E.Proctor：*Food Technol.*, **5**, 332～337, 1951

参　考

(1) 表 2-9 の調製ゲルを 4〜7 日間室温放置後，状態を比較する．

(2) 必要な関係湿度の雰囲気を得るのに一般的には各種の塩類が用いられる．表 2-10 におもな塩類と関係湿度の関係を示す．

表 2-10　異なる飽和塩類溶液の示す関係湿度（RH％）

塩　類	RH％ at 20℃	塩　類	RH％ at 25℃
H_2O	100	H_2O	100
$CaSO_4 \cdot 5H_2O$	98	K_2SO_4	96.9
$Na_2HPO_4 \cdot 12H_2O$	95	$NH_4H_2PO_4$	93
K_2HPO_4	92	KNO_3	92
K_2CrO_4	88	KCl	84.2
NH_4Cl	79.2	$NaCl$	75.8

注：放置温度は 20℃か 25℃のいずれかの系列を選択使用する．

5. 食品とpH

| 実験1 | 食品のpHの測定：pH試験紙およびpHメーターによる測定　－みそ3種－ |

目的　pHは溶液の酸性，アルカリ性を示す指標 Potential Hydrogen の略である．一般に食物のpHは酸性側にあり，アルカリ性側ではまずく感じる．pH 3付近では酸味を強く感じるようになる．pH試験紙，pHメーターにより身近な食品のpHを測定し，舌に感じる味との関係を調べる．

実験方法　試料：西京みそ，信州みそ，八丁みそ（各10 g）
器具：標準変色表つきpH試験紙（万能およびPP；フェノールパープルまたはCPR；クロルフェノールレッド），簡易型pHメーター（1点または2点補正つき），ピンセット，電子天秤，一般実験器具

操作
(1) みそをそれぞれ10 gずつビーカーにとり，蒸留水10 mlを加えガラス棒でよく撹拌し，ほぼ均一な溶液とする．
(2) 約1 cm幅に切った万能pH試験紙の小片をピンセットではさみ試料につけ，すぐ引き上げ，標準変色表と試験紙の呈色を比較，おおよそのpHを読み取る．
(3) 万能試験紙で示したpH値付近を詳細にはかれる試験紙を選択．小片をピンセットではさみ試料につけ，すぐに引き上げ標準変色表と試験紙の呈色を比較，pH値を読み取る．
(4) 簡易型pHメーターのセンサー部に校正液をつけ，補正後純水で洗浄，軽く拭き取る．
(5) センサー部に試料溶液をつけ，pH値を読み取る．

実験結果のまとめ

表2-11　pH試験紙およびpHメーターによるpH値の測定

試　料	万能pH試験紙	pH試験紙（　）	pHメーター
西京みそ			
信州みそ			
八丁みそ			

参考　みそは発酵食品の1つであり，熟成に伴いpHの低下がみられ，熟成の1つの指標となる．仕込み時はpHが5.5～6.0くらいであるが，乳酸などの生成に伴い低下してpH 5前後になる．

実験2　食品成分の緩衝作用

目 的　食品類には酸やアルカリを加えてもそのpHが動きにくいことが多い．これは緩衝力の強い各種の電解質が含まれているからであり，そのおもなものとしては有機酸類，リン酸塩，アミノ酸類などがある．緩衝力の強い物質が多く含まれる食品ほどpHの変化が小さい．とくに調味食品にはこれらを多く含むものが多く，代表的な3つの醸造系調味食品と食塩および強酸である塩酸を用いて緩衝作用の比較観察を行う．

その1　希釈によるpHの変動

実験方法
試料：醸造酢，しょうゆ，みそ
器具：簡易型pHメーター，一般実験器具
操作
　(1) 醸造酢，しょうゆはそのまま，みそは同重量の純水を加え溶かしたものを試料原液とする．
　(2) それぞれの原液（10 mℓ）を純水で希釈して2倍液，4倍液，10倍液，20倍希釈液を調製し，それぞれのpHを測定する．

その2　アルカリ溶液添加によるpHの変動

実験方法
試料：醸造酢，しょうゆ，みそ，10％食塩水，0.01 N 塩酸（F=1.0）
試薬：0.01 N 水酸化ナトリウム（F=1.0）
器具：簡易型pHメーター，ホールピペット（10 mℓ），メスピペット（5，10 mℓ），一般実験器具
操作
　(1) 醸造酢，しょうゆはそのまま，みそは同重量の純水を加えたもの，食塩水は10％溶液を原液とする．また強酸である塩酸は0.01 N 溶液を原液とする．
　(2) それぞれの原液（10 mℓ）を純水で希釈して2倍液，4倍液，10倍液，20倍液を調製する．
　(3) 希釈液を含めすべての溶液（10 mℓ）に0.01 N 水酸化ナトリウム（F＝1.0）を3.0 mℓずつ加え撹拌後pHを測定する．

実験結果のまとめ

表 2-12　緩衝作用（希釈によるpHの変動）

	pH 値				
	原　液	2倍希釈液	4倍希釈液	10倍希釈液	20倍希釈液
醸造酢					
しょうゆ					
み そ					

表 2-13 緩衝作用（アルカリ溶液添加による pH の変動）

試料溶液	アルカリ未添加 原液(10 ml)	アルカリ溶液 3 ml 添加 原　液	2 倍希釈液	4 倍希釈液
醸造酢				
しょうゆ				
み そ				
5 % 食塩水				
0.01N HCl				

注：アルカリ溶液＝0.01N NaOH(F＝1.0)
　　0.01N HCl 溶液(F＝1.0)

参　考

(1) 近年簡易型の pH メーターが種々市販されている．少量の液量で測定できることや pH 補正が簡単なことから，計量証明を必要としない場合や，精度が極端に要求されない場合は十分使用に耐え得る．参考として新電元工業㈱製 pH BOY などがある．

(2) 身近な食品の pH を表 2-14 に示す．

表 2-14 食品類のおよその pH 値

食品の種類	pH 値	食品の種類	pH 値
食酢（醸造酢）	2.5	みそ汁各種	5〜5.5
しょうゆ	4.8	おでんの煮汁	5.5 前後
ソース類	3.8	吸い物各種	5.5〜6.0
ケチャップ	3.9	福神漬け	4.8
清　酒	4.8	紅　茶	6.5
みりん	5.0	レモンティー	4.5
グルタミン酸 Na(0.2 %)	7.2	コーヒー	4.9

◆ **参考文献**

1. 杉田浩一，寺元芳子，川端晶子：調理科学ハンドブック．学建書院，1985
2. 久保亮五，長倉三郎，井口洋夫，江沢洋：第 4 版　理化学辞典．岩波書店，1993
3. 全国味噌技術会：みそ技術ハンドブック．全国味噌技術会，1995

3 食品の組織に関する実験

　ヒトの裸眼の分解能は約 0.1 mm であるといわれている．それ以上に拡大してみるためにはレンズの助けを借りなければならない．顕微鏡で拡大して観察される食品の構造を組織構造（microstructure）とよんでいる．顕微鏡のタイプは，光学顕微鏡と電子顕微鏡，その他に分けられ，それぞれいくつかの種類がある．近年，世に出ている顕微鏡の種類は著しく多くなっている．実験に適した顕微鏡を選んで，観察しやすく処理した試料を適切な倍率で観察すれば，食品中の組織構造が拡大された形で視覚的にとらえられる．

　顕微鏡による観察の必要性について考えると，何といっても目で確認することは説得性がある．化学的手法による実験や物理的性質を測定する実験では，食品を均質な塊として扱うことが多いが，実際には溶液以外では完全に均質なものはあまり存在しない．同じ成分組成を持つ食品であっても，内部に構造的な相違があれば，物理的性質は異なるものである．したがって食品の調理による変化を調べるためには，食品の構造を視覚的にとらえることができる顕微鏡による観察をあわせて行うといっそう理解しやすくなるものである．

　本章では，光学顕微鏡を用いた食品観察の概要と 2 つの実験例について述べ，そののち電子顕微鏡についても参考のために解説を行う．

1．光学顕微鏡による食品の観察

1）光学顕微鏡の種類

a．生物顕微鏡

　生物顕微鏡（light microscope）は最も一般的な顕微鏡で，単に光学顕微鏡（光顕）といえば生物顕微鏡をさしているくらいである．生物顕微鏡の分解能は，約 $0.2\,\mu m$ である．観察は一般には 40〜400 倍程度で行われる．流動性のある試料はスライドグラスに塗布し，パラフィンや樹脂に包埋した試料は薄片としてスライドグラスの上に載せて，カバーグラスをかけて可視光線の透過光により観察する．観察する像は倒立像である．一般には薄片に染色を施して目的とする組織を観察しやすくする．その前に試料の変質を防ぐための固定や硬さを持たせるための包埋が必要で，標本作製法（p.30）に記しているような工程の作業が必要である．

b．実体顕微鏡

　実体顕微鏡（stereoscopic microscope）は，6〜60 倍程度の低倍率で観察できるので視野が広い．また，レンズと試料の間隔が十分広いうえに立体的に正立像がみえるので顕微鏡下で作業がしやすい特徴がある．

c．位相差顕微鏡

　位相差顕微鏡（phase contrast microscope）では，対物レンズの後方に組み込まれた位相板と，コンデンサー下面に設けられたリング絞りが機能して，試料を染色することなく，生きた細胞など

の透明物体のわずかな屈折率の差を明暗の差に変えて観察することができる．でん粉粒のリング構造が観察できる．

生物顕微鏡に位相差用対物レンズと位相差用コンデンサーをつければ，位相差顕微鏡として使用できる．

d．偏光顕微鏡

偏光顕微鏡（polarization microscope）は，コンデンサーの下方におくポラライザーとして，また鏡筒のなかにおくアナライザーとして偏光板か偏光プリズムが使用されており，直交ニコル下で結晶のような複屈折体を観察するもので，回転ステージを持っている．食品では，でん粉粒の結晶状態や糊化の有無を観察するのに適している．

簡便法としては，生物顕微鏡に簡易偏光装置を装着して偏光十字を観察することができる．

e．蛍光顕微鏡

蛍光顕微鏡（fluorescence microscope）は，紫外線照明により試料中の蛍光を発する物質の一次蛍光（自己蛍光）を観察したり，蛍光色素を組織の成分に選択的に吸着または溶解させてその二次蛍光を観察したりするのに用いられる．前者の適用例としては，植物組織の葉緑体や肝臓のビタミンA貯蔵細胞の観察がある．

f．共焦点レーザー走査顕微鏡

これまで述べた従来からある光学顕微鏡は，一定焦点での二次元的な像を観察する目的でつくられたものである．そのため観察用試料は薄切する必要があるが，共焦点レーザー走査顕微鏡（confocal laser-scanning microscope）では生（無固定）の試料を用いても光学的切片の観察が可能である．すなわち，共焦点面にピンホールをおいて一切の迷光を排除して焦点深度を浅くした鮮明な光学的断層像が観察される．また，ある特定の物質のみを蛍光染色して一定間隔でZ軸方向の光学的断層像を連続的に得て，その物質の三次元画像（立体像）を構築することができる．単染色ばかりでなく多重染色も行われる．

2）顕微鏡を使用する際の留意点

(1) 顕微鏡は安定した場所において，レンズはクリーンに管理し，光軸系にゴミなどが混入しないように注意する．

(2) 光軸の調整を正しく行って光源ムラのない明るい照明を利用する．

(3) 検鏡の際には，試料をスライドグラス上に載せ，水，グリセリン，封入用の樹脂など試料に適したものでマウントして，必ずカバーグラスをかけてステージに載せる．

(4) 観察された像の記録には写真撮影が行われるが，近年は像をデジタルデータとしてコンピュータに取り込んで保存し，編集することが行われている．

(5) 2つ以上の実験群の顕微鏡観察結果において，粒子の数，面積，周囲長などに差があるかどうかを調べる場合には，画像解析のソフトウエアも利用される．

3） 生物顕微鏡観察のための標本作製法

　食品の塊の内部（組織）がどのような構造になっているか調べるためには，顕微鏡の光源が透過しやすいように試料を薄く切って，観察しやすいように染色して標本を作製する必要がある．しかし，食品は軟らかく，そのままでは観察できる薄さの切片を切り出すことはできないので，硬さを与える物質をしみ込ませるか，試料自体を凍結して硬くする必要がある．

（1）標本作製の過程

　一般に行われている標本作製法の過程を 表 3-1 に示す．詳細は参考文献（p.39）を実験の前に精読して方法を理解するとともに組織学の基本を学ぶことをおすすめする．

表 3-1　生物顕微鏡観察用標本作製過程の比較

パラフィン包埋法	樹脂包埋法	凍結乾燥法	凍結切片法
試料の切り出し	試料の切り出し	試料の切り出し	試料の切り出し
↓	↓	↓	↓
固　定	固　定	凍結乾燥	凍　結
↓	↓	↓	↓
（水　洗）	脱　水	包　埋	薄　切
↓	↓	↓	↓
脱　水	浸　透	薄　切	固　定
↓	↓	↓	↓
浸　透	包　埋	伸　展	染　色
↓	↓	↓	↓
包　埋	重　合	（固　定）	封　入
↓	↓	↓	
薄　切	薄　切	染　色	
↓	↓	↓	
伸　展	伸　展	封　入	
↓	↓		
染　色	染　色		
↓	↓		
封　入	封　入		

a．固　定

　固定とはたんぱく質を変性させて組織に硬さを与えるとともに，酵素の働きを停止させる操作である．よい標本をつくるためには，切り出した組織または製品の一部をできるだけ早く固定液に浸す必要がある．

　固定液としては，緩衝ホルマリン液，ブアン液，カルノア液など試料や目的に応じて選択して用いられる．

b．水洗・脱水・包埋

　固定終了後は水洗して固定液を十分に除去するが，固定液によって異なる．包埋剤としては，パラフィンや水溶性樹脂（グリコールメタクリレートを基剤にしたものなど）が用いられる．濃度を徐々に上げたアルコール系列で脱水したのち（パラフィンの場合は，さらにキシロールに置換し），包埋剤を浸透させて固める．

c．薄　切

包埋した試料をトリミングしたものをミクロトームで2～10μm程度の厚さに薄切し，スライドグラスの上に載せて伸展して乾燥させる．

d．染色・封入

パラフィン切片を染色するには，まずキシロールに浸して脱パラフィンを行う．次いでアルコール系列で濃度を徐々に下げて水にとる．次いで目的とする構造をわかりやすくするための染色を行う．染色後は再びアルコール濃度を上げて脱水し，次いでキシロールに浸して透徹を行い，バルサムなどの封入剤を用いてカバーグラスをかけて封入する．

（2）染色法

染色法には組織の構造を観察しやすくするために行う一般染色法と，組織に含まれる特定の化学成分を選択的に検出する組織化学的染色法がある．

a．一般染色

・ヘマトキシリン・エオジン染色：動物組織の染色に多く用いられ，細胞の核がヘマトキシリンにより青色に，細胞質がエオジンにより赤色に染まる．

・アザン染色：動物組織に主として用いられ，膠原線維は青色に，筋肉は赤または橙，核・赤血球は赤，内分泌顆粒・粘液などはその性質によって赤や紫に染まる．

・サフラニン・ライトグリーン二重染色：植物組織の一般染色に広く用いられる染色で，サフラニンによりクチン化した表皮や，コルク層，木化した導管，生でん粉粒などが赤く染まり，ライトグリーンは細胞質を緑色に染める．

b．組織化学的染色

・アクロレイン・シッフ反応：たんぱく質の持つスルフィドリル基（－SH基）にアクロレインとシッフ液が反応して赤紫色に染まる．

・過ヨウ素酸・シッフ（PAS）反応：糖類のアルデヒド基が過ヨウ素酸によって遊離し，シッフ液と反応して赤紫色を呈する．

・でん粉のヨウ素反応による検出：アミロースは青色に，アミロペクチンは赤褐色に染まる．染色液はヨウ素・ヨウ化カリウム液で，ヨウ化カリウム2gを少量の蒸留水に溶かし，ヨウ素1gを加えて溶解してから300mlとする．これを原液として適宜薄めて用いる．

・脂質の検出（ズダンⅣ染色）：脂質は有機溶媒に溶けて流出するので試料をパラフィンなどには包埋できない．そこで固定または未固定の試料を－20℃で凍結して硬さを与えて，クリオスタットで凍結切片にして染色する．

実験1　でん粉粒の糊化開始状態の観察

目的　でん粉は種類により，また同一種のでん粉でも粒の大きさにより，糊化開始温度に相違があることと，ケーキのような濃厚なしょ糖溶液中では糊化開始温度が上昇することを調べる．時間的制約があれば，適宜省略してもよい．ここでは生物顕微鏡と偏光顕微鏡による観察を行う．

実験方法

試料：じゃがいもでん粉1 g，小麦でん粉(注) 2 g，しょ糖70 g，コンゴーレッド0.5 %水溶液，グリセリン

器具：ビーカー（500 mℓ），温度計，スライドグラス，カバーグラス，生物顕微鏡，偏光顕微鏡，一般実験器具

操作

(1) 500 mℓのビーカー2個に純水を200 mℓずつ入れ，じゃがいもでん粉と小麦でん粉をそれぞれ1 gずつ入れて懸濁させて火にかける．緩やかにかき混ぜながら加熱し，でん粉の懸濁液が45 ℃，50 ℃，55 ℃，60 ℃，65 ℃，70 ℃になったとき，それぞれガラス棒（温度計）の先端で液を1滴取り出してスライドグラスの上に載せる．コンゴーレッド液を1滴その上に落とし，さらにグリセリンも1滴加えて混合してカバーグラスをかける．

生物顕微鏡と偏光顕微鏡（または簡易偏光装置を装着した生物顕微鏡）によりでん粉粒の大きさ，染色性，偏光十字の有無などを観察する．

(2) 500 mℓのビーカーに35 %しょ糖溶液（純水130 mℓにしょ糖70 gを溶かす）を入れ，1 gの小麦でん粉を懸濁させて火にかける．(1)と同様の温度になったら懸濁液を1滴取り出して，同様にして糊化状態を観察する．

実験結果のまとめ

表 3-2　じゃがいもでん粉と小麦でん粉の糊化状態の観察結果

種類	加熱液	観察結果					
		45 ℃	50 ℃	55 ℃	60 ℃	65 ℃	70 ℃
じゃがいもでん粉	水						
小麦でん粉	水						
	35 %しょ糖液						

（注）：小麦でん粉はドウからグルテンを採取した際に水中に放散したでん粉を沈殿させ，水を換えて洗い，冷蔵庫内で乾燥させたものを用いてもよい．

糊化したでん粉粒はコンゴーレッドで赤く染まる[1]．小粒のでん粉粒は大粒のものより糊化開始温度が高い．偏光顕微鏡下で生でん粉粒には偏光十字がみられるが，糊化すると消失する．35％しょ糖溶液のような濃い濃度の液では，糊化開始温度が上昇する．

参考 実験結果の一例

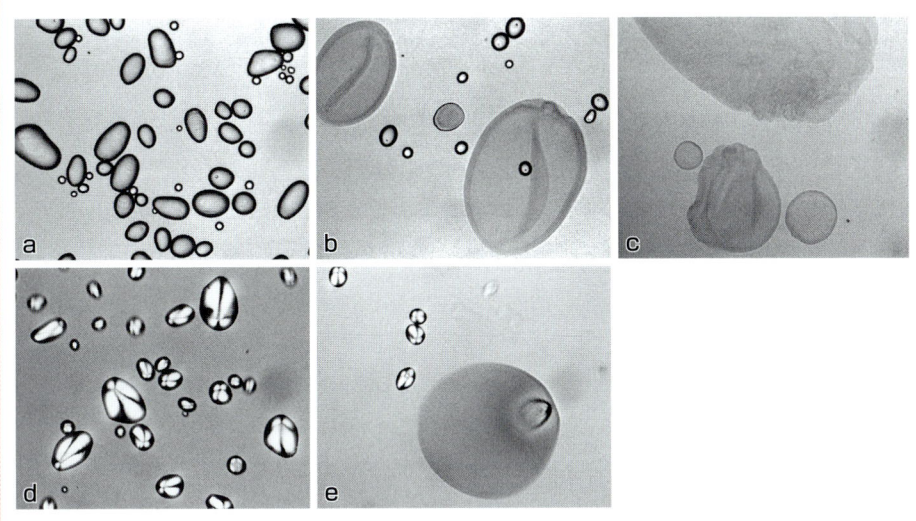

図 3-1　じゃがいもでん粉の加熱による変化の観察
a：未加熱（生），b：60℃まで加熱（大粒が糊化），c：70℃まで加熱（すべて糊化），d：偏光顕微鏡でみた生でん粉，e：60℃まで加熱（糊化すると偏光十字が観察されなくなる）（×250）

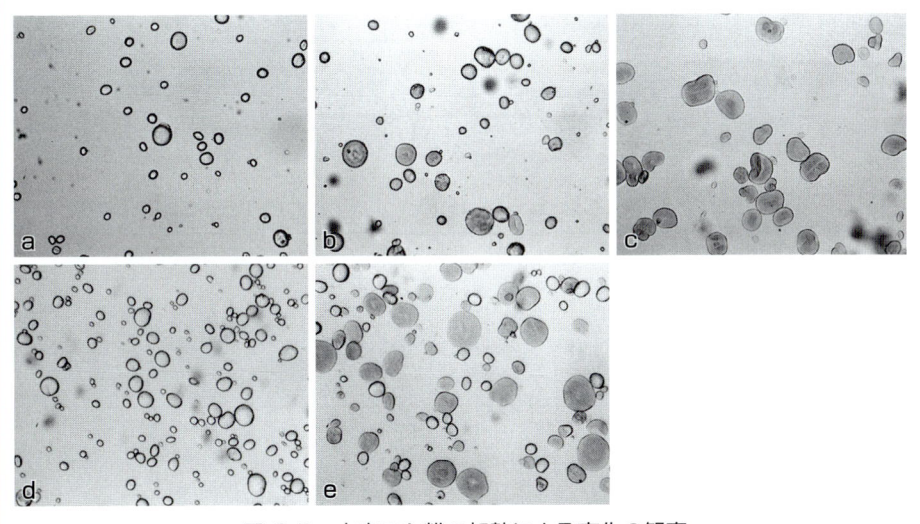

図 3-2　小麦でん粉の加熱による変化の観察
a：未加熱（生），b：水中で50℃まで加熱（一部のでん粉が糊化），c：水中で65℃まで加熱（すべてのでん粉が糊化），d：35％しょ糖溶液中で55℃まで加熱（糊化でん粉はまだみられない），e：35％しょ糖溶液中で70℃まで加熱（一部は糊化したが，未糊化でん粉も残存）（×250）

1）久下喬：化学と生物，**26**, 102, 1980

実験2　じゃがいもに含まれるグリコアルカロイド（ソラニン）の検出

目　的　じゃがいもにはステロール系アルカロイドの配糖体であるグリコアルカロイド（ソラニンなど）が含まれていて，抗アセチルコリンエステラーゼ作用を持ち，有害であるばかりでなく味覚のうえでも苦味またはえぐ味を感じさせるので，調理の際に除去する必要があることはよく知られている．そこで，多く含まれる部域を視覚的に把握して，調理の際に役立てることを目的として実験を行う．

実験方法

試料：発芽したじゃがいも，ほかに新いも，休眠中のいも，日光に当たった緑色いもなど

試薬：1班につきパラフォルムアルデヒド 0.32 g，85％リン酸 70 mℓ

器具：カミソリ，シャーレ（直径 9 cm）2個，実体顕微鏡

操作

(1) クラーク試薬（パラフォルムアルデヒドを 0.9％重量加えて溶かした 85％リン酸溶液）[1),2)] を1班に 35 mℓ 程度用意してシャーレに入れておく．別のシャーレに 85％リン酸のみを 35 mℓ 程度入れておく．

(2) じゃがいもの芽の部分や皮の部分をカミソリの刃で 1 mm 厚さに切り出してクラーク試薬に浸し 30 分間放置したのち，実体顕微鏡の直接倍率 6〜16 倍で観察する．

(3) 対照として，隣接する切片を 85％リン酸液のみに浸したものを用意し，同様に観察して，それらの呈色は除外して実験群を観察する．

実験結果のまとめ　じゃがいもの切片をクラーク試薬に浸した場合，ほかの含有成分により色相は幾分異なるが，グリコアルカロイドを含む部分は鋼青色か紫色（アントシアニンが共存する場合）または黒褐色を呈する[3)]．芽や周皮の部域に呈色反応がみられる．

表 3-3　じゃがいものグリコアルカロイドの部域別呈色反応

部　域	呈色反応の様子
芽（長さ　　　cm）の縦切り	
いもの断面（とくに周皮の付近）	

1) Clarke, E.G.C.: *Nature*, **181**, 1152, 1958
2) Saches, J. and Bachmann, F.: *Z. Lebensm.-Unters-Forsch*, **141**, 262, 1969
3) 田村咲江：臨床栄養, **60**, 399, 1982

参 考

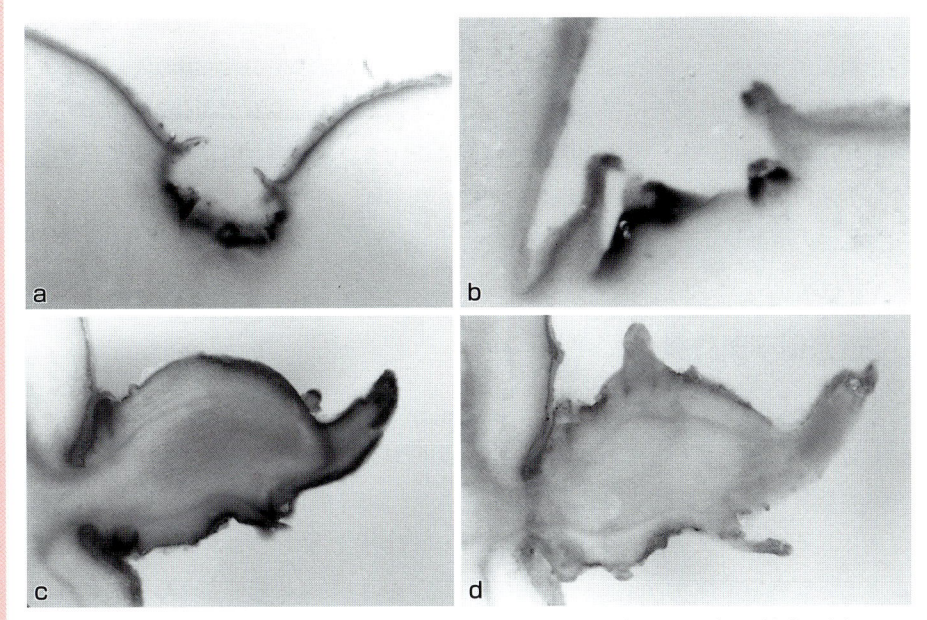

図 3-3 じゃがいも切片上でのグリコアルカロイド（ソラニン）の検出の例
a：掘りたての男爵いも（新いも）の頂芽とその周辺の周皮の切片
b：掘りたての男爵いもの側芽の切片
c：貯蔵いもの1cmに伸びた芽の切片
（以上，a，b，cはクラーク試薬に浸漬）
d：cの切片に隣接する切片を85％リン酸液のみに浸漬したもの（dの切片にみられる赤色などの呈色をcの切片から除いたものがグリコアルカロイドの呈色）
実体顕微鏡で観察（a：×7，b：×17，c，d×5）

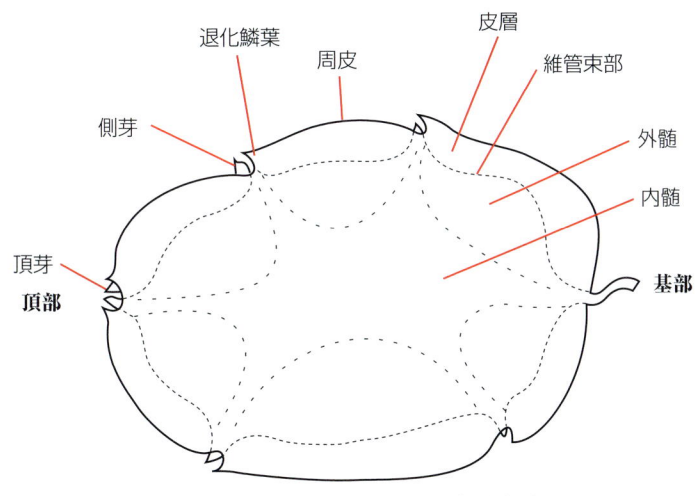

図 3-4 じゃがいもの構造（縦断面）
（田村咲江：調理科学講座4 植物性食品Ⅱ．朝倉書店，1993）

3 食品の組織に関する実験　35

2. 電子顕微鏡による食品の観察

　電子顕微鏡（electron microscope）は，光学顕微鏡で用いる照明光線の代わりに電子線（陰極線）を用いるので鏡筒内は真空に保たれている．また，ガラスのレンズの代わりに電子レンズ（磁界レンズ）が用いられている．電子顕微鏡では像はモノクロで観察され，光学顕微鏡のように彩色はない．電子顕微鏡は透過型と走査型の2種類に大別され，透過型は食品の内部構造の観察に適し，走査型は食品の表面構造や割断面にみられる構造を観察するのに適している．

1）透過電子顕微鏡

　透過電子顕微鏡（transmission electron microscope：TEM）は，鏡体内を 10^{-4} Pa 程度の高真空にして，汎用タイプで通常 100 kV 前後の加速電圧をかけて電子線を発生させ，その電子線の進路を磁界レンズにより曲げて観察試料を透過させ，試料の拡大像を蛍光板上に結ばせて観察するものである．そのため試料は厚さ 50 nm 程度の超薄切片にする必要がある．現在市販されているほとんどすべての機種は 0.2 nm の分解能が保証されている．食品のような生物試料は，数千〜数万倍程度の倍率で観察される．このように高倍率で観察するためには，試料の前処理を適切に行うことが最も重要となり，技術的にも熟練を要する．

観察用試料作製法の概要
・固定・脱水：試料は新鮮なうちに手早く切り出し，グルタールアルデヒドとオスミウム酸の二重固定をする．浸漬するエチルアルコールの濃度を徐々に上げて 99.5 ％ に浸透させて脱水する．
・エポキシ樹脂包埋・超薄切片・染色：酸化プロピレンを浸透させたのち，エポキシ樹脂を浸透させて加熱して重合させる．包埋した試料をトリミングして，ウルトラミクロトームで超薄切片として，酢酸ウラニルとクエン酸鉛で二重染色する．

2）走査電子顕微鏡

　走査電子顕微鏡（scanning electron microscope：SEM）は，試料をごく細く絞った電子線束で走査し，試料面から発生する二次電子を電気信号に変え，それから走査像を得るもので，虫めがねでみるような表面構造をみることができる．SEM は電子線を発生させるために鏡筒内が高真空に保たれているが，食品のような含水試料は高真空環境下に入れるとただちに乾燥・変形して観察できない．そこで，次に示す方法が一般に行われている．

a．高真空 SEM 法
　あらかじめ試料を適切な方法で乾燥して高真空モードの SEM で観察する方法．試料の乾燥は，表面張力がなるべくかからない方法で行うのがよく，t-ブチルアルコール凍結乾燥法や臨界点乾燥法が行われ，金属コーティングが必要である．

b．クライオ SEM 法
　SEM にクライオ装置を装備して，液体窒素で凍結した試料を低温のまま高真空で観察する．凍結した試料を鏡筒の内部で割断して現れた内部の様子も観察できる．

c．低真空 SEM 法

電子線を発する部分は高真空のままで，試料室付近のみを低真空にして試料の乾燥を防ぐように開発された SEM で，食品のような含水試料を乾燥処理することなくそのまま観察できる．

d．小型卓上走査電子顕微鏡による観察法

最近は，従来のものに比べ小型で低真空の走査電子顕微鏡が登場している．AC100V のコンセントを使用し，卓上に設置して簡単な操作で観察できる．水分を含んだ試料が前処理不要でそのまま観察でき，試料台も大きい．ただ，鏡内が低真空とはいえ，水分を含む試料では乾燥が進むので，手早く観察と写真撮影を行う必要がある．

3）食品組織の観察例

（1）生物顕微鏡と透過電子顕微鏡による加熱軟化処理前後のだいずの観察[1]

方法：だいずを 20℃ の水に 15 時間浸漬したものを加熱前の豆とし，水とともに圧力鍋に入れて 6 分 30 秒加熱して沸騰した時点で火を止めて 5 分蒸らしたものを加熱軟化後の豆とする．それぞれの子葉 1 枚の中央部から 1 mm 立方に試料を切り出し，グルタールアルデヒドとオスミウム酸の二重固定をして樹脂法によりエポキシ樹脂に包埋する．包埋試料を約 1 μm の切片としてトルイジンブルー染色をして生物顕微鏡で観察する．同じ試料を厚さ 50 nm 程度の切片として酢酸ウラニルとクエン酸鉛で染色後，透過電子顕微鏡で観察する．

結果：2 種類の顕微鏡で観察すると，加熱前の豆（図 3-5a，c）では隣り合う細胞の細胞壁が密着しているが，加熱軟化後の豆（図 3-5b，d）では細胞壁内や中層部に存在するペクチンが溶解して溶け出すので細胞間は分離して間隙を生じている．この間隙には溶出したペクチンが充満しているはずであるが，水溶性のため試料作製段階で固定されずに流出して単に間隙として観察されている．透過電子顕微鏡像では，細胞内の変化も観察される．

（2）低真空走査電子顕微鏡による加熱じゃがいもの観察[2]

方法：皮つきのまま 10 mm 厚さの輪切りにしたじゃがいも片（メイクイーン）を蒸留水で 0～16 分間煮熟したものを試料とする．室温に冷ましたものの内部（外髄部）から，5×5×20 mm に切り出してカミソリで中央部に浅い切り込みを入れて，そこから手で割って露出した面を観察用試料として，木工ボンドで試料台に取りつける．観察は －10℃ 冷却ステージつきの低真空 SEM を使用して，15 kV，30～60 Pa で行う．

結果：いもの硬さは煮熟 4 分で生の 1/2 程度に減少するが食感はまだ硬い．8 分後でなんとか食用可能な硬さとなり，16 分後で十分軟らかくなり風味もよくなる．

生（図 3-6a）の割断面は細胞壁が破断して細胞内のでん粉粒が観察される．4 分煮熟（図 3-6b）では，細胞壁の破断はみられず，細胞壁中層の位置で剥離している．細胞は多面体状を示し，でん粉粒の膨潤は進んでいない．8 分煮熟（図 3-6c）では，細胞が球状になって細胞間が分離し，細胞表面には粘性の強い物質が分厚く被っているのが観察される．粘性物質は中層や細胞壁自体から溶出したペクチンであろう．16 分煮熟（図 3-6d）では細胞はさらに丸みを増し，細胞間には粘性物質が広がっているのが観察される．粉ふきいもの"粉"の部分（ここには示さない）は球状になった細胞の集合であるが，細胞表面の粘性物質は流出してほとんどみられなくなる．

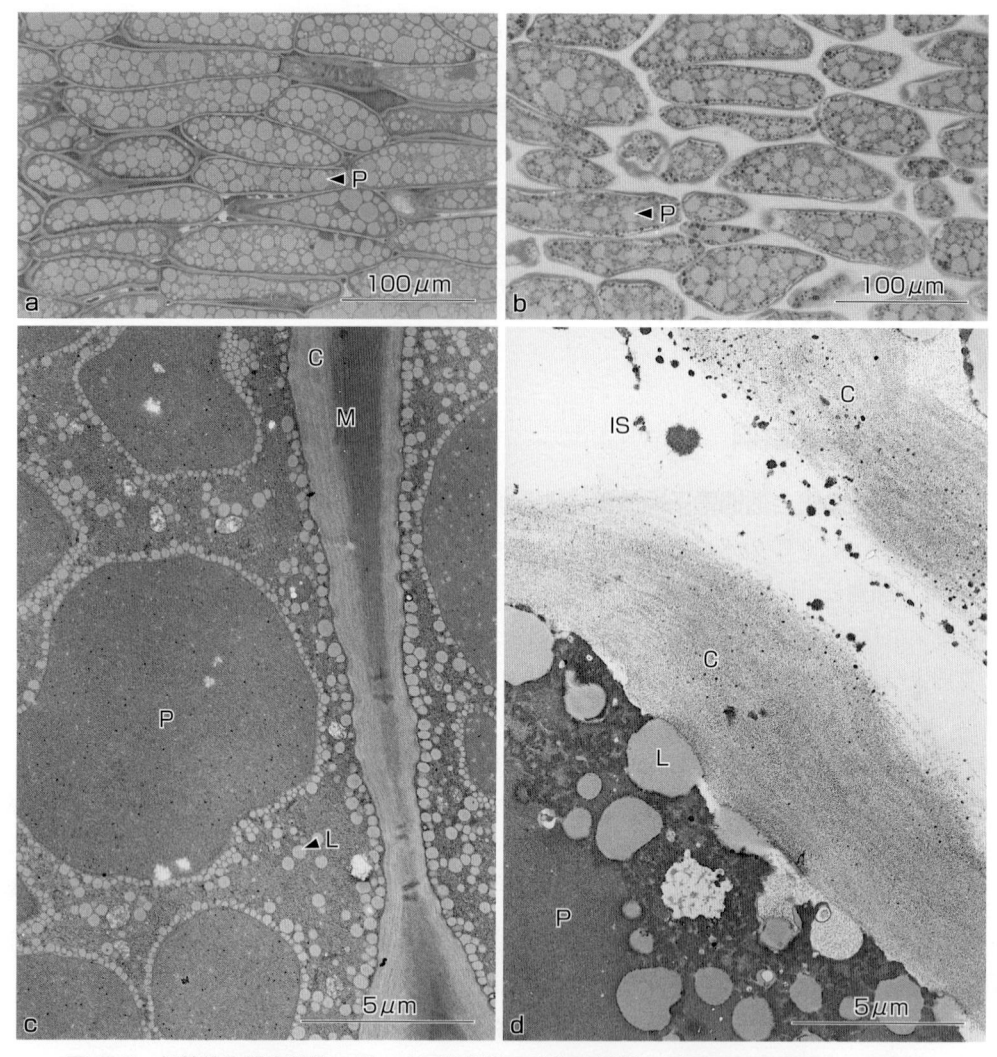

図 3-5　加熱軟化処理前後のだいず子葉組織の生物顕微鏡と透過電子顕微鏡による観察[1]
a：加熱前の生物顕微鏡像，b：加熱軟化後の生物顕微鏡像
c：加熱前の透過電子顕微鏡像，d：加熱軟化後の透過電子顕微鏡像
C：細胞壁，IS：細胞間隙，L：脂質滴，M：細胞壁中層，P：プロテインボディ

（3）小型卓上走査電子顕微鏡によるローズマリーの葉の観察[3]

　小型卓上走査電子顕微鏡の試料台に木工ボンドを置き，その上に裏側を上にしてローズマリーの葉の小片を載せて観察する．葉の表面には毛が多く存在しているが，その中に毛の変化した先端の丸い粒状の腺毛（G）が観察される（図 3-7a）．腺毛には香気成分が貯えられており，葉の表面を手でこするとよい香りが広がるが，その部分の腺毛はつぶれている（図 3-7b）．

---

1) 山本奈美，田村咲江：家政誌，**50**，313-321，1999
2) 田村咲江，吉井美華，荒巻功：電子顕微鏡，**37**，125-128，2002
3) 山本奈美，田村咲江：調理科学誌，**49**，333-336，2016

図 3-6　蒸留水で煮熟したじゃがいも外髄部の割断面[2)]
a：生，b：煮熟 4 分後，c：煮熟 8 分後，d：煮熟 16 分後

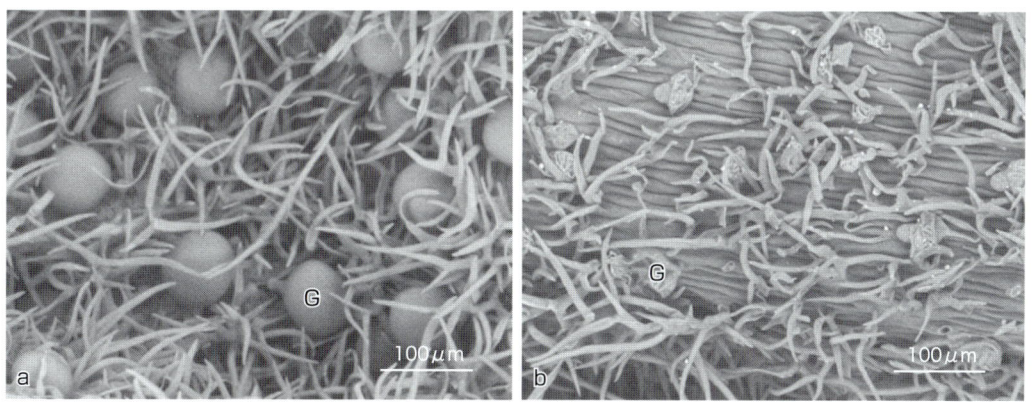

図 3-7　ローズマリーの葉の裏側を小型卓上走査電子顕微鏡で観察した写真[3)]
a：そのまま観察，b：手で表面をこすった後に観察，G：腺毛

◆ **参考文献**

1. 川端晶子，大羽和子編：調理学実験．学建書院，2000
2. 市川収：食品組織学．光生館，1971
3. 星野忠彦，松本エミ子，高野敬子：食品組織学．光生館，1998
4. 田村咲江監修：食品・調理・加工の組織学．学窓社，1999
5. 佐野豊：組織学研究法．南山堂，1981
6. 田中克己，浜清：顕微鏡標本の作り方．裳華房，1977
7. 緒方知三郎：病理組織顕微鏡標本の作り方手ほどき．南山堂，1964
8. 関西電子顕微鏡応用技術研究会編：現場で役立つ電子顕微鏡試料作製法．金芳堂，1999
9. 日本電子顕微鏡学会関東支部編：走査電子顕微鏡．共立出版，2000
10. 田中敬一編：医学・生物学領域の走査電子顕微鏡技術．講談社サイエンティフィク，1992
11. 田村咲江：野菜をミクロの眼で見る．建帛社，2012

4 食品物性の測定

　食べ物は人間にとって単なる栄養素の給源のみではなく，感覚的に心地よいものでなければならない．調理や加工ではこの目的に沿うように，指や棒でかき回したり，手でこねたり，引っ張ったりなどして，食品素材にさまざまな力を加えて物理的に変化させている．食べ物の物性は食感にもさまざまな影響を与え，おいしさの重要な要素となっている．近年，超高齢者社会に向けて関心の高まっている咀嚼機能や嚥下機能の低下した高齢者の食事の形態にも，食べ物の物性が大きな影響を持っている．物性測定法の分類と測定機器の例を 図 4-1 に示した．本章では実験項目として，基礎的な粘度の測定，静的粘弾性・動的粘弾性・破断特性の測定と解析，テクスチャーの測定について取りあげた．

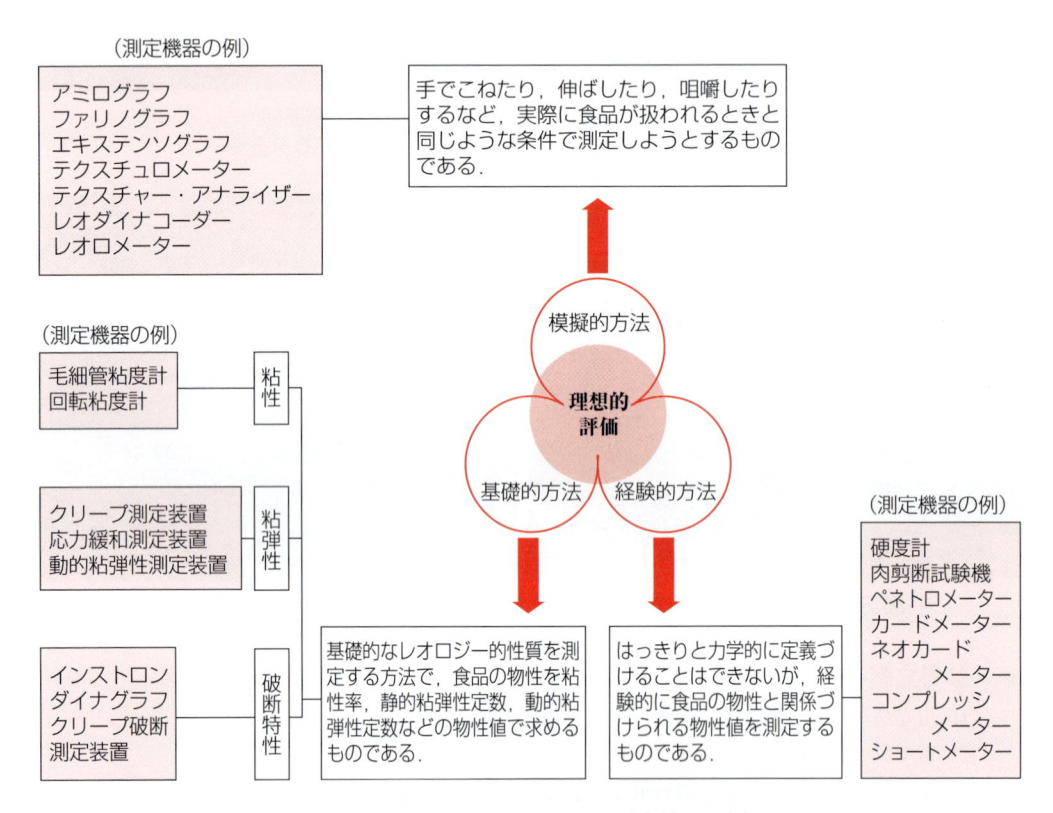

（測定機器の例）
- アミログラフ
- ファリノグラフ
- エキステンソグラフ
- テクスチュロメーター
- テクスチャー・アナライザー
- レオダイナコーダー
- レオメーター

手でこねたり，伸ばしたり，咀嚼したりするなど，実際に食品が扱われるときと同じような条件で測定しようとするものである．

（測定機器の例）

粘性
- 毛細管粘度計
- 回転粘度計

粘弾性
- クリープ測定装置
- 応力緩和測定装置
- 動的粘弾性測定装置

破断特性
- インストロン
- ダイナグラフ
- クリープ破断測定装置

模擬的方法

理想的評価

基礎的方法　経験的方法

基礎的なレオロジー的性質を測定する方法で，食品の物性を粘性率，静的粘弾性定数，動的粘弾性定数などの物性値で求めるものである．

はっきりと力学的に定義づけることはできないが，経験的に食品の物性と関係づけられる物性値を測定するものである．

（測定機器の例）
- 硬度計
- 肉剪断試験機
- ペネトロメーター
- カードメーター
- ネオカードメーター
- コンプレッシメーター
- ショートメーター

図 4-1　物性の測定法の分類と測定機器の例
（川端晶子：M. C. Bourne：*Food Texture and Viscosity*, p.49, Academic Press, 1982より作図）

1. 粘度の測定

　スープ，ソース，くずあんなど流動性の液体のなかには，流れやすいものから流れにくいものまである．この流動に対する抵抗の大小を粘性という．粘性とは液体の内部摩擦であり，食品の粘性は調理加工上重要な性質で，食物の嗜好性に与える影響も大きい．

　図 4-2 のように，面積 $A(m^2)$ の 2 枚の平行板の間に厚さ $H(m)$ の液体をはさみ，下面を静止した状態で $F(N)$ を加え，上面が $V(m/s)$ の速度で動いたとする．この場合，最上部の液体はこの速度で動くが，液体の速度は下からの距離に比例して変化するため，一定の速度勾配 $\dot{\gamma} = V/H (sec^{-1})$ が生じる．この速度勾配をずり速度という．

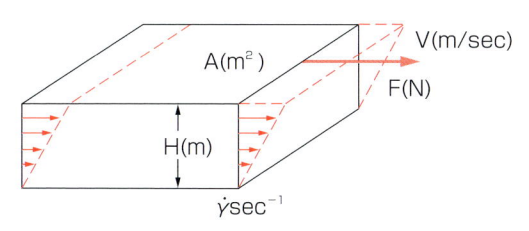

図 4-2 平行平板の流動

　ずり速度を定常的に起こさせるために加える応力をずり応力 $S = F/A (N/m^2)$ という．ずり応力 S がずり速度 $\dot{\gamma}$ に比例する場合，これを粘性におけるニュートンの法則という．この関係は次の①および②式で表される．

　　　$S = \eta \dot{\gamma} \ (N/m^2)$ ……………………①
　　　$\eta = S/\dot{\gamma} \ (N·s/m^2 \ または \ Pa·s)$ ……②

ここで比例定数 η を粘性率，あるいは単に粘度という．この関係式が当てはまる流体をニュートン流体という．水，シロップ，清汁などは，ニュートン流体である．

　粘性率の単位（SI 単位系）は Pa·s，$1/1000(Pa·s) = 1(mPa·s)$ で，20℃ の水の粘性率は 1(mPa·s) である．

　多くの粘稠性食品は，ニュートンの粘性の法則に従わず，ニュートンの粘性法則に従わない流体を非ニュートン流体という．非ニュートン流体では，ずり応力 S とずり速度 $\dot{\gamma}$ は比例しない．そこで，特定のずり速度 $\dot{\gamma}$ における粘性率をみかけの粘性率 η app といい，③式のように表す．

　　　η app $= S/\dot{\gamma} (N·s/m^2 \ または \ Pa·s)$ ……③

でん粉糊液，ホワイトソース，マヨネーズソースなどはいずれも非ニュートン流体である．

　食品の粘度測定用に用いられる粘度計として，毛細管粘度計，落球式粘度計，回転粘度計，振動粘度計などがあり，その種類も多い．回転型粘度計には，ローターと試料容器の構造により，同心二重円筒型回転粘度計（筒状のローターと試料容器の組み合わせ）と，コーン・プレート型回転粘度計（円錐状のローターと平板状の試料台の組み合わせ）がある．

実験1　毛細管粘度計による粘度の測定

目的　毛細管粘度計として最も普通に用いられているオストワルド粘度計は，毛細管中を一定量の液体が流下するときに要する時間が液体の動粘度率に比例する原理を用い，標準液と比較した比粘度から粘性率を求めるものである．

　　　　ここでは，比較的低粘度の食品（しょ糖溶液）を試料とし，オストワルドの毛細管粘度計により粘度測定を行う．

実験方法　試料：しょ糖溶液（5, 10, 15, 20 w/v %）
試薬：標準液（蒸留水），アセトン
器具：オストワルド粘度計，ゴム管，ホールピペット（10 mℓ），ストップウォッチ，スタンド，恒温水槽，アスピレーター
条件：調節しやすい温度である30℃の恒温水槽中で測定する．
操作

(1) ピクノメーター（p.19 参照）を用いた液体の密度測定に従い，30℃における試料の密度を測定する．

(2) オストワルド粘度計は，内部をよく洗浄・乾燥させておく．

(3) オストワルド粘度計（図4-3）のgより，一定量（10 mℓ）の標準液（蒸留水）をホールピペットで入れ，f球に満たし，aにゴム管をつける．あらかじめ温度を一定（30℃）にした恒温水槽中に垂直に固定する（図4-4）．

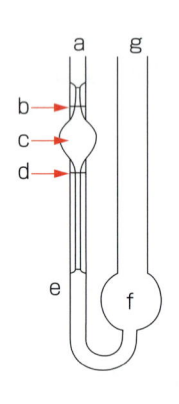

図 4-3　オストワルドの粘度計 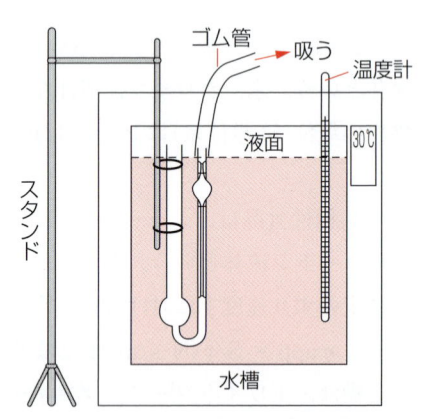　　図 4-4　オストワルドの粘度計の測定装置

(4) 15分程度で平衡温度に達したあと，fにたまっている液体を毛細管部分にあるbの標線の少し上までゴム管を用いて吸い上げ，ゴム管を手で曲げて止める．このとき，気泡が混入することを避けなければならない．

(5) 閉じていたゴム管の先を離し，液面がb線からd線（図4-3参照）まで降下するのに要する時間tcをストップウォッチで測定する．流下時間の小数点以下第1位

が同じになる値が3回得られるまで行い，3回の平均値をとる．

(6) 内部をよく洗浄・乾燥後，続いて試料液（10 m*l*）を加え，標準液と同様に測定する．①および②式より，試料の粘性率を計算する．

$$\frac{\eta s}{\eta c} = \frac{ds \cdot ts}{dc \cdot tc} \cdots\cdots ① \qquad \eta s = \eta c \times \frac{ds \cdot ts}{dc \cdot tc} \cdots\cdots ②$$

ηc：標準液の粘性率，dc：標準液の密度
tc：標準液がb～d間を流下するのに要した時間
ηs：試料液の粘性率，ds：試料液の密度
ts：試料液がb～d間を流下するのに要した時間

標準液のηc，dcを調べておき，標準液の流下時間tc，試料液の流下時間tsおよび試料液の密度dsを測定して，試料液の粘性率ηsを得ることができる．

液体の粘性率に応じ，d～e部分の毛細管の太さの異なるものを使い，測定の誤差を少なくするために，b～d間の流下時間が2分以上のものを使用するのがよい．

洗浄にはアスピレーターを用い，洗剤で洗浄後，水洗し，蒸留水を通したあとアセトンを通す．最後にドライヤーで乾燥する．

表 4-1 標準液の粘性率ηcと密度dc

標準液	温度 ℃	ηc ($\times 10^{-3}$ Pa·s)	dc ($\times 10^2$ kg/m^3)
蒸留水	10	1.3007	9.9973
	20	1.0050	9.9823
	25	0.8937	9.9707
	30	0.8007	9.9567
	50	0.5494	9.8807

実験結果のまとめ

表 4-2 しょ糖溶液の粘度

しょ糖溶液（w/v%）	5	10	15	20
粘性率（Pa·s）				

参　考

液状食品の多くは，ニュートンの粘性法則に当てはまらない非ニュートン流体である．オストワルドの毛細管粘度計は，ニュートン流体の粘度測定に適する．また，オストワルドの粘度計を適当な傾斜に設置できるような装置に固定し，試料液の流下速度を変えて，液体の速度勾配依存性について測定すると，非ニュートン流体かどうかを確かめることができる．

実験2　回転粘度計による粘度の測定

目的　本実験で用いるB型回転粘度計は，図4-5で示したように粘性液体中で円筒をモーターにより一定速度で回転させて測定を行う．目盛板はモーターとともに回転するが，円筒にはスプリングを介して回転が伝わるため，円筒が受ける粘性抵抗のトルクとつり合う角だけ円筒の回転が遅れる．この遅れの角は液体の粘性率に比例するため，その遅れの角を測定することにより粘性率を求めることができる．

ここでは，ニュートン流体および非ニュートン流体を示す比較的粘度の高い液状食品を試料とし，B型回転粘度計により測定を行う．

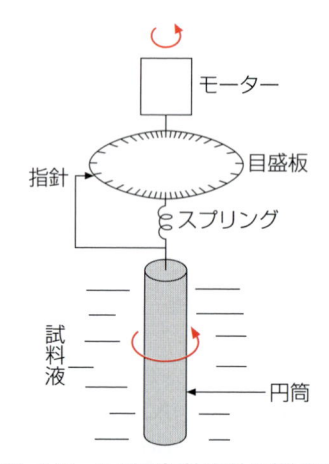

図4-5　B型回転粘度計の模式図

実験方法　試料：プレーンヨーグルト，グリセリン，トマトケチャップ
器具：トールビーカー（200 mℓ），B型回転粘度計（BL型），水準器
操作

(1) 200 mℓのトールビーカー中に試料を用意し，B型回転粘度計は水準器により水平になるよう調整する．試料はローターの浸液印のところまで浸されていることが必要であり，試料容器は粘度計に取りつけられている枠（ガード）が入る大きさでなければならない．

(2) 食品の粘性に応じた回転円筒（ローター）を選び，ローターを取りつけたあと，試料中に浸し，6，12，30，60回転/分（R.P.M）の速度で2分間回転させる．2分後の目盛板の読みに，換算乗数表（表4-3）の値を乗じてみかけの粘性率をPa·s単位で求める．目盛板上の読みが5以下になるときは誤差が大きいのでローターの番号を下げたものに取り替えて測定する．

表 4-3 換算乗数(Pa·sに換算)

ローター \ R.P.M	6	12	30	60
No.1	0.01	0.005	0.002	0.001
No.2	0.05	0.025	0.01	0.005
No.3	0.2	0.1	0.04	0.02
No.4	1	0.5	0.2	0.1

実験結果のまとめ　両対数グラフの X 軸上に回転数，Y 軸上にみかけの粘性率をおき，回転数に対するみかけの粘性率のグラフを作成する．プロットされた測定値に近似した直線を引き，ニュートン流体あるいは非ニュートン流体であるかについて検討する．

参　考　試料がニュートン流体の場合は回転回数にかかわらず，得られる粘性率は一定であるが，非ニュートン流体の場合は回転回数により，みかけの粘性率は異なる．また，B 型回転粘度計には，高粘度測定用の BH 型，中粘度測定用の BM 型，低粘度測定用 BL 型がある．

実験3　ラピッド・ビスコ・アナライザーによる糊化特性の測定

目的　でん粉は植物に多量に存在しており，穀類やいも類などの主成分であり重要な食品素材である．でん粉粒は水を加えて加熱することにより糊化するが，その挙動はでん粉の種類，温度，撹拌状態によって異なる．ラピッド・ビスコ・アナライザーは，温度を経時的に変化させながら試料の粘度変化を測定する機器の1つである．本実験では，ラピッド・ビスコ・アナライザーにより得られる粘度曲線を理解するため，代表的なじゃがいもおよびとうもろこしでん粉の測定法と解析方法を学ぶ．

実験方法　試料：じゃがいも・とうもろこしでん粉各約2g
器具：ラピッド・ビスコ・アナライザー，秤
条件
　(1) 試料濃度：じゃがいもおよびとうもろこしでん粉6％懸濁液（無水物換算で1.5g）
　(2) 測定温度プログラム：30℃－加熱 → 95℃－保持 → 95℃－冷却 → 30℃
　　　上記温度範囲を1.5℃/分の速度で昇温，保持および降温させる．

操作
　(1) 測定用アルミカップに無水物換算で一定のでん粉をはかり入れ，水を加えて25gとする．30分間そのまま放置し，でん粉を吸水膨潤させ測定用懸濁液とする．
　(2) パドル（測定用撹拌羽根）をアルミカップに入れ，タワー下部にあるモーターに取りつける．
　(3) タワーを下降させ測定を開始する．
　(4) 設定した温度プログラムによって測定が終了すると，タワーが自動的に上昇し，測定開始の状態に戻る．
　(5) 得られた粘度曲線がコンピュータ画面に表示され，各特性値を解析する．

実験結果のまとめ

表4-4　ラピッド・ビスコ・アナライザーによって得られたでん粉の粘度特性値

特性値	6％じゃがいもでん粉	6％とうもろこしでん粉
温度上昇開始温度(℃)		
最高粘度(R.V.U.)		
最高粘度に達したときの温度(℃)		
最低粘度(R.V.U.)		
最終粘度(R.V.U.)		
ブレークダウン(R.V.U.)		
セットバック(R.V.U.)		

6％じゃがいもおよびとうもろこしでん粉の粘度曲線および解析結果を図4-6に示した．多品種のでん粉を同一条件で測定し比較してもよい．

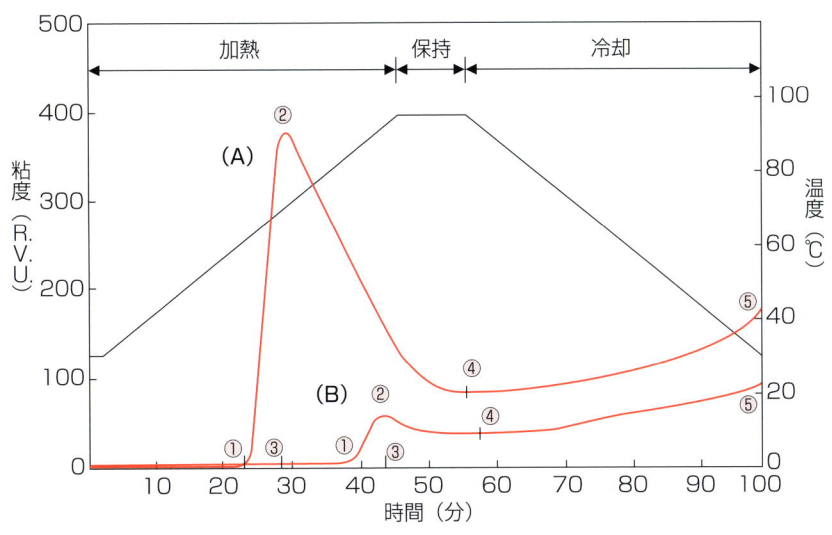

図4-6 6％じゃがいも(A)およびとうもろこしでん粉(B)の粘度曲線

測定条件：30℃から1.5℃/分で昇温し，95℃で10分保持したあと，30℃まで1.5℃/分で降温．

解析結果

特性値	A	B
① 温度上昇開始温度（℃）	62.1	85.1
② 最高粘度（R.V.U.）	379	59
③ 最高粘度に達したときの温度（℃）	70.5	92.0
④ 最低粘度（R.V.U.）	81	39
⑤ 最終粘度（R.V.U.）	182	96
ブレークダウン（最高粘度－最低粘度）(R.V.U.)	298	20
セットバック（最終粘度－最低粘度）(R.V.U.)	101	57

参考

(1) 測定条件が同じ場合は，得られた特性値を比較できるが，濃度，温度プログラム，撹拌回転数，試料量が異なると挙動が異なるので直接比較できない．

(2) ラピッド・ビスコ・アナライザーは，粘度範囲4〜1,000 R.V.U.，回転数4〜1,000 rpm，温度0〜99.9℃（最大13℃/分の温度変化）の範囲で，目的に応じた測定条件を設定でき，試料量も30 g以下の少量でよい．

(3) 粘度の算出原理は機器の一定回転数における消費電力量を基準に，試料測定時の消費電力量を粘度に換算している．ほかの円筒回転粘度計とは測定部位の形状が異なるので機器の固有値として取り扱うことが望ましい．正確に（mPa·s）に換算できないが，便宜的に1 R.V.U.＝12 cp（mPa·s）に置換し比較する場合もある．

2．静的粘弾性の測定と解析

　静的粘弾性は，試料に瞬間的に一定の応力または変形を与えたあとに起こる変形，あるいは応力の時間的な変化を粘弾性現象として扱うものである．

　多くの食品は，粘性と弾性をあわせ持っている．食品の特性を力学的特性と関連づけるために，粘性要素と弾性要素に解析し模擬的に対応させて，それぞれの粘弾性定数を求める．それぞれの要素を力学模型に対応させて表すが，測定方法により図 4-7 に示す模型を組み合わせる．この場合，微小変形の範囲で，ひずみと応力が正比例関係にあるときに解析が可能である．

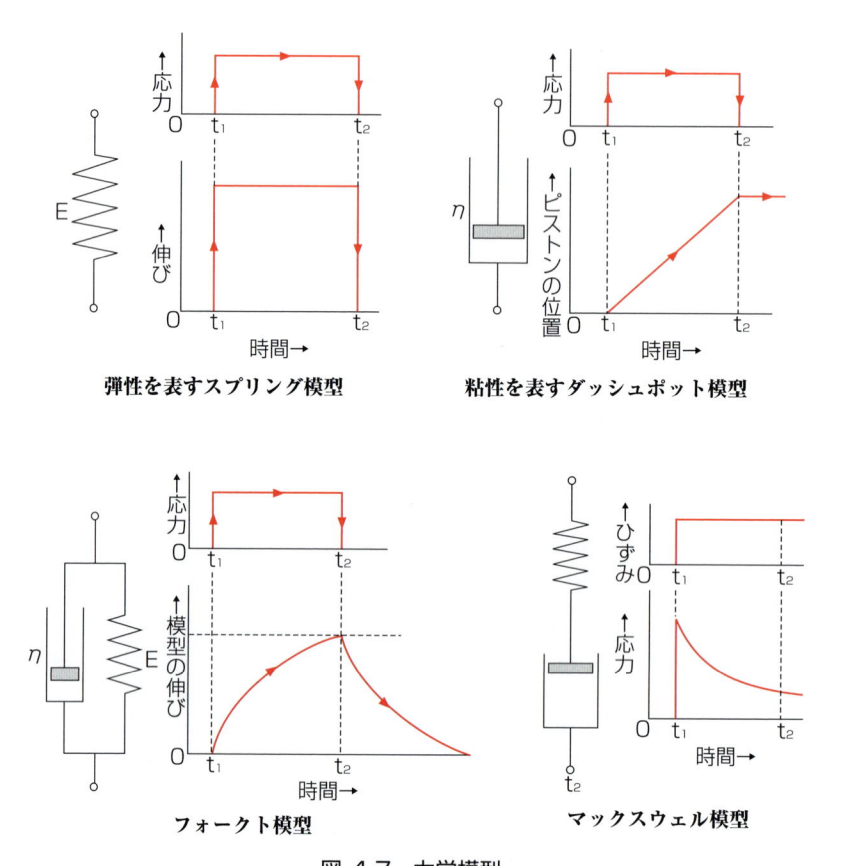

弾性を表すスプリング模型

粘性を表すダッシュポット模型

フォークト模型

マックスウェル模型

図 4-7　力学模型

実験1　クリープ測定と解析

目　的　クリープ測定とは，試料に一定の応力を与えたときのひずみの時間変化を測定するものである．

試料に対する力の加え方には，①試料に垂直方向に一定の圧縮応力を加える，②両端を引っ張って伸張応力を加える，③試料にずり応力を加えるなどの方法がある．

得られたクリープ曲線から，力学模型に対応させて粘弾性定数を求めることができ，試料の硬さ，流動性の大小，変形の速さや大きさなどのゲル構造についての情報が得られる．

これらのデータから，試料の品質特性および感覚特性の評価や，試料の内部構造を解明する．

実験方法　試料：ゲル状食品
器具：クリープ測定装置，恒温槽，試料整形用具
条件
　(1)　試料の形状：測定試料の形および取り扱いは，実験の精度に大きく影響するため，細心の注意が必要である．

プランジャーと試料の接触表面積は，応力を算出するために重要である．試料の形状により，自重によるたわみに注意し，2×2〜3×3 cm の正方形か直径 2〜3 cm の円形を底面として，高さは 1.5〜2.5 cm ぐらいが測定しやすい．試料の高さは変形量と関係があるので適した高さを選択する．試料の切断面は滑らかで，平行に切断されていなければならない．

　(2)　プランジャーの大きさ：圧縮するプランジャーの大きさは，少なくとも試料断面と同じ大きさか，あるいはそれ以上の大きさが必要である．

　(3)　測定温度：粘弾性は温度による影響が大きいので，試料温度，測定温度を一定に保つことが大切である．また，恒温槽を利用して温度依存性を検討するのもよい．

　(4)　ひずみ量および荷重の選定：ひずみと応力が直線関係にある範囲で測定する必要がある．全ひずみ量が 10 % 以内に収まるような荷重が望ましい．

　(5)　測定時間：測定時間の設定は，定常流動部の継続時間が，測定時間の 1/2 以上になるようなクリープ曲線が描かれることが望ましい．

クリープ曲線の解析[1]　食品ゲルのクリープ曲線に対応する 4 要素あるいは 6 要素模型を図 4-8 に示した．クリープ曲線は，瞬間変形部をフック弾性体，遅延変形部を 1 組または 2 組のフォークト粘弾性体，定常流動部をニュートン粘性体に対応させて解析する．

---

1) 赤羽ひろ，中浜信子：調理科学, **21**, 245, 1988

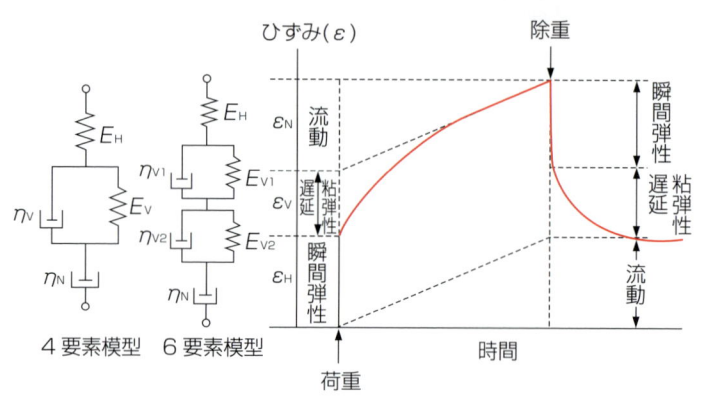

図 4-8　食品ゲルのクリープ曲線と 4 および 6 要素模型
E_H：フック弾性率，E_V, E_{V1}, E_{V2}：フォークト体の弾性率
η_V, η_{V1}, η_{V2}：フォークト体の粘性率
η_N：ニュートン粘性率

注意

(1) 試料の整形，測定時の移動には，よけいな力を加えて変形させたりしないように注意する．

(2) クリープ測定は，試料の形状はゾルからゲルまで測定できるが，使用する測定装置の作動機能および精度や取りつけられる冶具を考慮して，適した装置を選択する．

(3) クリープ測定装置にはコンピュータによる自動解析装置がついているが，曲線から粘弾性定数が算出される過程を理解することが望ましい．

(4) 解析に当たって，必要以上に要素を多くすることは避けたい．

(5) 食品は多くの成分によって複合的に形成されている系であるから，食品の特性を解明する場合，得られた粘弾性特性値はほかの実験データとあわせて総合的に考察する必要がある．

実験結果のまとめ

表 4-5　クリープ曲線から求めた食品ゲルの粘弾性定数（4 要素の場合）

試　料	E_H(N/m²)	E_V(N/m²)	η_V(Pa·s)	η_N(Pa·s)	τ_V(s)

E_H：フック弾性率，E_V：フォークト体の弾性率，η_V：フォークト体の粘性率
η_N：ニュートンの粘性率，τ_V：遅延時間
（CGS 単位と SI 単位の換算は p.63 参照）

参 考

　大豆たんぱく，卵白，寒天ゲルの静的粘弾性について，クリープ曲線から求めた各粘弾性定数を表 4-6 に示す．実験データから次のようなことが考察できる．

表 4-6　各種ゲルの 4 要素模型の粘弾性定数

試 料	E_H (dyn/cm^2)	E_V (dyn/cm^2)	η_V (poise)	η_N (poise)	τ_V (s)
20％大豆たんぱくゲル	4.7×10^5	2.0×10^6	5.4×10^7	10.6×10^8	27
卵白ゲル	3.1×10^5	1.5×10^6	3.8×10^7	6.4×10^8	26
1.5％寒天ゲル	4.5×10^5	4.1×10^6	12.0×10^7	7.1×10^8	29

（桑畑美沙子，中浜信子：農化誌. **49**, 129, 1975）

(1)　大豆たんぱくと寒天ゲルでは，瞬間弾性率 E_H はほとんど同じであるが，フォークト体の粘弾性定数 E_V，η_V は寒天ゲルのほうが大で，寒天ゲルの遅れ変形が小さい．

(2)　定常流動部の粘性率は大豆たんぱくゲルが大きく，寒天ゲルは小さい．これらのことから，寒天ゲルは大豆たんぱくゲルに比べて多量の水分を保持し，かなりしっかりした網目構造による強いスプリングを持っているが，定常流動の面からは，寒天ゲルのほうが流動変形しやすいことを示している．

(3)　卵白ゲルは，ほかの 2 つのゲルよりも粘弾性定数はいずれも小さく，しなやかなスプリングを持ち，流動しやすいことを示している．

(4)　遅れ変形の速度を示す遅延時間は，いずれも約 30 秒である．

実験2　応力緩和測定と解析

目的

応力緩和測定とは，試料に一定のひずみを与えたときの応力が時間の経過とともに減少（緩和）する様子を測定するものである．

試料に対するひずみの加え方には，①試料に垂直方向に一定の圧縮ひずみを加える，②両端を引っ張って伸張によるひずみを加える，③試料にずりひずみを加えるなどの方法がある．

得られた応力緩和曲線から，力学模型に対応させて粘弾性定数を求めることができ，クリープ測定の場合と同様，これらのデータから，試料の品質特性および感覚特性の評価や，試料の内部構造を解明する．

実験方法

試料：ゲル状食品

器具：応力緩和測定装置，恒温槽，試料整形用具

条件：微小変形領域の粘弾性を測定するため，試料の形状，プランジャーの大きさ，測定温度などは，クリープ測定に準じる．

(1) ひずみ量および荷重の選定：ひずみと応力が直線関係にある範囲で測定する必要がある．予備実験を行い，ひずみ量が試料の高さの10％以内に収まるような荷重を確かめる．

(2) 測定時間：測定時間の設定は，応力が緩和する時点までとるのが望ましいが，食品によっては，2時間以上測定しても応力が緩和しないこともあるので，適当な時間でやめてよい．

応力緩和曲線の解析

食品ゲルの応力緩和曲線に対応する力学模型を 図4-9 に示した．

平衡応力の有無で（A）または（B）の力学模型で表される．

（A）は，スプリングとダッシュポットが一列直列に組み合わされたマックスウェル模型に対応するもので，2組以上が組み合わされると，4要素，6要素などのマックスウェル模型となる．

（B）は平衡応力を持つもので，スプリングとマックスウェル模型が組み合わされた3要素，また2組以上のマックスウェル模型が並列に組み合わされると5要素，7要素などの平衡弾性率を持った粘弾性模型となる．

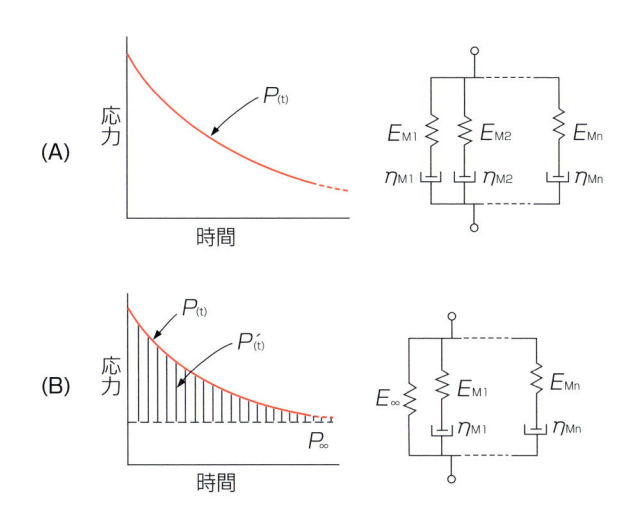

図 4-9　食品ゲルの応力緩和曲線と対応する力学模型

E_{M1}, E_{M2}, E_{Mn}：マックスウェル体の弾性率
η_{M1}, η_{M2}, η_{Mn}：マックスウェル体の粘性率
E_∞：平衡弾性率

実験結果のまとめ

表 4-7　応力緩和曲線から求めた食品ゲルの粘弾性定数（平衡応力に達している場合）

試料	弾性率（N/m²）				粘性率（Pa·s）		緩和時間（s）	
	E^*	E_∞	E_{M1}	E_{M2}	η_{M1}	η_{M2}	τ_{M1}	τ_{M2}

※　$E^* = E_\infty + \sum_{i=1}^{2} E_i$：瞬間弾性率，$E_\infty$：平衡弾性率

参考

クリープ測定と応力緩和測定の関係

スプリングとダッシュポットが並列に組み合わされたフォークト要素と，直列に組み合わされたマックスウェル要素とは本質的に異なるが，一般化されたV模型と，M模型との間には密接な関係があり，相互の変換式が求められている．[1]〜[3]

たとえば同一試料について，クリープ測定から4要素のフォークト模型の粘弾性定数が求められると，この粘弾性定数から4要素のマックスウェル模型の粘弾性定数が求められ，その逆の変換も可能である．すなわち，フォークト模型とマックスウェル模型の粘弾性定数は相互に換算でき，等価性が示されている．

したがって，一方の測定がなされていれば静的粘弾性定数としては十分である．

---

1) 赤羽ひろ，中浜信子：調理科学．**21**，245，1988
2) 磯部初恵，赤羽ひろ，中浜信子：農化誌．**50**，265，1976
3) 川端晶子：食品物性学．建帛社，p.80，1989

3. 動的粘弾性の測定

試料に振動を与えて，ひずみや応力を時間とともに周期的（正弦的）に変化させた場合にみられる粘弾性現象を動的粘弾性という．

粘弾性体に振幅 P_0，角振動数 ω の正弦的に変化する外力を加えるとき，ひずみの振幅を ε_0，位相のずれを δ とすると，応力 $P(t)$ とひずみ $\varepsilon(t)$ は次式で表される．

$$P(t) = P_0 \sin \omega t \qquad \varepsilon(t) = \varepsilon_0 \sin(\omega t - \delta)$$

実験1　寒天およびゼラチンのゾル－ゲル転移における動的粘弾性

目的　動的粘弾性測定は遅延時間や緩和時間の短い現象を究明するのに適し，きわめて短時間で測定することができるため，調理過程での温度や経時変化による粘弾性の変化を追跡するのに有効である．ここでは，寒天およびゼラチンのゾルからゲルあるいはゲルからゾルへの転移における粘弾性変化の実験例について述べる．

実験方法　試料：寒天，ゼラチン，しょ糖
機器：動的粘弾性測定装置，一般実験器具
条件：0.8％寒天ゾル，10％しょ糖添加 0.8％寒天ゾル，4.0％ゼラチンゾル，10％しょ糖添加 4.0％ゼラチンゾル
解析方法：動的粘弾性測定装置付属の自動解析システムにより，貯蔵弾性率 G'，損失弾性率 G'' および損失正接 $\tan\delta$ を求める．

操作
(1) 寒天，ゼラチンは膨潤後，所定濃度となるように脱イオン水を加え，加熱して溶解する．溶解した寒天およびゼラチンゾルに所定濃度となるようにしょ糖を加えて溶かす．（調製方法の詳細については p.188 海藻抽出物とゼラチン参照）
(2) 各試料はゾル状態で気泡が混入しないように注意して注入する．
(3) 4種類のゾルおよびゲルのひずみと応力が線形領域の範囲内になるようなひずみを決め，再現性のある貯蔵弾性率，損失弾性率が得られる周波数を決める．
(4) 昇温速度および降温速度を決定して，G'，G'' および $\tan\delta$ を測定する．

実験結果のまとめ　0.8％寒天のゾルからゲルへの転移，ゲルからゾルへの転移における貯蔵弾性率，損失弾性率の変化を図 4-10 に示した．

0.8％寒天ゾルの降温測定（a）において，50℃では損失弾性率が貯蔵弾性率よりも大きい典型的なゾル状態を示しているが，温度が下がると貯蔵弾性率は急激に増加して，ついには損失弾性率と交差する．さらに温度が下がると損失弾性率も増加するが，貯蔵弾性率がつねに大きい状態となる．この貯蔵弾性率と損失弾性率の関係はゲル状態を示す典型例である．

0.8％寒天ゲルの昇温測定（b）において，40℃ では貯蔵弾性率は損失弾性率よりも大きいが，温度が上昇するのに伴い貯蔵弾性率は次第に減少する．減少の程度は75℃ 前後で急激に大きくなり，85℃ 前後以上では損失弾性率より小さくなりゾル状態へと転移する．寒天のゾルからゲルへの転移温度あるいはゲルからゾルへの転移温度は貯蔵弾性率と損失弾性率の交差点から知ることができる．図には損失正接を示していないが，損失正接は損失弾性率を貯蔵弾性率で除して求めた比であるから，ゾルからゲルへ転移すると損失正接は急激に小さくなり，反対にゲルからゾルへ転移すると大きくなる．

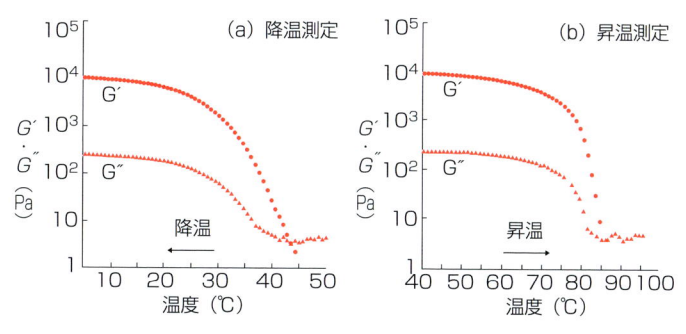

図 4-10　0.8％寒天ゾルおよび寒天ゲルの貯蔵弾性率・損失弾性率
G'：貯蔵弾性率，G''：損失弾性率
ひずみ 0.1％，周波数 1 Hz，昇降温速度 3.0℃/分

参考

　動的粘弾性測定機器には，ゲル状試料を上下平行なアンビルの間に固定し，試料に伸縮振動を与えて上部のアンビルで力学的変化を検出して測定する方法や，ゾル状試料にブレードを挿入して試料に垂直方向のずりひずみを与えてブレードで検出して測定する方法，水平な試料台とコーンプレートあるいはパラレルプレートの間に試料をはさみ水平方向のずりひずみを与えて測定する方法などがある．コーンプレートとパラレルプレートの選択やギャップの設定は測定する食品によって異なるので，予備実験を行い決定する必要がある．

表 4-8　静的粘弾性と動的粘弾性の一般的な特徴

	静的粘弾性	動的粘弾性
試　料	なるべく均質なゾルあるいはゲル状食品	なるべく均質なゾルあるいはゲル状食品
測定方法	急激に一定の応力または変形を試料に与えることによって生じる変形または応力を求める	周期的な応力または変形を試料に与えることによって生じる変形または応力の変化を求める
測定手段	クリープ測定装置または応力緩和測定装置によりクリープ曲線または応力緩和曲線を得る	動的粘弾性測定装置により，周波数あるいは温度を広範囲に変化させ，多くは演算回路により，直接動的粘弾性定数を得る
適応性	遅延時間や緩和時間のある程度長い現象についての測定に適し，測定は比較的長い時間を要する．1分またはそれ以上の測定時間で求めやすい	遅延時間や緩和時間の短い現象を究明するのに適する．きわめて短時間に測定を終了することができる．周期が1秒以下の振動に対して適している

4. 破断特性の測定と解析

1）破断特性

　食品は圧縮，引っ張り，ずりの力を加えると変形を生じ，ついには破壊にいたる．この目にみえる程度の大きさに割れ目が生じたときの破壊の現象を破断という．実際の調理，加工や人の咀嚼などは，微小変形領域よりも大変形領域における力学的特性と密接な関係がある．

　圧縮変形による破断特性を測定する場合，試料の大きさは表面積が $4 \sim 9\,cm^2$，高さは $1.5 \sim 2.5\,cm$ くらいであることが望ましい．プランジャーは通常，試料の表面積よりも大きいものを用いる．また，測定時における圧縮速度も測定値に影響を与えるので，同一実験においては一定の圧縮速度で測定する必要がある．さらに，測定時におけるひずみ量は，$50 \sim 90\,\%$ の間の一定量に設定することが望ましい．測定により得られた破断特性値には，ばらつきが大きいことが予想されるので，1 つの試料について数多くの測定を行い，得られた測定値は統計処理を行って，比較検討する．

2）カードメーターによる破断特性の測定

　カードメーターは，もともと牛乳のソフトカードの品質管理のため考案されたが，現在はゲル状食品の破断強度（ゼリー強度）を求めるため広く用いられている．カードメーターによる測定原理は，図 4-11 に示すように，スプリング A の下に感圧軸 B および荷重 C を取りつけ，試料台 D に試料 F を載せ，一定速度で押し上げていく．試料の破断力が感圧軸にかかる力よりも大きい間は感圧軸は押し上げられていくが，感圧軸にかかる力が試料の破断力の限界を超えると，感圧軸は試料に貫入し，試料は破断する．この感圧軸の動きがペン E により記録紙に記録される．

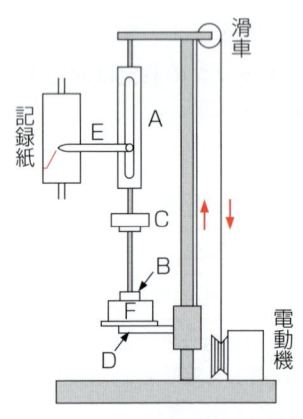

図 4-11　カードメーターの原理図
A：スプリング，B：感圧軸，C：荷重，D：試料台，E：ペン，F：試料
（種谷真一，林弘通，川端晶子：食品の物性用語辞典．p.36, 養賢堂, 1996）

実験1　破断特性の測定

目　的　卵豆腐および木綿豆腐の2種類のゲル状食品を試料に用い，破断特性測定装置およびカードメーターにより測定を行う．

実験方法　試料：20×20×20 mm の立方体に整形した卵豆腐および木綿豆腐
　　器具：破断特性測定装置（レオナー RE-33005；山電㈱製，レオメーター・マックスRX-1700；アイテクノ製など）および記録計，カードメーター

条件

(1) 破断特性測定装置は，直径 40 mm のディスク型プランジャーを用い，圧縮速度 10 mm/秒により測定を行う．

(2) カードメーターは，おもりと感圧軸を選定する．おもりと感圧軸の組み合わせは1つの試料についても，いくつか考えられるが，精度の高い実験を行うために予備実験を行い，最も適当なものを選定する（表4-9，図4-12参照）．

表 4-9　カードメーターの実験条件選定のための資料

(a) 記録紙の縦軸の読み

おもり (g)	記録紙縦軸目盛り	縦軸読み (g重)
60	100	60
100	100	100
200	100	200
400	100	400

(b) ばねの常数

ばね	κ (dyn/cm)
60 g用	$6533 \times \frac{3}{5} = 3920$
100 g用	$6533 \times 1 = 6533$
200 g用	$6533 \times 2 = 13066$
400 g用	$6533 \times 4 = 26132$
800 g用	$6533 \times 8 = 52264$

(c) 感圧軸円板の大きさ

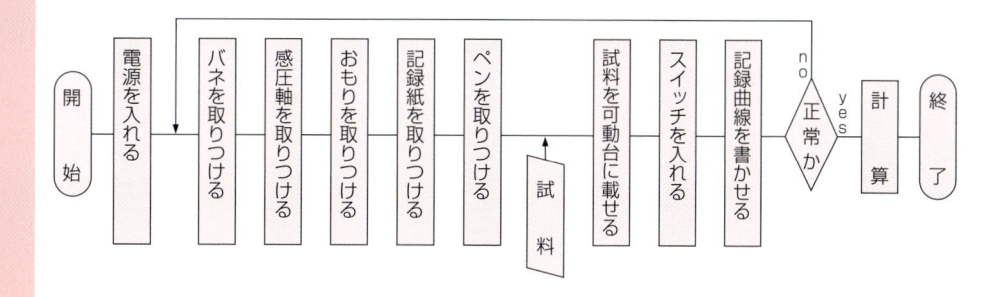

感圧軸直径	面積 S	円周の長さ L
0.30 (cm)	0.07 (cm^2)	0.94 (cm)
0.56	0.25	1.76
0.80	0.50	2.51
1.13	1.00	3.55

注：単位の換算　CGS単位＝SI単位
1 g ＝ 10^{-3} kg
1 dyn/cm ＝ 10^{-3} N/cm
1 cm ＝ 10^{-2} m
1 cm^2 ＝ 10^{-4} m^2

開始 → 電源を入れる → バネを取りつける → 感圧軸を取りつける → おもりを取りつける → 記録紙を取りつける → ペンを取りつける → 試料を可動台に載せる → スイッチを入れる → 記録曲線を書かせる → 正常か → (yes) 計算 → 終了 / (no) 戻る

図 4-12　カードメーター測定の手順

破断特性の解析

(1) 破断特性測定装置より得られた破断記録曲線から，荷重－変形記録曲線，さらに応力－ひずみ曲線（図 4-13）に変換する．

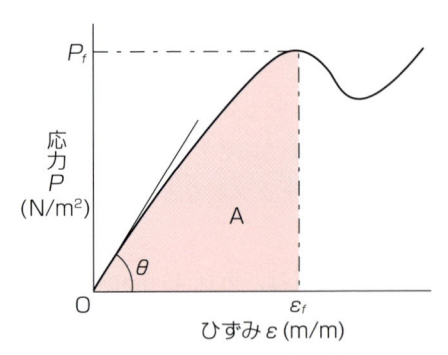

図 4-13 応力－ひずみ曲線

応力－ひずみ曲線の破断点の応力 P_f は，荷重－変形記録曲線より得られた破断点の荷重 w_f を用いて①式より得られる．また，破断点のひずみ ε_f は，同じく荷重－変形記録曲線より得られた破断時の試料の変形量 Δl_f (m) より②式を用いて，破断ひずみ ε_f として求められる．

$$P_f = \frac{w_f \cdot g}{A_0} \quad (\text{N/m}^2) \quad \cdots\cdots ①$$

$$\varepsilon_f = \frac{\Delta l_f}{l_0} \quad (\text{m/m}) \quad \cdots\cdots ②$$

g：重力加速度（9.8m/s²）
A_0：試料の断面積（m²）
l_0：試料の高さ（m）

また，破断にいたるまでの仕事量として，応力－ひずみ曲線が破断点までに描く面積 A (m²) より，単位体積当たりの破断エネルギー E_n が③式より求められる．

$$E_n = C \cdot A \quad (\text{J/m}^3) \quad \cdots\cdots ③$$

C：縦軸（応力）および横軸（ひずみ）に関する換算係数

また，応力－ひずみ曲線の直線性が成り立つ範囲内（線形領域）における直線の立ち上がりの勾配 $\tan\theta$ より，微小変形のレオロジー的性質と考えられる初期弾性率 E_0 が求められる．

(2) 図 4-14 にカードメーターによる記録曲線を示した.

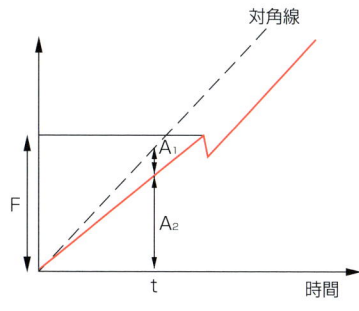

(a) 硬さと破断力のあるものの測定記録

$$硬さ = \frac{A_2}{A_1} \cdot \frac{\kappa}{L} \text{ (dyn/cm}^2\text{)}$$

$$\underset{(ゼリー強度)}{破断強度} = \frac{F}{S} \times g \text{ (dyn/cm}^2\text{)}$$

F：破断力（g重）
g：重力の加速度（980cm/sec²）
S：感圧軸面積（cm²）
κ：ばねの常数

(b) 硬さと粘稠性のあるものの測定記録（流動性小）

$$硬さ = \frac{A_2}{A_1} \cdot \frac{\kappa}{L} \text{ (dyn/cm}^2\text{)}$$

$$粘稠度 = \frac{B_1}{\alpha} \cdot \frac{1}{S} \cdot g \text{ (dyn·sec/cm}^3\text{)}$$

α：0.36または0.21（cm/sec）

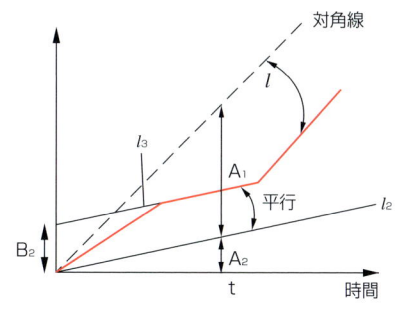

(c) 硬さと粘稠性のあるものの測定記録（流動性大）

$$硬さ = \frac{A_2}{A_1} \cdot \frac{\kappa}{L} \text{ (dyn/cm}^2\text{)}$$

$$粘稠度 = \frac{B_2}{\alpha} \left(1 + \frac{A_2}{A_1}\right)^2 \cdot \frac{1}{S} \cdot g \text{ (dyn·sec/cm}^3\text{)}$$

図 4-14 カードメーターによる測定と解析法
（飯尾尚子：調理科学. **2**, 55, 1969）

実験結果のまとめ　破断特性測定装置より得られた測定値は，解析方法に従い試料の破断応力，破断ひずみおよび破断エネルギーを求める．また，カードメーターによる測定より，ゼリー強度（破断強度）を求める．破断応力とゼリー強度（破断強度）を比較検討する．

表 4-10　卵豆腐および木綿豆腐の破断特性値

	破断応力 (N/m²)	破断ひずみ	破断エネルギー (J/m³)	ゼリー強度* (N/m²)
卵豆腐				
木綿豆腐				

＊：カードメーターによる特性値

5. テクスチャーの測定

　テクスチャーという言葉は，古くから織物の風合いの意味で使われてきたが，食品を手で触れたときの触覚や，口中で感じられる食感に対応する性質としても重要なものとなっている．ことに，食物の口中で感じられるテクスチャーは，硬さ，粘り，付着性，もろさ，舌ざわり，歯切れ，なめらかさ，飲み込みやすさなど食物の粘稠性を表す特性である．粘稠性を表す用語の多くは，食物のレオロジー的性質と深くかかわっており，食感に関する性質を表している．

　テクスチャーは主観的な感覚であるが，この主観的な感覚を客観化することが必要である．テクスチャーを客観化する手段として，ある程度主観的な特性と対応がついている客観測定値を求める必要がある．

　テクスチャー測定に用いるプランジャーの形状は，大きさなどにより接触面積が異なるので，プランジャーの選択が重要であり，破断特性の測定と同様，同一実験においては，形状が同じものを選択する．またクリアランス（プランジャーの最下点と試料の間隙の限界値）が変化すると硬さや付着性の測定値に変化が生じるので，やはり同一実験において，クリアランスは一定にする必要がある．クリアランスは試料の高さにもよるが，一般に2～5 mmとしている場合が多い．プランジャーの圧縮方法には，正弦運動および定速上下運動のものがあるが，いずれの運動方式であっても，圧縮速度は破断特性と同様に測定値に影響を与えるので，同一実験においては一定にする必要がある．また，試料によっては硬さや付着性の圧縮速度依存性がみられるので，硬さや付着性の圧縮速度依存性についても検討を要する．運動回数は2回が一般的であるが，3回またはそれ以上の運動により測定を行い，試料の特性値の変化を追跡することもある．測定温度は測定値に影響を与えるので，一定の測定温度にしておくことが望ましい．

実験1　食品のテクスチャー特性の測定方法

目　的　テクスチャー特性を定速上下運動により測定し，得られた特性値と人が食べたときの感覚による評価内容とを比較検討する．

実験方法　試料：プレーンヨーグルト，卵豆腐，木綿豆腐

　　器具：テクスチャー測定装置（レオナー RE-33005；山電㈱製，簡易テクスチャー測定機 TPU；山電㈱製，レオロメーター・マックス RX-1700；アイテクノ製など）および記録計，試料容器（直径 40 mm），ディスク型プランジャー（直径 20 mm および 8 mm）

　条件

　(1)　プレーンヨーグルトは，試料容器に 15 mm の厚さになるように充填する．また，卵豆腐および木綿豆腐は縦 20×横 20×厚さ 15 mm になるように整形する．

　(2)　測定に用いるプランジャーは，プレーンヨーグルトは直径 20 mm，卵豆腐および木綿豆腐は直径 8 mm のディスク型プランジャーとする．

(3) 圧縮速度 10 mm/s，圧縮量 10 mm（クリアランス 5 mm）に設定する．
テクスチャー特性の測定において，測定条件は重要となるので必ず明記する．

得られたテクスチャー記録曲線を図 4-15 に示す．

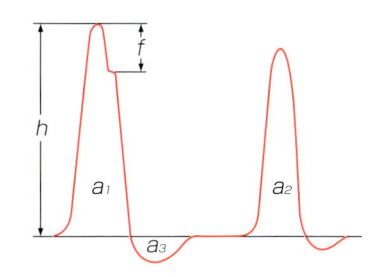

図 4-15　テクスチャー記録曲線
h：1 山目の高さ，a_1：1 山目の面積，a_2：2 山目の面積
a_3：1 山目の負方向の面積，f：1 山目の落ち込みの高さ

a．テクスチャー特性の硬さ

テクスチャー特性の硬さ Ha は，記録曲線の第 1 山目の高さ h から求められる．第 1 山目の高さ h(m) を力の単位に換算し，さらにプランジャーの圧縮面積で除して，応力単位として①式のように算出する．

$$Ha = \frac{h \cdot C \cdot g}{m} = \frac{h \cdot C \text{ (kgf)} \times 9.8}{m} = \text{N/m}^2 \cdots\cdots ①$$

g：重力加速度 (9.8 m/s^2)，C：機器の荷重換算係数
m：プランジャーの圧縮面積 (m^2)

また，記録曲線の第 1 山目の高さ h を，前項の破断特性の破断応力（P_f）の解析方法を用い，みかけの破断応力として算出することも可能である．

b．テクスチャー特性の付着性

記録曲線の第 1 山目に続く負方向の面積 a_3 は，縦方向の値（力）と横方向の値（変形量）が関係する仕事量である．縦軸の値は②式から求められる換算係数 M_1 を用いて応力に換算し，横軸の値は③式より求められる換算係数 M_2 を用いてひずみに換算することができる．そこで，負方向の面積 a_3 より，付着性 Ad を④式より求める．

$$M_1 = \frac{C \cdot g}{s} \quad \cdots\cdots ②$$

$$M_2 = \frac{R_2 \cdot d}{R_1 \cdot L_s} \quad \cdots\cdots ③$$

$$Ad = a_3 \cdot M_1 \cdot M_2 = \frac{a_3 \cdot C \cdot g \cdot R_2 \cdot d}{s \cdot R_1 \cdot L_s} \quad (\text{J/m}^3) \quad \cdots\cdots ④$$

テクスチャー特性値の解析

C：荷重換算係数，g：重力加速度（9.8 m/s^2）
s：プランジャーの圧縮面積（m^2），R_1：記録計の紙送り速度（m）
R_2：プランジャーの圧縮速度，L_s：試料の厚さ，d：圧縮量
J/m^3：エネルギー単位

c．テクスチャー特性の凝集性

凝集性 C_0 はテクスチャー記録曲線（図4-15）の第2山目の面積 a_2 と第1山目の面積 a_1 の比として⑤式より求められる．

$$C_0 = \frac{a_2}{a_1} \quad \cdots\cdots ⑤$$

d．その他の特性値

テクスチャー記録曲線から算出されるテクスチャー特性値はほかに，もろさ，ガム性，弾力性，咀嚼性などがある．

もろさは，記録曲線の第1山目の落ち込みの高さである f を硬さと同様，力の単位に換算し，さらにプランジャーの圧縮面積で除して応力単位で算出する．さらに，弾力性 $= h - h_1$（h は第1ピークと第2ピークの立ち上がりの距離，h_1 は弾力のない粘土のような標準物質の第1ピークと第2ピークの立ち上がりの距離），ガム性 = 硬さ×凝集性，咀嚼性 = 硬さ×凝集性×弾力性として求められる．

実験結果のまとめ

表4-11 プレーンヨーグルト，卵豆腐および木綿豆腐のテクスチャー特性値

	硬さ (N/m^2)	凝集性	付着エネルギー (J/m^3)
プレーンヨーグルト			
卵豆腐			
木綿豆腐			

卵豆腐，木綿豆腐については，もろさ，ガム性，弾力性，咀嚼性などの特性値についても算出してみる．

参考

図4-16にテクスチャーの異なる同一食物について，応力単位で換算した硬さと破断応力とを対応させたものを示した．テクスチャー特性の硬さを機器固有の単位（T.U. または R.U. など）で示す場合もあるが，応力単位で示せば，ほかの物性値と対応できることがわかる．

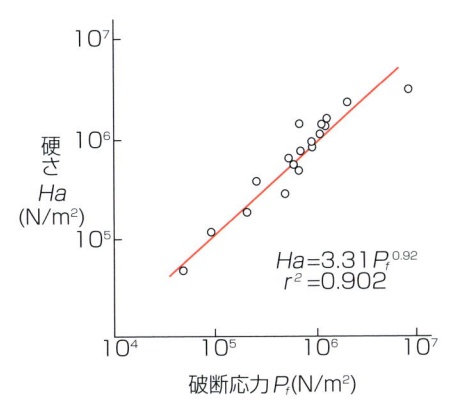

図 4-16　硬さと破断応力の関係

圧縮速度：60 cycl/分（レオロメーター），60 cm/分（レオダイナコーダー）
Ha：レオロメーターの測定値，P_f：レオダイナコーダーの測定値

（赤羽ひろ：関東学院女短大論叢．**78**，49〜59，1987）

グラフ中の式：$Ha = 3.31 P_f^{0.92}$，$r^2 = 0.902$

物性に関係のある CGS 単位の SI 単位換算

- 角　度 ……………… $1° = 17.45329 \times 10^{-3}$ rad
  （度）
- 密　度 ……………… $1\ \mathrm{g/cm^3}$，$\mathrm{kg/m^3}$
- 力 …………………… $1\ \mathrm{dyn} = 10^{-5}\ \mathrm{N}$
  （$1\ \mathrm{N} = 1\ \mathrm{kg \cdot m/s^2}$）
- 応力，弾性率 ……… $1\ \mathrm{dyn/cm^2} = 10^{-1}\ \mathrm{Pa} = 10^{-1}\ \mathrm{N/m^2}$
  （$1\ \mathrm{Pa} = 1\ \mathrm{N/m^2}$）
- 粘度（粘性率）…… $1\ \mathrm{P} = 10^{-1}\ \mathrm{Pa \cdot s}$
  （ポアズ）
  $1\ \mathrm{cP} = 10^{-3}\ \mathrm{Pa \cdot s} = 1\ \mathrm{mPa \cdot s}$
- 動粘度 $= \dfrac{\text{粘度}}{\text{密度}}$ …… $1\ \mathrm{St} = 10^{-4}\ \mathrm{m^2/s}$
  （ストークス）
  $1\ \mathrm{cSt} = 10^{-6}\ \mathrm{m^2/s}$
- 仕事，エネルギー … $1\ \mathrm{erg} = 10^{-7}\ \mathrm{J}$
  （$1\ \mathrm{J} = 1\ \mathrm{N \cdot m}$）
- 熱，熱量 …………… $1\ \mathrm{cal} = 4.18605\ \mathrm{J}$
  （熱量 1 cal は仕事量 4.18605 J に相当する：熱の仕事当量）

6. その他の経験的力学量の測定機器

経験的力学量の測定法とは，はっきりと力学的に定義づけることはできないが，経験的に食品の物性と関連づけられる特性値を測定するものである．

a．硬度計

穀類や豆類の硬さや，クッキーのショートネスの測定に便利な機器にキヤ（Kyia）式硬度計がある（図4-17）．

試料の硬さに応じて，圧力5, 10, 20, 30, 50 kg などのなかより適当なものを選べばよい．

測定法は，Bのハンドルを回転させて試料をAに載せ，ハンドルを徐々に左回転させると試料が圧縮され，同時にC板の指針がおき針とともに移動して圧力を指示する．Dのおき針目盛りを読んで試料の硬さを知る．

しかし，現在では，破断測定装置（レオナー；山電㈱製，テクスチャーアナライザー；ステーブルマイクロシステムズ社製）などの圧縮機能を持つ汎用型物性測定機器により代用できる．

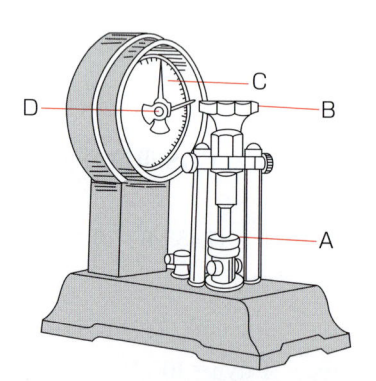

図4-17 キヤ式硬度計の構造

b．ミートシャメーター

ミートシャメーターは，シャーリングによって肉組織の剪断力を測定するために開発された機器である．ミートシャメーターの構造を図4-18に示すが，肉片の試料を一定の大きさ（直径1.3または2.6 cm円筒の抜き型で抜き，一定の長さ）に切り，三角形のエッジに入れ，低速稼動装置の取りつけられた2枚の金属板の下降によって，肉片が剪断されるときの力がスプリングバランスによって示される．

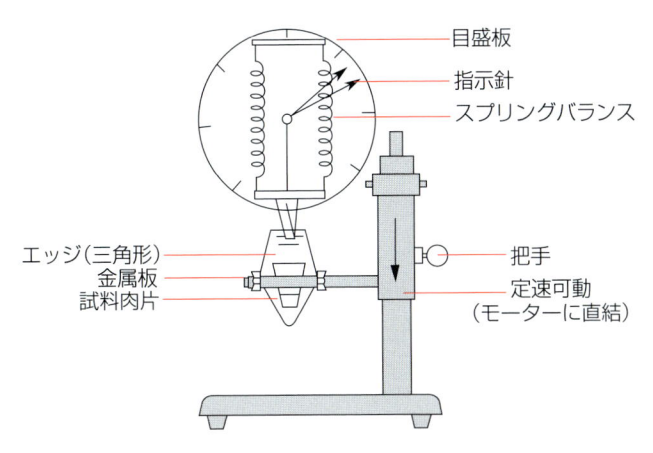

図 4-18 ミートシャメーターの構造

c．ペネトロメーター

ペネトロメーターは食品の硬さを測定する機器である（図 4-19）．針状のプランジャーが試料に貫入する際の深さで変形の大きさを測定する．

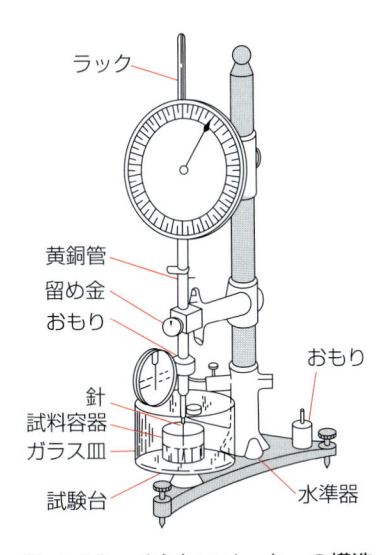

図 4-19 ペネトロメーターの構造

5 調理と酵素に関する実験

　生鮮食品中には，種々の酵素が存在するので，調理操作中に起こる酵素反応を念頭におく必要がある．調理に際しては，食品中の酵素反応を抑制したり，利用して，おいしくて健康維持に必要な食べ物をつくることが望まれる．本章では，食べ物のおいしさを左右する色，味，テクスチャーの変化に関与する酵素反応を抑制したり，利用するための実験を行う．また，酵素の抽出と活性測定のための基礎実験を行い，調理と酵素のかかわりの基本を理解する．

実験1　色の変化と酵素 ── 野菜・果実の酵素的褐変の抑制

目的　　じゃがいもやりんごの皮を剥いたり，切って空気中に放置すると褐色に変化する．これはじゃがいもやりんごのなかにチロシンやクロロゲン酸といったポリフェノール物質とそれらの酸化を触媒するポリフェノールオキシダーゼが含まれており，切断面でポリフェノール物質が酵素の作用で酸化重合し，褐色物質が生成されるためである．本実験により酵素的褐変の抑制方法を理解する．

実験方法　試料：りんご1/2個，食塩，アスコルビン酸
　　　　　　器具：陶製（プラスチック製）おろし金，ガーゼ，pHメーター（pH試験紙），測色
　　　　　　　　　色差計または標準色票，一般実験器具
　　　　　　条件：A…無添加，B…クエン酸添加（pHを3.0にする），C…アスコルビン酸添加，
　　　　　　　　　D…0.5％食塩添加，E…100℃加熱
　　　　　　操作
　　　　　　（1）りんご1/2個の皮を剥き，芯を取って3分割し，氷水に漬けて冷却する．りんごを冷却しておかないと，すりおろしている間に褐変してしまうことがあるので，ガーゼでこすまでは冷却しておくことが必要である．おろし金も冷やしておくとよい．
　　　　　　（2）5本の試験管を用意し，A～C[1]，D，Eを別々にすりおろし，2～3枚のガーゼでこして，3mℓずつ目盛りつき試験管に入れ，抽出液の温度が25℃になったら，それぞれの色の変化を経時的に観察する．
　　　　　　（3）図5-1に従って試料を調製する．

---

1) A～Cの試料は一度にすりおろして，ガーゼでこしたあとに3本の試験管に分注する．

りんご

```
     A              B              C              D              E
すりおろして、ガーゼでこし、3本の試験管に3mLずつ分注する    皮を剥き芯を取り、0.5％の食塩をまぶす    100℃で2分間ボイルして冷却する
                クエン酸を      アスコルビン酸    すりおろし      すりおろし
                添加する        を小スパーテル    てガーゼで      てガーゼで
                （pH 3.0）      1杯（約40        こす            こす
                                mg）添加する
```

それぞれ pH を測定する

色の経時的変化を測色色差計または標準色票で測定する（室温25℃）

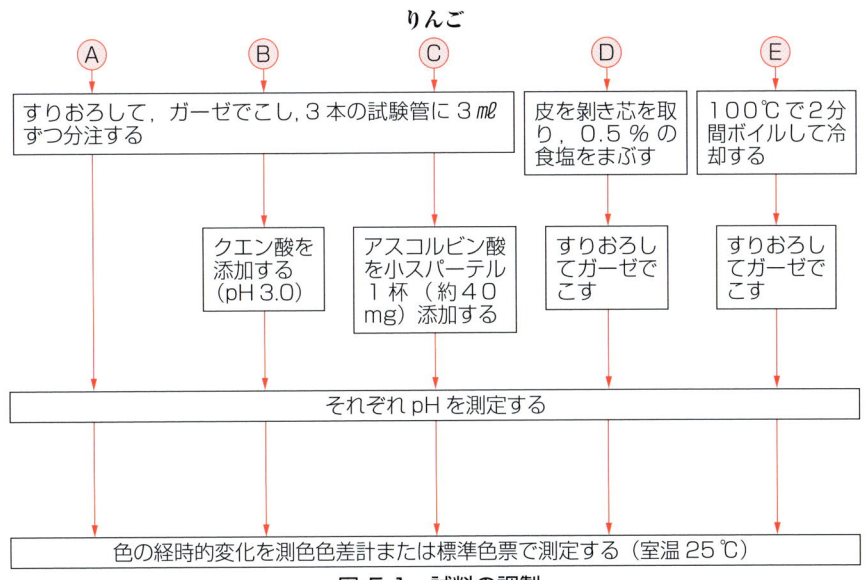

図 5-1　試料の調製

実験結果のまとめ

表 5-1　りんご果汁の褐変

試料	A 無添加	B クエン酸添加 pH 3.0	C アスコルビン酸添加	D 0.5％食塩添加	E 100℃加熱
pH					
経過時間（分） 0					
5					
10					
20					

参考

(1) りんごの褐変現象は図 5-2 のような酵素作用による．

$$\text{ポリフェノール物質（R-C}_6\text{H}_3\text{(OH)}_2\text{)} \xrightarrow[\frac{1}{2}\text{O}_2]{\text{ポリフェノールオキシダーゼ}} \text{キノン体} \xrightarrow{\text{縮合重合}} \text{褐色物質}$$

図 5-2　酵素による褐変現象

(2) 酵素による褐変を防止するには，次のような方法がある．
① 空気中の酸素と接触しないように水に漬ける．このとき，酸化酵素も，その基質も水溶性であるので水に溶ける．
② 加熱して酵素を失活させる．
③ 酸を加えて pH を下げる．
④ 食塩水に浸して酵素作用を抑制する．
⑤ 還元剤（アスコルビン酸）を加えて酸化を防止する．

実験2　味の変化と酵素 ── 甘味とアミラーゼについて

目的　さつまいもは加熱方法によって，できあがりのいもの糖度（甘味）および香りなどが異なる．焼き方により甘味が異なるのは，β-アミラーゼが作用する時間の差によることを理解する．また，さつまいもの"あく"について観察し，美しくおいしい料理をつくるために，あくの処理が必要であることを理解する．

実験方法

試料：さつまいも（150 g ぐらい2本）

器具：アルミホイル，ラップフィルム，ピペット，メスシリンダー，漏斗，濾紙，三角フラスコ，糖度計（0～32％），乳鉢，乳棒，蒸し器，オーブン，電子レンジ，竹ぐし，一般調理器具

操作

(1) さつまいもは皮つきのまま厚さ1 cmの輪切りにして12個取り，次の実験に用いる．ただしAとBは交互に取って両者が同質になるようにする．

　① 焼きいもに4個…A_1，A_2，A_3，A_4（加熱：5分，4分，4分，4分）
　② 蒸しいもに4個…B_1，B_2，B_3，B_4（加熱：5分，2分，2分，2分）
　③ 生いもの変色状態をみるために2個…C_1，C_2
　④ クロロゲン酸のアルカリ反応をみるために2個…D_1，D_2

C_1はすぐに水に浸漬，C_2はそのまま空気中に放置する．

A 4個とB 4個とD_2は別々に水に浸漬してからざるに上げ，布巾で水気を取る．AとBは，それぞれ4個分の重量をはかる．

焼きいもA（4個を平らに並べアルミホイルで包む）と蒸しいもBの実験は並行して行う．

(2) 焼きいも：オーブンを150 ℃にしていもを入れる．5分経過したらA_1の中心部に竹ぐしを刺し，その後4分ごとにA_2，A_3，A_4と竹ぐしを刺して焼け具合をみる（1個のいもには1か所だけ刺す）．楽にくしが通るまで焼き，加熱時間をはかる．取り出して重量をはかる．

(3) 蒸しいも：蒸し器を火にかけ，蓋の内側に乾いた布巾をかけ，蒸気が出はじめたら，B 4個とD_2のいもを入れる．5分経過したらB_1に竹ぐしを刺し，その後2分ごとにB_2，B_3，B_4と順にくしを刺して，楽にくしが通るようになったら火を止め，蒸し時間をはかる．取り出してB 4個の重量をはかる．蒸すかわりに電子レンジ加熱をするのもよい．

(4) さつまいもA，B（加熱），C（生）の10.0 gを精秤し，それぞれを乳鉢に入れる（いもの中心に近い部分から取る．生いもは細かく刻む）．

(5) A，Bには30 mℓの水を加える（希釈倍数4）．Cには水10 mℓを加える（希釈倍数2）．生の場合は，海砂を入れてよくすりつぶしたのちに，水を加えたほうがよい．漏斗に移して濾液の糖度を糖度計で測定する．次式により糖度を計算する．

$$糖度 = 糖度計の読み \times 希釈倍数 \times \frac{100}{100 - 重量減少率(\%)}$$

(6) 残りのさつまいもを試食して香り，口ざわり，甘味について2点比較法を用いて官能評価を行う．

(7) D_1 と蒸した D_2 に1％重曹水を駒込ピペットで数滴たらして数分後に緑変が起こるかを観察する．

実験結果のまとめ

表 5-2　加熱いもの実験結果のまとめ

		オーブン加熱	蒸し加熱
生いもの重量（g）			
加熱いもの重量（g）			
加熱時間（分）			
重量減少率（％）*			
糖度			
生に対する糖度比			
官能評価	香り		
	口ざわり		
	甘味		
生いもの変色状態	水に浸漬		
	空気中		
1％重曹中のクロロゲン酸の反応	生		
	蒸し		

＊重量減少率(％)＝{生いもの重量(g)－加熱いもの重量(g)}×100／生いもの重量(g)

参考

(1) さつまいもは時間をかけてゆっくり加熱したほうがおいしいとされている．これはさつまいもには β-アミラーゼが含まれているため，この酵素が加熱中に最適温度（55〜65℃）で十分に作用すると，糖量が増加して甘味が増すためである[1]．

加熱により β-アミラーゼは温度上昇とともに失活していくが，電子レンジのように短時間加熱では，酵素が急速に失活するので，でん粉から糖生成量が少なくなる．煮たり，蒸したりする場合は，加熱時間が長くなると糖分が汁に溶出して糖度が下がる．

(2) 切り口が空気に触れると，いもに含まれているフェノール類（"あく"と称するものでクロロゲン酸など）が，ポリフェノールオキシダーゼの作用によって褐変する．しかし，この酵素は水に溶けるのでいもを水に浸漬しておけば褐変を防ぐことができる．加熱後放置したものは褐変しない．これは酵素が失活しているからである．

(3) 1％重曹液に浸漬したものが緑変するのは，クロロゲン酸がN化合物の存在下でアルカリと反応して緑色を呈するためである．重曹を加えた衣をつけて揚げたいもやごぼうが緑に変色するのもこの現象である．

---

1) 桐淵寿子，久保田紀久枝：家政誌，**27**，421，1976

実験3　テクスチャーの変化と酵素 ― ゼラチンゼリーとたんぱく質分解酵素

目　的　ゼラチンゼリーはデザートによく使われ，特有の食感が好まれる．しかし，ゼラチンはポリペプチド鎖からなるたんぱく質であるため，加熱溶解中にたんぱく質分解酵素が共存するとペプチド結合が加水分解され低分子化する．その結果，冷却してもゼリー（ゲル化）にならないことがある．本実験では，たんぱく質分解酵素を含むパインアップル果汁を添加して，ゲルのテクスチャーを比較し，果汁添加ゼラチンゼリーのおいしいつくり方を理解する．

実験方法　試料：粉末ゼラチン 15 g × 4，砂糖 100 g，パインアップル果汁 150 mℓ
　　　　器具：ビーカー（500 mℓ）4個，（100 mℓ）2個，pH試験紙，流し箱4個，ジューサー，ガラスリング（直径 40 mm × 高さ 30 mm）12個，温度計（100 ℃）
　　　　装置：カードメーター
　　　　操作

(1) ゼラチン濃度を5％（w/v）とし，表5-3の試料配合割合に従い，A～Dを調製する．できあがり量は 300 mℓ とする．

(2) パインアップル果汁の調製
　① 生果汁…ジューサーを用いて磨砕し，ガーゼで絞り，果肉を除く．
　　　BPB試験紙でpHを測定する．
　② 加熱果汁…生果汁を 100 mℓ 用ビーカーに入れ，重量をはかり，火にかける．
　　　沸騰後30秒間加熱し，重量をはかる．蒸発分は蒸留水で補う．

(3) 500 mℓ ビーカーにA～Dの記号を書き，ビーカーの重量を測定する．

(4) A～Dに，蒸留水 180 g（Dは 240 g）を加え，粉末ゼラチン 15 g を振り入れ，10分間浸漬する[1]．

(5) A～Dを火にかけ（65 ℃ 以下），焦がさないように攪拌し，ゼラチンを完全に煮溶かす．さらにA～Cには所定量の砂糖を加え，砂糖が溶けるまで加熱する．続いて重量を測定しながら，A～Cはビーカー重量＋約 230 g，Dはビーカーの重量＋約 305 g になるように 65 ℃ の蒸留水で調整する．

(6) D溶液をガラスリング3個に流し入れ，氷水中で冷し固める．

(7) A溶液に蒸留水 75 mℓ を加え，B溶液は 30 ℃ に冷やしたあと，パインアップル生果汁 75 mℓ を加え，C溶液にはパインアップル加熱果汁 75 mℓ を加え，Dと同様の方法で固める．

(8) A～Dは，カードメーターで測定するまで氷水に漬けておく．

(9) 残りのゼリーは成形し，外観，硬さ，おいしさなどを順位法[2]により比較する．

---

1) ゼラチン濃度5％（w/v），できあがり量 300 mℓ とする．ゼラチン濃度は3～4％（w/v）でもよい．
2) Newell & Mac Farlane またはクレーマーの検定表で検定する．

表 5-3　添加材料配合割合

添加材料(g) \ 試料	A	B	C	D
砂　糖*	39(13)	30(10)	30(10)	0
蒸留水	75(25)	0	0	0
生果汁	0	75(25)	0	0
加熱果汁	0	0	75(25)	0

＊：果汁中の糖濃度を 12％として算出，（　）内の数値は濃度％

実験結果のまとめ

表 5-4　添加材料の異なるゼラチンゼリーの性状

試　料	物性測定値		官能評価		
	硬　さ(N/m^2)	破断応力(N/m^2)	外　観	硬　さ	おいしさ
ゼリーA					
ゼリーB					
ゼリーC					
ゼリーD					

参　考

(1) ゼラチン溶液のゾル－ゲル化の条件…市販のゼラチンは，いずれも乾燥食品のために，水に浸して吸水・膨潤させる必要がある（6～10倍の水に，粉末は5分，板状は20～30分くらい）．使用濃度は，液に対して2～4％が普通である．溶解温度は40～50℃であるので，湯せん（70～80℃）で溶解させると焦がす心配がない．ゼラチンはペプチド結合でつながっているたんぱく質である．液の過熱に注意し，必要以上に攪拌しない．たんぱく質分解酵素を含む果実（パインアップル，マンゴー，キウイフルーツなど）は生の切片や生果汁で添加しない．生果汁を添加するとゼラチンのペプチド結合が果汁中のたんぱく質分解酵素の作用で切断されて低分子化し，冷やしてもゼリーにならない．

　果汁ゼリーにするときは，果汁は溶解液の粗熱がとれてから加える．液をゲル化させるには氷水中か低温（5～10℃）に20～30分放置する．

　ゲル調製後，温度が26℃（室温）になると再びゲルが融解するので，保存する場合は温度に注意する．

(2) ゼリーにはほかに寒天ゼリーがある．寒天は多糖類であるので，たんぱく質分解酵素を含む果実の生果汁を加えてもゲル化する．多糖類のグリコシド結合は酸性で加水分解されやすいので，果汁（酸性）を加えて加熱しない．加熱溶解寒天ゾル溶液を60℃くらいに下げたあとに果汁を加え，水道水で15～20分冷却すればゲル化する．

実験4　酵素の抽出と活性測定のための基礎実験

目的　生野菜の組織から粗酵素液を調製して，アスコルビン酸オキシダーゼ活性を測定する．酵素はたんぱく質であるので操作によって活性を失うこと，および磨砕液のままでは，混雑物が多く含まれ，正確な活性が測定できないことを学ぶ．

その1　粗酵素液の調製

実験方法
試料：きゅうりまたはにんじん（1～2本）

試薬・器具：0.1 M K-リン酸緩衝液（pH 7.5）と 0.1 M 2-メルカプトエタノール（Et-SH，あらかじめ 0～4℃に冷却），乳鉢と乳棒またはホモジナイザー（周囲を砕いた氷で冷却できるもの），海砂，セファデックス G-25 カラム（冷却しておく），冷却遠心分離機（10,000 回転/分ができるもの），メスシリンダー，ビーカー，ピペット，ガーゼ，遠沈管，水（すべて脱イオン蒸留水）

条件：抽出時の温度…①低温，②室温

抽出液…① 0.1 M K-リン酸緩衝液（pH 7.5）またはトリス-HCl緩衝液（pH 7.5）
　　　②水

低分子物質の除去の有無…①セファデックス G-25 のカラムを通す操作をする
　　　　　　　　　　　　②しない

操作

(1) 操作は低温実験室（4℃以下）で行うか，またはつねに氷で冷却しつつ行う．きゅうりは水道水でよく洗浄し，最後に蒸留水で洗浄したあと 1 時間ほど冷蔵庫で冷却[1]する．

(2) 皮を剥き，種子を除去した果肉部を 5 mm³ 程度以下の切片にきざむ．組織のかたよりがないように 30.0 g を秤量し，0.1 M（Et-SH）を含む 0.1 M K-リン酸緩衝液（pH 7.5）30 mℓ とともにホモジナイザーで 1 分間磨砕する（乳鉢と乳棒で磨砕する際は海砂を使うとよい）．

(3) 二重のナイロンガーゼで濾過して，遠心分離（約 10,000 回転/分，4℃，20 分間）後，上澄を得る．上澄液の容量（mℓ）と pH を測定する．

(4) あらかじめ 10 mM K-リン酸緩衝液で平衡化して冷却しておいたセファデックス G-25 カラム[2]（1.5×6.3 cm，9.0 mℓ の樹脂をつめたもの）の上から透明な上澄液

---

[1] 酵素はたんぱく質であり，変性を起こしやすいので抽出のはじめから全操作の過程，ならびに貯蔵にわたって，努めて低温下に標品を保つのが一般である．
[2] セファデックスとは，デキストラン（α-1，6 結合を主体とするグリコース重合体）分子が相互に架橋されて網目構造になったものである．低分子物質はその高分子間の空隙はもちろんのことその分子内の網目にも自由に浸透し得るが，たんぱく質のような高分子物質はその網目のなかには入れない．したがって，この充填された円筒の上にサンプルをおいたのち緩衝溶液を流すと，最初に酵素その他の高分子物質が溶出されてくる．セファデックス G-25 の樹脂には fine, medium, coarse の 3 種があるが medium を使用する．

2.5 mℓ を載せる．すべてカラムに注入し終えたら，下に5 mℓ のメスシリンダーをおき，3.5 mℓ の 10 mMK-リン酸緩衝液（pH 7.5）を注入し，溶出液を採取する．これを粗酵素液とする[3]．

その2　アスコルビン酸オキシダーゼ活性[4]の測定

実験方法

試薬：1.0 mM アスコルビン酸溶液，20 mM リン酸ナトリウム，4％メタリン酸溶液

器具：試験管（小），恒温槽（30℃に調節），ストップウォッチ，冷却遠心分離機，分光光度計（UV測定可），メスピペット，ミクロピペット（20～200 μℓ用），石英セル，アイスバス，pH試験紙

条件：①粗酵素液の量を変えて反応を行う．
　　　　②反応時間（分）を 5，10，15，20 分とする．

操作

(1) 試験管に 1 mM アスコルビン酸溶液（基質溶液）25 μℓ，20 mM リン酸ナトリウム溶液 80 μℓ，蒸留水 895 μℓ を加え，30℃±0.02℃ の恒温槽に5分間保つ．粗酵素液（氷冷しておく）を 10 mMK-リン酸緩衝液で 0，2，4，8，16，32 倍に希釈し，それぞれ 30℃ に5分間保つ．各酵素液 0.5 mℓ を反応液（1.0 mℓ）の入っている試験管にすみやかに入れる（pH 6.0 であることを pH 試験紙で確認する）．入れ終わった瞬間にすみやかに[5]かき混ぜ，それから 10 分間反応させる．

(2) 4％メタリン酸溶液 1.0 mℓ を加えて反応を止める．

(3) 変性たんぱく質の沈殿を遠心分離（10,000 回転/分，4℃，20 分）で除去する．

(4) 上澄液の 243 nm[6] における吸光度を測定する．

(5) 反応時間 0 分[7]の試料の 243 nm の吸光度との差から酵素活性を算出する．

(6) 反応の時間経過：基質溶液入りの反応液（1.0 mℓ）の入った試験管（4本）が温度平衡に達したあと，(1)で決定した希釈度の酵素溶液（温度平衡に達したもの）0.5 mℓ ずつを加え，5，10，20，30 分間反応させる．

(7) 異なる抽出条件で調製した粗酵素液を用いて同様の実験を行う．

---

3) 粗酵素液の保存は小分けにして -30℃ 以下に貯蔵する．使用するときは冷水中で解凍する．
4) 活性（activity）という言葉は酵素の反応の強さを定性的に表す場合によく用いられる．一般には酵素濃度に比例するので，定量的な意味を持たせて用いることもある．量的にはっきりと表すときには，酵素活性の単位を決めなくてはならない．
5) 酵素液を入れるとただちに反応が開始されるため，酵素液を基質に加えるときには，すみやかになされなくてはならない．
6) アスコルビン酸はメタリン酸溶液中で 243 nm に吸収極大を持つが，酸化されたデヒドロアスコルビン酸には吸収がないので，活性があれば 0 分と一定時間反応した試料の吸光度に差が出る．差が大きいほど活性が大きいといえる．
7) 0 時の値を知るには，4％メタリン酸が入っている試験管に，緩衝液，基質溶液，および酵素溶液を加えたのちに測定するのがよい．不活化した酵素で行う理由としては，その標品中にある成分により，非酵素的に分解を起こすことがあり，それをチェックするためである．もし，希釈度が最小の酵素溶液について，出発時（0 時）の値と，加熱した不活性化酵素溶液による 10 分間反応後の値とが同一のときは，出発時の値のみを対照として設けることでよい．

実験結果のまとめ

(1) 遠心分離後の上澄液量（$a\ m\ell$）．
(2) セファデックス G-25 カラム後の粗酵素液量（$a \times \dfrac{3.5}{2.5}\ m\ell$）．
(3) 反応に用いた酵素原液の希釈度（X 倍希釈）と 1 分間にアスコルビン酸が酸化される量（$\varDelta A_{243}$/分）．
(4) 反応の時間的経過を表すグラフ（表とともに）とそのカーブの形に対する考察．
(5) 抽出方法の異なる粗酵素標品の活性の比較と，それに対する考察．
(6) 酵素活性の単位：反応時間 1 分間当たりの 243 nm の吸光度差（$\varDelta A_{243}$/分）から 1 分間に酸化されるアスコルビン酸の μ モル（μ モル/分）に変換するには 1.0 mM のアスコルビン酸溶液（2％メタリン酸に溶かす）の吸光度を測定し（分子吸光係数を出す），吸光度（$\varDelta A_{243}$）で出した値を μ モルに換算する．

参　考

組織内にある酵素の活性を測定するには，①低温で，② pH 7 付近の緩衝液中で組織を磨砕し，遠心分離をして可溶性溶液を得る．このなかには低分子物質が多く混在しているので，③セファデックス G-25 のカラムを用いて，低分子物質を除去し，たんぱく質画分を集めて，目的とする酵素の活性を測定することが最低の必要条件である．

a．緩衝液

緩衝液は，希釈（あるいは濃縮）または少量の酸または塩基の変化に伴う pH の変動をなるべく小さくする目的で使用されるものであり，酵素，その他のたんぱく質や核酸のような高分子両性電解質の分離，精製やその性質決定を行う際に，必ずといってよいほど使用される．

緩衝液は，一般的に弱酸とその塩，または弱塩基とその塩の組み合わせよりなる．弱酸（acid）とその塩（conjugate base，共役塩基）からなる緩衝液について考えると，この混合系の示す pH は次の式で示される．

$$pH = pK + \log \dfrac{a\ \text{A塩}}{a\ \text{弱酸}}$$

$$= pK + \log \dfrac{[\text{塩}]}{[\text{弱酸}]} + \log \dfrac{f\ \text{塩}}{f\ \text{弱酸}}$$

K：弱酸の酸解離定数，　a：それぞれの活動度
〔　〕：それぞれのモル濃度，　f：それぞれの活動度係数

b．緩衝液の調製

緩衝液の種類とその濃度の選択ができたら，計算量の弱酸（または弱塩基）とその塩それぞれを一定量の水に溶かして，所要の濃度の溶液とする．次に目的とする緩衝液の混合比と pH の関係の表（表 5-5）に従って混合する．ときには，表のとおりに混合しても pH がわずかながら違うこともあるので，混合が終わったところで，必ず pH メーターでチェックし，必要な場合には，いずれか一方の液を添加することにより補正しなければならない．

場合によっては，弱酸（または弱塩基）を一定量取り，この水溶液をつくり，それにアルカリ（または酸）を，希望のpHになるまで加えてゆき，最後に水でうすめ，所定の濃度になるよう調製する方法もとられる．このときにも，念のためにそのpHをpHメーターでチェックするのがよい．

　なお，緩衝液のpHは，濃度により多少とも変動することを知っておく必要がある．さらに，緩衝液のpHは温度によっても変わり，その変わり方は緩衝液の種類によって異なる．

表 5-5　K-リン酸緩衝液の混合比

M/15 KH$_2$PO$_4$ (mℓ)	10.0	9.75	9.5	9.0	8.0	7.0	6.0	5.0	4.0	3.0	2.0	1.0	0.5	0.0
M/15 K$_2$HPO$_4$ (mℓ)	0.0	0.25	0.5	1.0	2.0	3.0	4.0	5.0	6.0	7.0	8.0	9.0	9.5	10.0
pH (18℃)	(4.49)	5.29	5.59	5.91	6.24	6.47	6.64	6.81	6.98	7.17	7.38	7.73	8.04	(9.18)

　表5-6に水抽出した粗酵素液（A）と還元剤を添加したK-リン酸緩衝液（pH 7.5）で磨砕したのちセファデックスG-25カラムを通してたんぱく質画分を集めた粗酵素液（B）のアスコルビン酸オキシダーゼ活性を測定した結果を示す．水抽出標品中ではアスコルビン酸オキシダーゼ活性が正しく測定されていないことがわかる．

表 5-6　異なる方法で抽出した粗酵素液中のアスコルビン酸オキシダーゼ活性

野　菜	アスコルビン酸オキシダーゼ活性（μモル/分・10 g）	
	酵素調製法 A*	酵素調製法 B**
きゅうり	2.08±0.12	12.18±0.07
にんじん	0.18±0.01	0.19±0.02
だいこん	0.026±0	0.013±0
じゃがいも	0.133±0	0
さつまいも	0.047±0.009	0
きくいも	0	0

*A法：組織を水で磨砕し，遠心分離後上澄を粗酵素液として用いる．
**B法：組織を25 mM K-リン酸緩衝液（pH 7.5, 30 mMメルカプトエタノールを含む）で磨砕し，遠心分離後セファデックスG-25カラムに通してたんぱく質画分を集め粗酵素液とする．

（大羽和子：日本家政学会誌. **41**, 715-721, 1990）

6 官能評価法

　食べ物の品質特性や嗜好特性を人間の感覚を用いて評価し，数量的に表現しようとする手法を官能評価法という．人間を一種の計測機器と考え，ものや人間のさまざまな特性を一定の手法に従って評価，計測あるいは検査する方法である．

　官能評価法には，大別して分析型官能評価と嗜好型官能評価がある．前者は人間の感覚を通して試料の特性を調べようとする方法であり，後者は人間の感覚特性や感情特性なども含めて，試料の嗜好性を調べようとする方法である．

　官能評価法を用いることにより，①品質の差を見分ける，②品質の変化を特性づける，③客観的データ（化学的分析値や物理的測定値）と主観的データ（嗜好特性など）とを関連づける，④人間の嗜好や能力についての知見が把握できる，などの情報が得られる．

1．味覚による実験

　食物のおいしさを決める要因は非常に複雑であるが，その1つに甘い，すっぱい，塩辛いなどの化学物質に由来する，いわゆる化学的な味がある．本実験では，基本的な味5種類について味質や味の強さの差の判定を行う．

実験1　味覚による閾値の測定・5味の識別

その1　味覚による閾値の測定

実験方法

試料：食塩，クエン酸，カフェイン，しょ糖
器具：一般実験器具
操作
(1) 表6-1のような供試液の系列に従って試料を調製する．
(2) 試料を口のなかに入れ，すぐに舌の全面にひろげ，よく味わってから吐き出す．
(3) 表6-2のテスト用紙の記入欄にその味の強さを数字で記入する．
(4) 水で口をすすぎ吐き出してから，次の試料を同様に味わい結果を記入する．
(5) 同様に試料14まで味わい，次項を記入する．

　　0…味がない
　　1…ごくわずか味を感じる
　　2…味のあることがわかる
　　3…はっきりと味がわかる
　　4…味が強い
　　5…それ以上味が強くならない

表 6-1 試料組成－供試液の系列

味の種類		塩	酸	苦	甘
呈味物質		食塩	クエン酸	カフェイン	しょ糖
分子量		58.44	192.12	194.19	342.30
番号	原液0.1モル	5.844 g/ℓ	19.212 g/ℓ	19.419 g/ℓ	34.23 g/ℓ
	モル数				
1	0.00005 モル	原液0.5を1ℓに	原液0.5を1ℓに	原液0.5を1ℓに	原液0.5を1ℓに
2	0.0001	1	1	1	1
3	0.0002	2	2	2	2
4	0.0004	4	4	4	4
5	0.0008	8	8	8	8
6	0.0016	16	16	16	16
7	0.0032	32	32	32	32
8	0.0064	64	64	64	64
9	0.0128	128	128	128	128
10	0.0256	256	256	256	256
11	0.0512	2.992 g/ℓ	9.837 g/ℓ	9.943 g/ℓ	17.526 g/ℓ
12	0.1024	5.984 g/ℓ	19.673 g/ℓ	19.885 g/ℓ	35.052 g/ℓ
13	0.2048	11.969 g/ℓ	39.346 g/ℓ	39.770 g/ℓ	70.103 g/ℓ
14	0.4096	23.937 g/ℓ	78.692 g/ℓ	79.540 g/ℓ	140.206 g/ℓ

表 6-2 味覚の基礎テスト用紙

___年___月___日   男・女   年齢___歳   氏名_____

次のような順序でテストを行って下さい．まず口を水ですすぎ吐き出す．次に1番の溶液を適当量コップに注ぎ入れ，口のなかに入れてすぐ舌の全面にひろげ，よく味わったら飲み込まないで吐き出す．そして記入欄に，その味の強さを数字で記入する．次に再び口をすすぎ，2番の溶液を同様に味わい結果を記入する．同様に14番まで味わい，その結果を記入する．

- 0 … 味がない
- 1 … ごくわずかに味を感じる
- 2 … 味があることがわかる
- 3 … はっきりと味がわかる
- 4 … 味が強い
- 5 … それ以上味が強くならない

供試液の番号	1	2	3	4	5	6	7	8	9	10	11	12	13	14
味の強さ														

いまテストした味は，次のうちどれですか（○でかこむ）
　　　　　塩　　酸　　苦　　甘

実験結果のまとめ　味の種類をまちがえたものを除き，4種類の味について何番の液ではじめて1と答えたか，何番の液で5と答えているかを調べ集計する．

(1) 刺激閾：ある特定の感覚，たとえば"塩辛い"という感覚を引き起こすために必要な最小の刺激の値（食塩であれば約 0.2 %）の意味で，濃度で表す．単に閾値と

いえば刺激閾のことをさす．

(2) 弁別閾：閾値より高い濃度で，強さの差が識別できる最小の濃度差をさす．刺激量 R_0 と $R_0 + \Delta R$ を識別することのできる最小濃度とすると，ΔR を R_0 における弁別閾という．弁別閾は濃度が高くなると近似的に比例して高くなる．

その2　5味の識別

実験方法

試料：しょ糖，クエン酸，食塩，カフェイン，グルタミン酸ソーダ，純水，フェニルチオカルバミド（PTC試験紙）

器具：一般実験器具

操作

(1) 表6-3に示す濃度の水溶液（または，しみ込ませた濾紙）を用意する．

(2) 各試料溶液を口のなかに入れて（紙片は舌の上に載せて）よく味わい，それぞれがどの味であるかを判定し記入する（表6-4）．

表 6-3　試料溶液の濃度

味の種類	呈味物質	濃度（%）
甘味	しょ糖	0.5
酸味	クエン酸	0.005
塩味	食塩	0.25
苦味	カフェイン	0.03
うま味	グルタミン酸ソーダ	0.03

※　純水，PTC試験紙について同時に行う．

表 6-4　5味の識別テスト用紙

5味の識別テスト

年　月　日　　男・女　　年齢　歳　　氏名

6個の水溶液（6枚の濾紙）には，それぞれ次のような味が含まれています．水溶液を口のなかに入れてよく味わい（紙片を舌の上に載せて味わい），それぞれがどの味であるかを判定して，その結果を記入して下さい．

甘味　　酸味　　塩味　　苦味　　うま味　　無味

試料番号	1	2	3	4	5	6
味の種類						

実験結果のまとめ

正しく判定された正解数を集計する．

参 考　味の強さと呈味物質の濃度

　呈味物質の濃度と味の強さの一般的な法則としては，フェヒナーの法則とスティーブンスのベキ法則が知られている．

　(1)　フェヒナーの法則は，味の強さは濃度の対数とともに直線的に増加するというもので①式で示される．

$$R_1 = K_1 \cdot \log S_1 \quad \cdots\cdots ①$$

　　R_1：味の強さ，S_1：呈味物質の濃度
　　K_1：呈味物質によって異なる定数

片対数グラフ上では，呈味物質の濃度と味の強さは直線関係となる．

　(2)　スティーブンスのベキ法則は，経験的な近似式として導き出されたもので②式で示される．

$$R_2 = K_2 \cdot S_2^n \quad \cdots\cdots ②$$

　　R_2：味の強さ，S_2：呈味物質の濃度，K_2：定数

ベキ数（指数）の n が1であれば，スティーブンスの式は直線となり，濃度が変化すると味の強さも濃度に比例して変わる．しかし，ベキ数が1よりも大きくなると，グラフは上方にくぼんだ形となり，呈味物質の濃度が増加すると味の強さは急激に増加する．反対に，ベキ数が1より小さい場合にはグラフは下向きに彎曲した形となり，濃度の変化に対して味の強さは緩慢に変化する．両対数グラフ上では，呈味物質の濃度と味の強さは直線関係となり，直線の傾きからベキ数を直接求めることができる．

　(3)　フェヒナーの法則とスティーブンスの法則の適合性は一般に評価方法によって異なり，尺度法で評価した場合にはフェヒナーの法則に適合し，分量評価法で行った場合にはスティーブンスの法則に適合する．

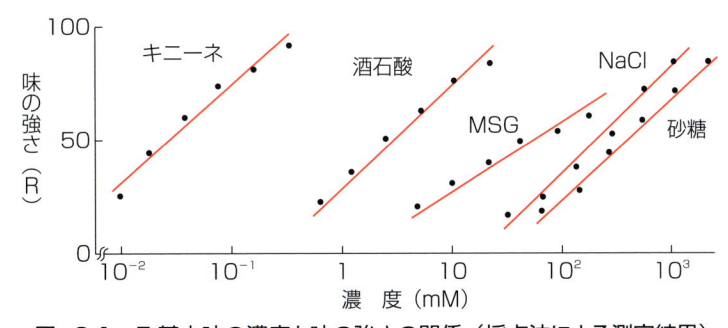

図 6-1　5基本味の濃度と味の強さの関係（採点法による測定結果）
試料10 ml を5秒間口に含み吐き出したときの味の強さの最大値（n＝30×2）．

（Yamaguchi et. al., *Advances in Biochemistry and Physiology*(eds. L. J. Filer. Jr. et. al.). Raven Press, p.35, 1979）

実験2　味の対比効果

目的　呈味物質の混合効果の1つに対比効果がある．対比効果は，異なった味を持つ2種以上の呈味物質を混合するとき，その一方または両方が強められる現象をいう．甘味と塩味について，異なった濃度による対比効果を官能評価により判定する．

実験方法　試料：しょ糖，食塩
器具：一般実験器具
操作
(1) 表6-5のような濃度の試料溶液を調製する．
(2) しょ糖25％溶液と50％溶液の各グループごとに，順位法による官能評価を行う．

表 6-5　試料溶液の配合比

しょ糖(%)	食塩(%)				
25	0	0.05	0.10	0.15	0.20
50	0	0.05	0.10	0.15	0.20

実験結果のまとめ　クレーマーの順位合計の有意差検定を行う（p.98参照）．

参考　呈味物質の閾値を表6-6に示す．

表 6-6　5基本味と閾値

味の種類	呈味成分	濃度（%）
甘味	しょ糖	0.1〜0.4
	ぶどう糖	0.8
酸味	酢酸	0.0012
	クエン酸	0.0019
塩味	塩化ナトリウム（食塩）	0.25
	塩化カリウム	0.03
苦味	カフェイン	0.03
	硫酸キニーネ	0.00005〜0.0003
うま味	L-グルタミン酸ナトリウム	0.03
	5′-イノシン酸ナトリウム	0.025

（小俣靖："美味しさ"と味覚の科学．p.124，日本工業新聞社，1986）

(1) 味盲とは，ある種の苦味に対する閾値が高い，すなわち感度が鈍い現象をいい，そのような人を味盲者とよぶことがある．呈味物質中にN－C＝S基（チオカルバミド基）を有するものは二重呈味反応（同一物質がある人には高く，ある特定の人には無味を感じさせる）を起こす物質があり，これを味盲物質という（図6-2）．

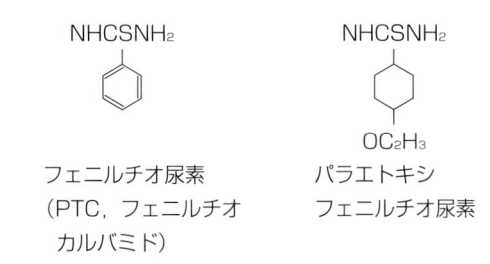

フェニルチオ尿素
（PTC, フェニルチオカルバミド）

パラエトキシフェニルチオ尿素

図 6-2 味盲物質

(2) 混合による食味の変化

単一の味質だけを持つ食物は少なく，ほとんどの食物では種々の味質が混合されている．呈味物質を混合した場合，単純に混合された味の質あるいは強さになるだけではなく，相互に味の強さを促進したり，一方の味が他方の味を強めたりあるいは弱めたりもする．また，ときには最初に食べた食べ物によって，あとに食べる食べ物の味の質が変化したりもする．代表的な味の相互作用について，表6-7に示す．

表 6-7　呈味物質の相互作用

分類	混合した味刺激 （多）＋（少）	呈味の変動	例
対比効果	甘味 ＋ 塩味 酸味 ＋ 苦味 うま味 ＋ 塩味	甘味を強める 酸味を強める うま味を強める	汁粉，すいかと食塩 レモネード すまし汁
抑制効果	苦味 ＋ 甘味 塩味 ＋ 酸味 酸味 ＋ (塩味 　　　　　甘味) 塩味 ＋ うま味	苦味を弱める 塩味を弱める 酸味を弱める 塩味を弱める	コーヒー，チョコレート 漬け物 すし酢 しょうゆ，塩辛
相乗効果	うま味 （MSG＋IMP） 甘味 （しょ糖＋サッカリン）	うま味が強くなる 甘味が強くなる	こんぶとかつお節のだし汁 粉末ジュース
変調効果	先に味わった呈味物質の影響で，あとに味わう食事の味が異なって感じられる現象		
順応効果	ある強さの呈味物質を長時間味わっていると，閾値が上昇する現象		

（川端晶子：調理学．p.79，学建書院，1997）

2. 2点比較法（Pair test）

2点比較法とは，2つの試料間にある特性の差を識別する方法で，"甘い，甘くない"のようにどちらの刺激強度が強いか，または"好ましい，好ましくない"などを選択させる．(A，B) と (B，A) の組み合わせを数組つくり，同一人にn回または1人1回ずつn人の繰り返し試験を行い，その結果から2つの試料間の差やパネルの識別能力を調べる．

実験1　2点比較法

目的

その1　2点識別試験法（Paired difference test）

食塩の水溶液では，5％程度の相対濃度差があると味の濃淡を官能的に識別できるといわれている．すまし汁を用いて，同様な濃度差を識別できるか試験する．

実験方法

試料：A…食塩濃度1.0％のすまし汁
　　　B…食塩濃度1.05％のすまし汁

操作

2種類の試料を同時に提示して，塩味の強い方を判別させる．

実験結果のまとめ

(1) n人のパネルの正解者数が，表6-8に等しいか，または大きければ，このパネル集団は，AとBの濃度差を識別する能力があるとみなす．

表6-8　2点識別試験法の検定表

n	危険率			n	危険率			n	危険率		
	5％	1％	0.1％		5％	1％	0.1％		5％	1％	0.1％
4以下	−			16	12	14	15	28	19	21	23
5	5	−	−	17	13	14	15	29	20	22	24
6	6	−	−	18	13	15	17	30	20	22	24
7	7	7	−	19	14	16	17	40	26	28	31
8	7	8	−	20	15	16	18	50	32	34	37
9	8	9	−	21	15	17	18	60	37	40	43
10	9	10	10	22	16	17	19	70	43	46	49
11	9	10	11	23	16	18	20	80	48	51	55
12	10	11	12	24	17	19	20	90	54	57	61
13	10	12	13	25	18	19	21	100	59	63	66
14	11	12	14	26	18	20	22				
15	12	13	14	27	19	20	22				

(2) 表にないnを計算で求める場合は，次式が近似的に正規分布に従うことより検定する．

$$t_0 = \frac{a - n/2 - 1/2}{\sqrt{n \times 1/2 \times 1/2}}$$

　　　n：パネル数，a：正解者数

前記で計算した t の値が，

　　　$t_0 \geq 2.33$ のとき 1％の危険率で有意（片側検定）

　　　$t_0 \geq 1.64$ のとき 5％の危険率で有意（片側検定）

となる．片側検定を用いる理由は，A または B のどちらかの濃度差が大きいので，必ずどちらかを選択する必要がある．

その2　2点嗜好試験法（Paired preference test）

目的　2種類の試料を提示し，どちらがよいかまたは好ましいかを判別させる．

実験方法　試料：A…牛肉のスープストックから調製したコンソメ
　　　　　　　　B…市販のコンソメ

操作

　表 6-9 のような官能評価用紙を用い，2種類の試料の色，香り，味，総合評価について，嗜好に合う試料を選択させる．

表 6-9　官能評価用紙（2点嗜好試験法）

コンソメの官能評価

年　月　日　　　　　　　　　　　　検査員 No.＿＿＿
性別　男・女　　年齢＿＿歳　　氏名＿＿＿＿＿＿＿＿

2種のコンソメを試食し，次の項目の好ましいほうに○印を記入して下さい．

項目＼試料 No.	A	B
色		
香り		
味		
総合評価		

ご協力ありがとうございました．

実験結果のまとめ　(1)　n 人のパネルの判定結果をまとめて，それぞれの評価項目ごとに，A と B を好ましいと判定した人数を数え，多いほうの数が表 6-10 の値に等しいか，または大きいとき，その試料が好まれると判定する．

表 6-10 2点嗜好試験法の検定表

n	危険率			n	危険率			n	危険率		
	5%	1%	0.1%		5%	1%	0.1%		5%	1%	0.1%
6	6	−	−	34	24	25	27	62	39	42	44
7	7	−	−	35	24	26	28	63	40	42	45
8	8	8	−	36	25	27	29	64	40	43	46
9	8	9	−	37	25	27	29	65	41	43	46
10	9	10	−	38	26	28	30	66	41	44	47
11	10	11	11	39	27	28	31	67	42	45	47
12	10	11	12	40	27	29	31	68	43	45	48
13	11	12	13	41	27	29	32	69	43	46	49
14	12	13	14	42	28	30	32	70	44	46	49
15	12	13	14	43	28	30	33	71	44	47	50
16	13	14	15	44	29	31	33	72	45	47	50
17	13	15	16	45	30	32	34	73	45	48	51
18	14	15	17	46	30	32	35	74	46	49	52
19	15	16	17	47	31	33	35	75	46	49	52
20	15	17	18	48	31	33	36	76	47	50	53
21	16	17	19	49	32	34	37	78	48	51	54
22	17	18	19	50	32	35	37	80	49	52	55
23	17	19	20	51	33	35	38	82	50	53	56
24	18	19	21	52	34	36	38	84	51	54	58
25	18	20	21	53	34	36	39	86	53	55	59
26	19	20	22	54	35	37	40	88	54	57	60
27	20	21	23	55	35	38	40	90	55	58	61
28	20	22	23	56	36	38	41	92	56	59	62
29	21	22	24	57	36	39	41	94	57	60	63
30	21	23	25	58	37	39	42	96	58	61	65
31	22	24	25	59	38	40	43	98	59	62	66
32	23	24	26	60	38	40	43	100	60	63	67
33	23	25	27	61	39	41	44				

(2) 計算で求める場合，2点識別試験法の場合と同じ式に従って t_0 の値を計算し，

$t_0 \geq 2.58$ のとき 1% の危険率で有意（両側検定）

$t_0 \geq 1.96$ のとき 5% の危険率で有意（両側検定）

となる．両側検定を用いる理由は，AまたはBのどちらを選択しても誤りではないためである．

3. 3点比較法 (Triangle test)

3点比較法とは，2つの試料A，Bの間にある特性の差を識別する場合，（A，A，B）または（A，B，B）のように2つは同一である3個の試料を1組にして提示し，このなかから異なる1個，または同じ2個を判定させる方法である．n回の繰り返し試験で得られた正解者数から，2種類の試料間に差があるか，またはパネルにその識別能力があるかを調べる．

試験に用いる6通りのセットを同数準備する．組み合わせは，次のようになる．

　　　　（ABB），（BAA），（AAB），（BBA），（ABA），（BAB）

訓練されたパネル数は，有意水準5％あるいは1％では最低5名，0.1％では最低7名必要である．

実験1　3点比較法

その1　3点識別試験法 (Triangle difference test)

目的　甘味料の種類を変えた同一甘味度の2種類の寒天ゼリーが識別できるかどうかを調べる．

実験方法
試料：A…しょ糖20％を用いた寒天ゼリー
　　　B…しょ糖10％とマルチトールシラップ（しょ糖の50％をマルチトールシラップでおき換える）18％を用いた寒天ゼリー
　　　（マルチトールシラップの甘味度は55として算出）

操作
表6-11のような官能評価用紙を用いて評価する．

表 6-11　官能評価用紙（3点識別試験法）

寒天ゼリーの官能評価

年　月　日　　　　　　　　　検査員No.____
性別　男・女　年齢____歳　氏名_____

3個のゼリーのうち，2個はまったく同じもので残りの1個は甘味料の異なったゼリーです．甘味料の異なった1個を選び，試料のNo.に○印をして下さい．

試料No.		

ご協力ありがとうございました．

実験結果のまとめ

(1) n人の判定中で正しく判定された度数が，表 6-12 の値に等しいか，または大きいとき，A，Bの試料間の差が識別できるとみなす．

(2) 表にない n を計算で求めるには，次式が自由度1の χ^2-分布に従うことにより検定する．

$$\chi_0^2 = \frac{(a-n/3)^2}{n/3} + \frac{(n-a-2/3-n)^2}{2n/3} = 1/2n(3a-n)^2$$

n：繰り返し数，a：正解数

$\chi_0^2 \geqq 6.63$ のとき1%の危険率で有意

$\chi_0^2 \geqq 3.84$ のとき5%の危険率で有意

表 6-12　3点識別試験法の検定表

回答数	各有意水準における最小正解数			回答数	各有意水準における最小正解数			回答数	各有意水準における最小正解数		
	5%	1%	0.1%		5%	1%	0.1%		5%	1%	0.1%
5	4	5	—	37	18	20	22	69	31	33	36
6	5	6	—	38	19	21	23	70	31	34	37
7	5	6	7	39	19	21	23	71	31	34	37
8	6	7	8	40	19	21	24	72	32	34	38
9	6	7	8	41	20	22	24	73	32	35	38
10	7	8	9	42	20	22	25	74	32	35	39
11	7	8	10	43	20	23	25	75	33	36	39
12	8	9	10	44	21	23	26	76	33	36	39
13	8	9	11	45	21	24	26	77	34	36	40
14	9	10	11	46	22	24	27	78	34	37	40
15	9	10	12	47	22	24	27	79	34	37	41
16	9	11	12	48	22	25	27	80	35	38	41
17	10	11	13	49	23	25	28	81	35	38	41
18	10	12	13	50	23	26	28	82	35	38	42
19	11	12	14	51	24	26	29	83	36	39	42
20	11	13	14	52	24	26	29	84	36	39	43
21	12	13	15	53	24	27	30	85	37	40	43
22	12	14	15	54	25	27	30	86	37	40	44
23	12	14	16	55	25	28	30	87	37	40	44
24	13	15	16	56	26	28	31	88	38	41	44
25	13	15	17	57	26	28	31	89	38	41	45
26	14	15	17	58	26	29	32	90	38	42	45
27	14	16	18	59	27	29	32	91	39	42	46
28	15	16	18	60	27	30	33	92	39	42	46
29	15	17	19	61	27	30	33	93	40	43	46
30	15	17	19	62	28	30	33	94	40	43	47
31	16	18	20	63	28	31	34	95	40	44	47
32	16	18	20	64	29	31	34	96	41	44	48
33	17	18	21	65	29	32	35	97	41	44	48
34	17	19	21	66	29	32	35	98	41	45	48
35	17	19	22	67	30	33	36	99	42	45	49
36	18	20	22	68	30	33	36	100	42	46	49

その2　3点嗜好試験法（Triangle preference test）

目　的　3点識別試験法と同様に識別させ，選択した1個と，残りの2個とを比較して好ましいほうを選ばせる．

実験方法　試料：A…手製のトマトソース
　　　　　　　　B…市販のトマトソース

操作

表6-13のような官能評価用紙を用い，好みの差を調べる．

表6-13　官能評価用紙（3点嗜好試験法）

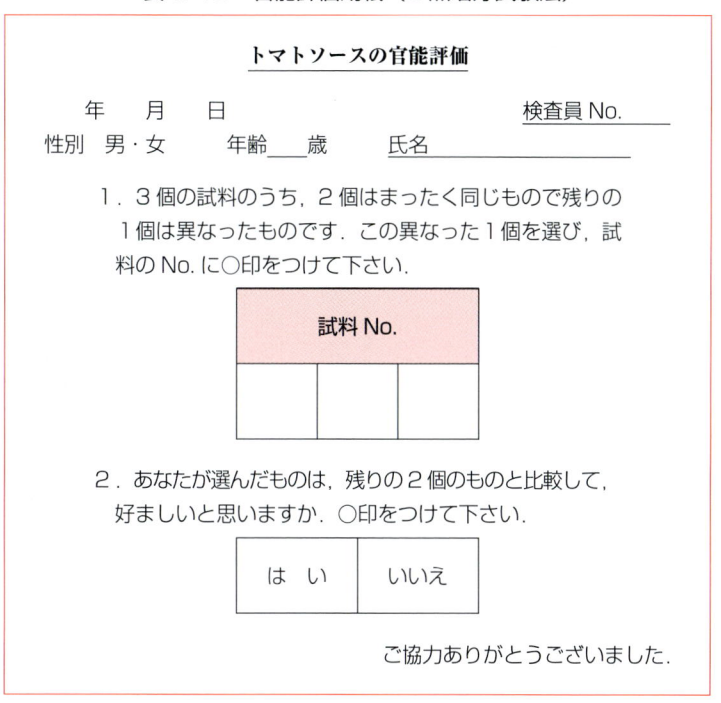

```
　　　　　　　　トマトソースの官能評価

　　　　年　　月　　日　　　　　　　検査員 No.____
　　性別　男・女　　年齢____歳　　氏名_____

　1．3個の試料のうち，2個はまったく同じもので残りの
　　 1個は異なったものです．この異なった1個を選び，試
　　 料のNo.に○印をつけて下さい．

　　　　　　　　┌──────────┐
　　　　　　　　│    試料 No.    │
　　　　　　　　├────┬────┬────┤
　　　　　　　　│    │    │    │
　　　　　　　　└────┴────┴────┘

　2．あなたが選んだものは，残りの2個のものと比較して，
　　 好ましいと思いますか．○印をつけて下さい．

　　　　　┌────┬────┐
　　　　　│は　い│いいえ│
　　　　　└────┴────┘

　　　　　　　　　　　　ご協力ありがとうございました．
```

実験結果のまとめ　(1) n人の判定中で正しく判定された度数を数える．表6-14の値を用いて試料間差があるかどうかを検定する．

(2) 試料間差があったなら正しく判定したパネルのデータから，Aを好むと判定した数，Bを好むと判定した数を数え，そのうちの大きいほうの度数が表6-14の値と等しいか，または大きいとき，その試料が好まれると判定する．

表 6-14 3点嗜好試験法の検定表

n	危険率 5%	1%	0.1%	n	危険率 5%	1%	0.1%	n	危険率 5%	1%	0.1%
5	4	4	5	32	11	12	14	59	16	18	20
6	4	5	6	33	11	13	14	60	16	18	20
7	4	5	6	34	11	13	15	61	16	18	20
8	5	5	6	35	11	13	15	62	17	18	20
9	5	6	7	36	12	13	15	63	17	19	21
10	5	6	7	37	12	14	15	64	17	19	21
11	5	6	8	38	12	14	16	65	17	19	21
12	6	7	8	39	12	14	16	66	17	19	21
13	6	7	8	40	13	14	16	67	18	20	22
14	6	7	9	41	13	14	16	68	18	20	22
15	7	8	9	42	13	14	16	69	18	20	22
16	7	8	9	43	13	14	16	70	18	20	22
17	7	8	10	44	13	14	16	72	19	21	23
18	7	9	10	45	13	14	16	74	19	21	23
19	8	9	10	46	13	15	16	76	20	22	24
20	8	9	11	47	13	15	17	78	20	22	24
21	8	9	11	48	14	15	17	80	20	22	25
22	8	10	11	49	14	15	17	82	21	23	25
23	9	10	12	50	14	16	18	84	21	23	26
24	9	10	12	51	14	16	18	86	22	24	26
25	9	10	12	52	14	16	18	88	22	24	27
26	9	11	12	53	15	16	18	90	22	25	27
27	10	11	13	54	15	17	19	92	23	25	28
28	10	11	13	55	15	17	19	94	23	25	28
29	10	11	13	56	15	17	19	96	24	26	29
30	10	12	13	57	16	17	19	98	24	26	29
31	10	12	14	58	16	17	20	100	24	27	29

(3) 表にない n を計算で求めるには，次式が自由度 1 の χ^2-分布に従うことにより検定する．

$$\chi_0^2 = \frac{(a-n/6)^2}{1/6n} + \frac{(n-a-5/6-n)^2}{5/6n}$$

n：繰り返し数，a：正解数

$\chi_0^2 \geq 6.63$ のとき 1% の危険率で有意

$\chi_0^2 \geq 3.84$ のとき 5% の危険率で有意

4. 一対比較法（Paired comparison）

　一対比較法とは，n個の試料から2個を取り出して $_nC_2=n(np-1)/2$ の組み合わせをつくり，指定の順序で試料を比較判断し，2件法によって刺激の大小や好ましさの判断を行う方法である．
　判断の仕方や提示する尺度（基準）によって，図6-3に示す手法がある．

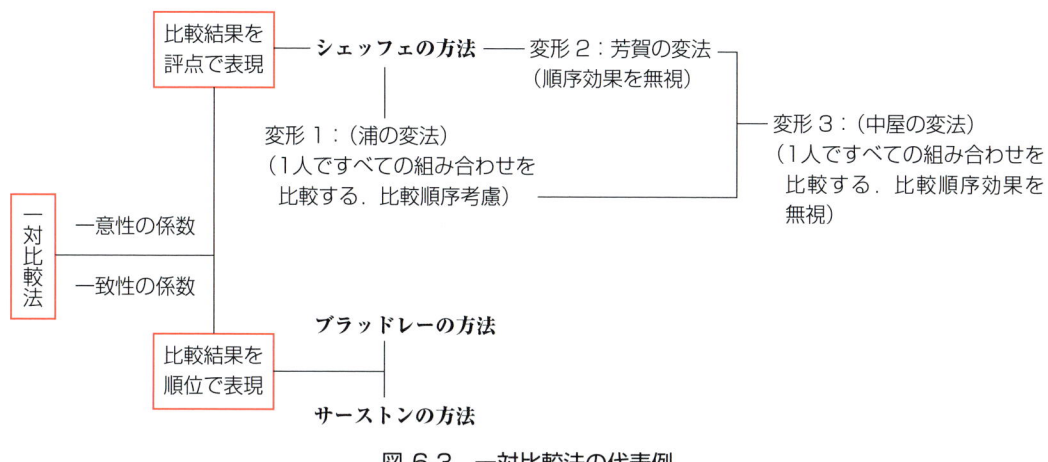

```
                 ┌ 比較結果を ┬─ シェッフェの方法 ── 変形2：芳賀の変法
                 │ 評点で表現 │                       （順序効果を無視）
                 │            │                                         ┌ 変形3：（中屋の変法）
                 │            │  変形1：（浦の変法）                     │ （1人ですべての組み合わせを
                 │            │  （1人ですべての組み合わせを             │   比較する．比較順序効果を
                 │            └   比較する．比較順序考慮）               └   無視）
  一対比較法 ─┤  一意性の係数
                 │  一致性の係数
                 │ 比較結果を ┬─ ブラッドレーの方法
                 └ 順位で表現 │
                              └─ サーストンの方法
```

図6-3　一対比較法の代表例

実験1　シェッフェの一対比較法

目　的　生産地を異にする，3種類のワインの味の好ましさについて，一対比較法を用いて検査する．

実験方法　試料：ワイン3種類（A，B，C）
操作
　表6-15のような官能評価用紙を用いて，(A, B), (A, C), (B, C) のすべての組み合わせについて，パネルに指定された順序で各組を比較させ，味の好ましさを5段階の評点法を用いて評価させる．

　　　　＋2点…先に試飲したほうが確かに好ましい
　　　　＋1点…先に試飲したほうがいくぶん好ましい
　　　　　0点…まったく同じ程度
　　　　－1点…先に試飲したほうがいくぶん好ましくない
　　　　－2点…先に試飲したほうが確かに好ましくない

表 6-15 シェッフェの一対比較法の官能評価用紙

ワインの官能評価

年　　月　　日　　　　　　　　検査員No.＿＿＿
性別　男・女　　年齢＿＿歳　　氏名＿＿＿＿＿＿＿

あなたの前に2個の試料があります．先にAを試飲し，次にBを試飲して下さい．下に示す評価基準により，味の好ましさを評価して，該当する欄に○印をつけて下さい．

評価基準		評価（○印）
先に試飲したほうが確かに好ましい	+2	
先に試飲したほうがいくぶん好ましい	+1	
まったく同じ	0	
先に試飲したほうがいくぶん好ましくない	−1	
先に試飲したほうが確かに好ましくない	−2	

ご協力ありがとうございました．

実験結果のまとめ

(1) 得られた解答を集計して表6-16のようにまとめる（$x_{ij.}$を2乗し，総計を求めると837となる．これは分散分析表の計算S_μ，S_εの計算に用いる）．

表 6-16 ワインの官能検査結果の集計表

	−2	−1	0	+1	+2	$x_{ij.}$	$(x_{ij.})^2$
1→2	0	0	4	6	2	10	100
2→1	0	5	4	3	0	−2	4
1→3	10	2	0	0	0	−22	484
3→1	1	1	0	6	4	11	121
2→3	5	3	1	1	2	−8	64
3→2	2	2	1	0	7	8	64
計	18	13	10	16	15	−3	837＝Σ$x_{ij.}^2$

(2) $x_{ij.}$を表6-17のように展開する．

表 6-17 主効果の分散を求める計算表

	①			②	③	④	⑤
j i	1	2	3	$x_{i..}$	$x_{.i.}$	$(x_{i..}-x_{.i.})$	④^2
1		10	−22	−12	9	−21	441
2	−2		−8	−10	18	−28	784
3	11	8		19	−30	49	2401
計	9	18	−30	−3	−3	0	3626
							＝Σ$(x_{i..}-x_{.i.})^2$

(3) α_i の推定（A_i の平均的な嗜好度）

$\alpha_A = -21/2tn = -21/72 = -0.292$

$\alpha_B = -28/72 = -0.389$

$\alpha_C = 49/72 = 0.681$

(4) γ_{ij} の推定（A_i と A_j を組にしたことによる影響）

表 6-18（表 6-17①と同じ）の行列①の対角線の右上の各要素から左下の対応する要素を引いて $x_{ij.} - x_{ji.}$ を求めて行列②を得る．行列②を 2 乗して行列③をつくり，総計を求める（数値 1489 は，組み合わせ効果の分散 $S\gamma$ へ）．

次に行列②/2t を求める．

$\pi_{12} = 12/2t = 12/24 = 0.500$

$\pi_{13} = -33/24 = -1.375$

$\pi_{23} = -16/24 = -0.667$

α_i の推定から γ_{ij} を推定する．

$\gamma_{12} = 0.500 - \{(-0.292) - (-0.389)\} = 0.403$

$\gamma_{13} = -1.275 - (-0.292 - 0.681) = -0.302$

$\gamma_{23} = -0.667 - (-0.389 - 0.681) = 0.403$

表 6-18　組み合わせ効果の分散を求める計算表

i \ j	①			②			③		
	1	2	3	1	2	3	1	2	3
1		10	−22		12	−33		144	1089
2	−2		−8			−16			256
3	11	8							
計	9	18	−30						1489 $= \sum_j \sum_{i<j} (x_{ij.} - x_{ji.})^2$

(5) 順序効果を推定する．

表 6-19（表 6-17の①と同じ）の行列①の対角線の右上の各要素に左下の対応する要素を加えて $x_{ij.} + x_{ji.}$ を求めて行列②を得る．行列②を 2 乗して行列③をつくり，

表 6-19　順序効果の分散を求める計算表

i \ j	①			②			③		
	1	2	3	1	2	3	1	2	3
1		10	−22		8	−11		64	121
2	−2		−8			0			0
3	11	8							
計	9	18	−30						185 $= \sum_j \sum_{i<j} (x_{ij.} - x_{ji.})^2$

総計を求める（数値 185 は，組み合わせ効果の分散 $S\delta$ へ）．

(6) 分散分析表の作成

$S\alpha = 1/2tn \sum (xi.. - x.i.) = 3626/72 = 50.361$

$S\gamma = 1/2n \sum\sum (xij. - xji.)^2 - S\alpha = 1489/24 - 50.361 = 11.681$

$S\pi = 1/2n \sum\sum (xij. - xji.)^2 = 1489/24 = 62.042$

$S\delta = 1/2n \sum\sum (xij. + xji.)^2 = 185/24 = 7.708$

$S\mu = 1/n \sum xij.^2 = 837/12 = 69.750$

$S\varepsilon = St - 1/n \sum xij.^2 = 161 - 837/12 = 91.250$

$St = 4 \times 18 + 1 \times 13 + 0 \times 10 + 1 \times 16 + 4 \times 15 = 161$

(7) 自由度を求める．

$S\alpha = t - 1 = 3 - 1 = 2$

$S\gamma = (t-1)(t-2)/2 = (3-1)(3-2)/2 = 1$

$S\pi = t(t-1)/2 = 3(3-1)/2 = 3$

$S\delta = t(t-1)/2 = 3(3-1)/2 = 3$

$S\mu = t(t-1) = 3(3-1) = 6$

$S\varepsilon = t(t-1)(n-1) = 3(3-1)(12-1) = 66$

$St = t(t-1)n = 3(3-1)12 = 72$

以上の結果を分散分析表（表 6-20）にまとめる．

表 6-20　分散分析表

		平方和	自由度	不偏分散	分散比
主効果	$S\alpha$	50.361	2	25.181	18.208**
組み合わせ効果	$S\gamma$	11.681	1	11.681	8.446**
πij	$S\pi$	62.042	3		
順　序	$S\sigma$	7.708	3	2.569	1.858
μij	$S\mu$	69.750	6		
誤　差	$S\varepsilon$	91.250	66	1.383	
計	St	161	72		

＊＊：危険率 1％で有意差あり

(8) 検　定

分散比は各不偏分散を誤差の不偏分散で割ったものである．この値を自由度 f1（＝分子に相当する自由度），f2（＝分母に相当する自由度）の F -分布表（p.110）の 5％（または 1％）点と比較して，その値より大であれば有意差ありとみなす．

この例では，主効果の F(2, 66 ; 0.05) は F -分布表にないので近似的に，F(2, 60 ; 0.05) ＝ 3.15，同様に組み合わせ効果の F(1, 60 ; 0.05) ＝ 3.92である．$F_{0.05} > F_0$（主効果および組み合わせ効果の分散比）である．また F(2, 66 ; 0.01) ＝ 4.98，F(2, 66 ; 0.01) ＝ 7.08 である．$F_{0.01} > F_0$（主効果および組み合わせ効果の分散比）となる．したがって，この場合は主効果（各試料の嗜好度）と組み合わせ効果の両方に 1％の

危険率で有意差があるとみなす．

次に，Yard-stick（各試料に対して求められた嗜好度の比較に用いられる）を計算する．Yard-stickの値より大きな嗜好差のある試料間に有意差がある．

$$Y_{0.05} = q_{0.05} \sqrt{\delta^2/(2nt)}$$

$q_{0.05}$ は，スチューデント化された範囲のk=t，$\phi = \phi\varepsilon$ の5％点の値，$\delta^2 = S\varepsilon/\phi\varepsilon$ である．

スチューデント化された範囲の表から，k=3，自由度 ϕ=66に対して $q_{0.05}$=3.40である．

$$Y_{0.05} = 3.40\sqrt{1.383/(2 \times 12 \times 3)} = 0.412$$

　（$\alpha i - \alpha j$）の計算
　（$\alpha 1 - \alpha 2$）＝ －0.292＋0.389＝0.097 ＜ Y
　（$\alpha 1 - \alpha 3$）＝ －0.292－0.681＝－0.973 ＞ Y
　（$\alpha 2 - \alpha 3$）＝ －0.389－0.681＝－1.979 ＞ Y

したがって，試料AとBの間には有意差はないが，試料AとC，BとCの間に5％の危険率で有意差が認められたことになる．

5. 配偶法（Matching test）

　t種類の試料を2組用意し，各組より同種類の試料を1個ずつ抜き出し，組み合わせる方法である．解析方法には，繰り返しのない場合と，繰り返しのある場合がある．

a．繰り返しのない場合

　t種類の試料のうち，正しく組み合わせた試料数（配偶数）を数え，表6-21の値と等しいか，またはより大きいとき，t種類の試料を識別する能力があるとみなす．

b．繰り返しのある場合

　n回の繰り返し（あるいはn人）で，配偶数の平均値を求め，表6-22の値と等しいか，またはより大きいとき，t種類の試料に差があるとみなす．または，識別する能力があるとみなす．

表 6-21　配偶法検定表
（繰り返しのない場合）

t	危険率 5%	1%
1	—	—
2	—	—
3	—	—
4	3	—
5	4	—
6	4	—
7	4	5
8	4	5
9以上	4	5

表 6-22　配偶法検定表
（繰り返しのある場合：有意水準5%）

n	$\bar{s}$	n	$\bar{s}$
1	4.00	10	1.60
2	3.00	11	1.64
3	2.33	12	1.58
4	2.25	13	1.54
5	1.80	14	1.50
6	1.83	15	1.53
7	1.86	20	1.45
8	1.75	25	1.36
9	1.67	30	1.33

実験1　配偶法

目　的　パネルの識別能力を調べたり，試料間に識別できる差があるかを調べる．

実験方法　試料：数種類のコーヒー（5～6種類）

操作

(1) 所定の濃度でコーヒーをそれぞれ2系列つくる．たとえば系列1にA，B，Cなどの記号をつけ，系列2はア，イ，ウなどの記号をつける．

(2) 最初に系列1の試料を評価し，次に系列2の試料を評価して同一の試料を判定させる．

(3) 表6-23のように結果をまとめる．

表 6-23　コーヒーの官能評価の集計表

パネル No.	配偶数
1	3
2	4
3	5
4	4
5	4
6	3
7	4
8	2

実験結果のまとめ

(1) 検定1：t＝5のとき，表6-21より，s≧4であれば5％の危険率で有意．

(2) 検定2：このデータが8回の繰り返しであるとすれば，
　　　　s＝1/8(3＋4＋5＋4＋4＋3＋4＋2)＝3.625

表6-22よりn＝8に相当するsの値が1.75である．したがって，s＞1.75であるから，このパネルは5種類のコーヒーを識別できる能力があるとみなす．

6. 順位法（Ranking test）

いくつかの試料の特性（濃度差，味，香り，テクスチャー，好ましさなど）について，順位をつけさせる方法である．順位をつけるとき同順位を許すか否か，双方の場合があるが，通常は許さない場合が多い．

解析方法には，次のものがある．
① 順位相関係数：順位データを用いて，2つの特性あるいはパネル間の相関の程度を示す．スピアマンの順位相関係数，ケンドールの順位相関係数など．
② 一致性：n組の順位間の関連性を示す．ケンドールの一致性の係数 W など．
③ パネルの順位合計が有意に小であるか大であるかを簡易に判定する．クレーマーの検定．
④ 2つの因子の水準間に差があるかどうかを検定する．フリードマンの検定．

実験1　順位法

その1　スピアマンの順位相関係数の検定

目的
客観的に順位づけられた濃度差のある水溶液に対して順位をつけさせ，パネルの識別能力を調べる．

実験方法
試料：0.120％より順次 1/2 に希釈したグルタミン酸ナトリウム溶液8種類
操作
グルタミン酸ナトリウム8種類をパネルに提示し，うま味の強い順に順位（1，2，…7，8）をつけさせる．

実験結果のまとめ
結果をまとめると表6-24となった．正しい順位から判定順位を差し引いて，それを d とする．次に d^2 を求め，その総計 Σd^2 を次式に代入してスピアマンの順位相関係数 γs を得る．t は試料数である．

表6-24　順位相関係数の集計と結果

試料記号	A	B	C	D	E
真の順位	3	2	1	5	4
判定順位	2	1	3	5	4
差 d	1	1	−2	0	0
d^2	1	1	4	0	0

$$\gamma s = 1 - \frac{6\Sigma d^2}{t^3 - t} \quad (|\gamma s| \leq 1)$$

$$\gamma s = 1 - (6 \times 6) / (5^3 - 5) = 0.7$$

正しい順位と判定順位が完全に一致した場合は，$\gamma s = +1$，正しい順位と判定順位がまったく逆の場合は，$\gamma s = -1$となる．したがって，γsが1に近いパネルほど感度がよい．

その2　ケンドールの一致性の係数Wの検定

目的　いくつかの組の一致性をひとまとめにして取り扱うことができる検定法である．

実験方法　試料：市販のかまぼこ4種類（A，B，C，D）

操作

4種類の市販のかまぼこを厚さ8 mmにスライスし，表6-25のような官能評価用紙を用い，好みの順位を調べる．

表 6-25　かまぼこの官能評価用紙

かまぼこの官能評価

年　　月　　日　　　　　　　　　パネル No.＿＿＿
性別　男・女　　年齢＿＿歳　　氏名＿＿＿＿＿＿＿＿

4種類のかまぼこを比較して好ましい順位をつけて下さい．

試料 No. 項　目	A	B	C	D
色の好ましさの順位				
味の好ましさの順位				
歯ごたえの好ましさの順位				
総合評価の好ましい順位				

ご協力ありがとうございました．

実験結果のまとめ

(1) 試料 i（i = 1, 2, … t）に与えられた n 人の順位合計 T_i を計算する．次に T_i の平方和を求める．

$$S = \sum_{i=1}^{t}(T_i - \bar{T})^2 \qquad \bar{T} = n(t+1)/2$$

$$= \sum_{i=1}^{t}\{T_i - n(t+1)/2\}^2$$

(2) 一致性の係数Wの計算

$$W = 12S/n^2(t^3 - t) \quad (0 \leq W \leq 1)$$

n 人の判定が完全に一致したとき，W = 1となる．Sの値が表6-26の値と等しいか，またはそれより大きいとき，n 人の判定は一致しているとみなす．

表にない n，t に対しては，

$$F_0 = (n-1)W/(1-W)$$

が自由度 $\phi_1 = t - 1 - 2/n$, $\phi_2 = (n-1)$ の F-分布表に従うことより検定する．

すなわち，$F(\phi_1, \phi_2 ; 0.05)$（または0.01）を F-分布表よりみて，$F_0 \geq (0.05)$ ならば5％で，$F_0 \geq (0.01)$ ならば1％の危険率で有意とみなす．

表 6-26　ケンドールの順位の一致性係数Wの検定表

α	t n	3	4	5	6	7	t n	3
5％	3	17.5	35.4	64.4	103.9	157.3	7	42.3
	4	25.4	49.5	88.4	143.3	217.0	9	54.0
	5	30.8	62.6	112.3	182.4	276.2	12	71.9
	6	38.3	75.7	136.1	221.4	335.2	14	83.8
	8	48.1	101.7	183.7	299.0	453.1	16	95.8
	10	60.0	127.8	231.2	376.7	571.0	18	107.7
	15	68.9	192.9	349.8	570.5	864.9		
	20	119.7	258.0	468.5	764.4	1158.7		
1％	3	—	—	75.6	122.8	185.6	7	—
	4	—	61.4	109.3	176.2	265.0	9	75.9
	5	—	80.5	142.8	229.4	343.8	12	103.5
	6	—	99.5	176.1	282.4	422.6	14	121.9
	8	66.8	137.4	242.7	388.3	579.9	16	140.2
	10	85.1	175.3	309.1	494.0	737.0	18	158.6
	15	131.0	269.8	475.2	758.2	1129.5		
	20	177.0	364.2	641.2	1022.2	1521.9		

t：試料の数，n：繰り返し数

その3　クレーマーの順位合計の検定

目的　t種類の試料についてn人の判定した順位合計が有意に好ましいかどうかを検定する．

実験方法　試料：市販のかまぼこ4種類（A，B，C，D）

操作

4種類のかまぼこの好みを表 6-25のような官能評価用紙を用いて調べる．

実験結果のまとめ　(1)　かまぼこの総合評価の集計表（表 6-27）の順位合計値と，クレーマーの順位合計の検定表を用いて検定する．

表 6-27　かまぼこの総合評価の集計

試料 \ パネル No.	1	2	3	4	5	6	7	8	順位合計 (T_i)
A	2	2	3	3	2	1	3	3	19
B	4	4	4	4	4	4	4	4	32
C	3	3	2	1	3	2	2	1	17
D	1	1	1	2	1	3	1	2	12

(2) 順位合計はそれぞれ A = 19, B = 32, C = 17, D = 12 である．表 6-28 の n = 8, t = 4 に相当する数値は，13 − 27（危険率 5 ％），11 − 29（危険率 1 ％）である．試料 D は危険率 5 ％の範囲より小さいので有意に好まれ，試料 B は危険率 1 ％の範囲より大きいので有意に好まれないことがわかる．

表 6-28　クレーマーの順位合計の検定表（危険率 5 ％）

n \ t	2	3	4	5	6	7	8	9	10	11	12
2	–	–	–	–	–	–	–	–	–	–	–
3	–	–	–	4-14	4-17	4-20	4-23	5-25	5-28	5-31	5-34
4	–	5-11	5-15	6-18	6-22	7-25	7-29	8-32	8-36	8-39	9-43
5	–	6-14	7-18	8-22	9-26	9-31	10-35	11-39	12-43	12-48	13-52
6	7-11	8-16	9-21	10-26	11-31	12-36	13-41	14-46	15-51	17-55	18-60
7	8-13	10-18	11-24	12-30	14-35	15-41	17-46	18-52	19-58	21-63	22-69
8	9-15	11-21	13-27	15-33	17-39	18-46	20-52	22-58	24-64	25-71	27-77
9	11-19	13-23	15-30	17-37	19-44	22-50	24-57	26-64	28-71	30-78	32-85
10	12-18	15-25	17-33	20-40	22-48	25-55	27-63	30-70	32-78	35-85	37-93
11	13-20	16-28	19-36	22-44	25-52	28-60	31-68	34-76	36-85	39-93	42-101
12	15-21	18-30	21-39	25-47	28-56	31-65	37-74	38-82	41-91	44-100	47-109
13	16-23	20-32	24-41	27-51	31-60	35-69	38-79	42-88	45-98	49-107	52-117
14	17-25	22-34	26-44	30-54	34-64	38-74	42-84	46-94	50-104	54-114	57-125
15	19-26	23-37	28-47	32-58	37-68	41-79	46-89	50-100	54-111	58-122	63-132
16	20-28	25-39	30-50	35-61	40-72	45-83	49-95	54-106	59-117	63-129	68-140
17	22-29	27-41	32-53	38-64	43-76	48-88	53-100	58-112	63-124	68-136	73-148
18	23-31	29-43	34-56	40-68	46-80	52-92	57-105	62-118	68-130	73-143	79-155
19	24-33	30-46	37-58	43-71	49-84	55-97	61-110	67-123	73-136	78-150	84-163
20	26-34	32-48	39-61	45-75	52-88	58-102	65-115	71-129	77-143	83-157	90-170

クレーマーの順位合計の検定表（危険率 1 ％）

n \ t	2	3	4	5	6	7	8	9	10	11	12
2	–	–	–	–	–	–	–	–	–	–	–
3	–	–	–	–	–	–	–	–	4-29	4-32	4-35
4	–	–	–	5-19	5-23	5-27	6-30	6-34	6-38	6-42	7-45
5	–	–	6-19	7-23	7-28	8-37	9-41	9-46	10-50	10-50	10-55
6	–	7-17	8-22	9-27	9-33	10-38	11-43	12-48	13-53	13-59	14-64
7	–	8-20	10-25	11-31	12-37	14-43	14-49	15-55	16-61	17-67	18-73
8	9-15	10-22	11-29	12-35	14-42	16-48	17-55	19-61	20-68	21-75	23-81
9	10-17	12-24	13-32	15-39	17-46	19-53	21-60	22-68	24-75	26-82	27-90
10	11-19	13-27	15-35	18-42	20-50	22-58	24-66	26-74	28-82	30-90	32-93
11	12-21	15-29	17-38	20-46	25-55	25-63	27-72	30-80	32-89	34-98	37-106
12	14-22	17-31	19-41	22-50	25-59	28-68	31-77	33-87	36-96	39-105	42-114
13	15-24	18-34	21-44	25-53	28-63	31-73	34-83	37-93	40-103	43-113	46-123
14	16-26	20-36	24-46	27-57	31-67	34-78	38-88	41-98	45-109	48-120	51-131
15	18-27	22-38	26-49	30-60	34-71	37-83	41-94	45-105	49-116	53-127	56-139
16	19-29	23-41	28-52	32-64	36-76	41-87	45-99	49-111	53-123	57-135	62-146
17	20-31	25-43	30-55	35-67	39-80	44-92	49-104	53-117	58-129	62-142	67-154
18	22-32	27-45	32-58	37-71	42-84	47-97	52-110	57-123	62-136	67-149	72-162
19	22-34	29-47	34-61	40-74	45-88	50-102	56-115	61-129	67-142	72-156	77-170
20	24-36	30-50	36-64	42-78	48-92	54-106	60-120	65-135	71-149	77-163	82-178

t：サンプルの数，n：繰り返し数
順位の和が小さいほうの値以下であるか，あるいは大きいほうの値以上のとき有意．

7. 評点法（Scoring method）

　評点法は，パネル自身の経験に基づいて，試料の品質特性を数値尺度を用いて評価する方法である．尺度には5点法，両極7点評点法などがある．解析方法には一元配置法，二元配置法などがある．評点尺度の例を表6-29に示した．
　再現性があり，信頼できる官能評価データを求めるためには，パネルの選抜や訓練が必要である．評価用語の適切な選択や評価尺度も重要であり，専門パネルと一般パネルでは用語や尺度の理解度が異なる．マグニチュード推定法，多次元尺度法，記述的評価法などの手法もある．
　得られた結果の解析方法には，一元配置法，二元配置法である分散分析法のほかに，t検定，試料間の多重比較法（テューキー法，ライアン法，シェッフェ法）などがある．

表6-29　評点尺度の例

5点法	両極7点評点法
5…よい	+3…非常によい
4…ややよい	+2…かなりよい
3…普通	+1…少しよい
2…やや悪い	0…普通
1…悪い	−1…少し悪い
	−2…かなり悪い
	−3…非常に悪い

実験1　評点法

その1　一元配置法

目的　試料の品質に差があるかどうかを検出する．

実験方法　試料：A…バターを用いたホワイトソース
　　　　　　　　B…マーガリンを用いたホワイトソース

操作
（1）バターとマーガリンを用いて調製した2種類のホワイトソースの風味の差を，表6-30の官能評価用紙を用いて検出する．
（2）パネル1人につき1種類の試料を1回だけ評価させる．したがって，t種類の試料があればパネル数はn×t人必要である．

表 6-30　ホワイトソースの官能評価用紙

ホワイトソースの官能評価

年　月　日　　　　　　　　　　　検査員 No.＿＿＿
性別　男・女　年齢＿＿歳　氏名＿＿＿＿＿＿＿＿＿

ホワイトソースについて，下に示す評価基準により風味を評価し適当する欄に○印を記入して下さい．

評価基準		評価（○印）
非常によい	+2	
よ　い	+1	
普通である	0	
悪　い	-1	
非常に悪い	-2	

ご協力ありがとうございました．

実験結果のまとめ

パネル12名の検査結果をまとめる（表 6-31）．

表 6-31　一元配置法の結果例

試料 \ 判定	+2の人数	+1の人数	0の人数	-1の人数	-2の人数	合計	平均
A	3	4	3	2	0	8	0.67
B	1	3	2	4	2	-3	-0.25

(1) 合計点の計算

　　Aの合計点 =（+2）×3+（+1）×4+（0）×3+（-1）×2+（-2）×0 = 8
　　Bの合計点 =（+2）×1+（+1）×3+（0）×2+（-1）×4+（-2）×2 = -3

(2) 平均値の計算

　　A = 8/12 = 0.67
　　B = -3/12 = -0.25

(3) 総計点の計算

　　8 +（-3）= 5

(4) 修正項CFの計算

　　CF =（総計点$)^2$/試料数×判定数 = 5^2/（2×12）= 1.042

(5) 平方和の計算

① 総平方和

　　S_T = {（すべての判定点それぞれ$)^2$の総計} - CF

　　=（+2$)^2$×(3+1)+（+1$)^2$×(4+3)+0^2×(3+2)+（-1$)^2$×(2+4)+（-2$)^2$×(0+2) - 1.042 = 35.958

② 試料間の差の平方和

　　S_A = 1/n×{（Aの合計$)^2$+（Bの合計$)^2$} - CF = 1/12×{8^2+（-3$)^2$} - 1.042 = 5.041

③ 誤差の平方和

$S_E = S_T - S_A = 35.958 - 5.041 = 30.917$

(6) 自由度の計算

① 全体の自由度

$\phi_T = $ 試料数 × 判定数 $- 1 = 2 \times 12 - 1 = 23$

② 試料間の自由度

$\phi_N = $ 試料数 $- 1 = 2 - 1 = 1$

③ 誤差の自由度

$\phi_E = $ 試料数 × 判定数 $-$ 試料数 $= 2 \times 12 - 2 = 22$

(7) 分散の計算

① 試料間の分散

$V_A = S_A / \phi_A = 5.041 / 1 = 5.041$

② 誤差の分散

$V_E = S_E / \phi_E = 30.917 / 22 = 1.405$

(8) 分散比の計算

$F_0 = V_A / V_E = 5.041 / 1.405 = 3.587$

(9) 分散分析表の作成（表 6-32）

表 6-32　分散分析表

要因	平方和（S）	自由度（f）	分散（V）	分散比（F_0）
試料間	5.041	1	5.041	3.587
誤差	30.917	22	1.405	
全体	35.958	23		

F - 分布表（p.110）から試料間の自由度 $\phi_A = 1$, 誤差の自由度 $\phi_E = 22$ のときの，危険率 $\alpha = 5$ %の点を求めると，F(1, 22 ; 0.05) = 4.301 である．

$F_0 <$ F となるので，試料間に 5 %の危険率で有意差がないことが認められた．

その2　二元配置法

目的　試料の品質に差があるかどうか，同時にパネル間の差を検出する．

実験方法　試料：市販マドレーヌ 3 種類（A，B，C）

操作

(1) 市販マドレーヌ 3 種類について，表 6-33 のような官能評価用紙を用いて，7 点両極尺度により風味，甘さの特性について判断する．

(2) パネル 1 人につき 3 種類の試料を 1 回だけ評価させる．

表 6-33 市販マドレーヌの官能評価用紙

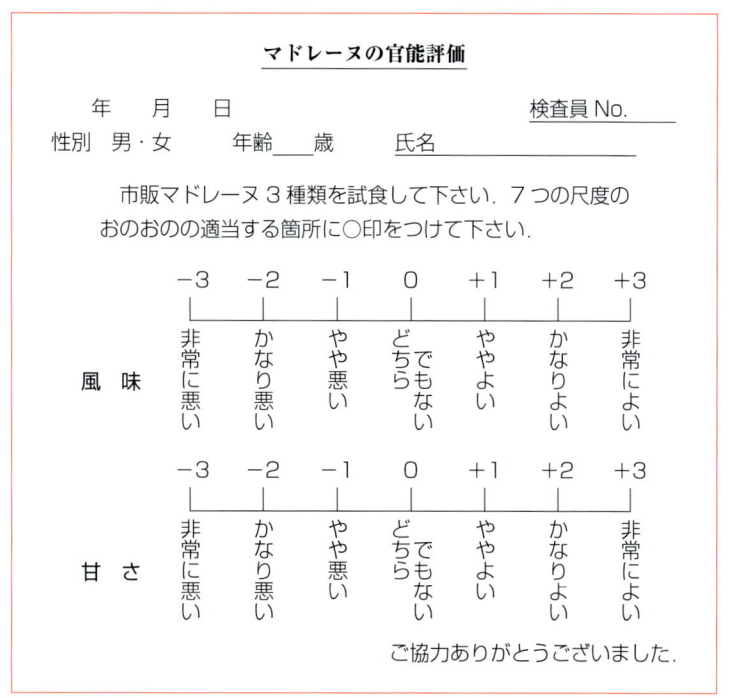

マドレーヌの官能評価

年　月　日　　　　　　　　検査員 No.＿＿＿
性別　男・女　年齢＿＿歳　氏名＿＿＿＿＿＿＿

市販マドレーヌ 3 種類を試食して下さい．7 つの尺度の
おのおのの適当する箇所に○印をつけて下さい．

風味
-3 非常に悪い　-2 かなり悪い　-1 やや悪い　0 どちらでもない　+1 ややよい　+2 かなりよい　+3 非常によい

甘さ
-3 非常に悪い　-2 かなり悪い　-1 やや悪い　0 どちらでもない　+1 ややよい　+2 かなりよい　+3 非常によい

ご協力ありがとうございました．

実験結果のまとめ

パネル 10 名の検査結果をまとめる（表 6-34）．

表 6-34 二元配置法の結果例

試料(t) ＼ パネル(n)	1	2	3	4	5	6	7	8	9	10	合計	平均
A	-2	+1	0	+1	+1	+2	0	-1	+1	-1	+2	0.2
B	+2	+1	+3	+2	+2	+3	0	+1	+2	+3	+19	1.9
C	+1	-1	+2	-1	-2	-1	-1	-2	0	+1	-4	-0.4
合計	+1	+1	+5	+2	+1	+4	-1	-2	+3	+3	+17	

(1) 平方和の計算

$CF = (総計点)^2 / 試料数 \times 判定数 = 17^2 / (3 \times 10) = 289/30 = 9.633$

(2) 総平方和

$S_T = \{(すべての判定点それぞれ)^2 の総計\} - CF = 77 - 9.633 = 67.367$

(3) 試料間の差の平方和

$S_A = 1/n \times \{(Aの合計)^2 + (Bの合計)^2 + (Cの合計)^2\} - CF = 1/10 \times 381 - 9.633 = 28.467$

(4) 判定者間の差の平方和

$S_B = 1/t \times (各判定者数)^2 の合計 - CF = 1/3 \times 71 - 9.633 = 14.034$

(5) 誤差の平方和

$S_E = S_T - S_A - S_B = 67.367 - 28.467 - 14.034 = 24.866$

(6) 自由度の計算
　① 全体の自由度
　　　$\phi_T =$ 試料数 × 判定数 $- 1 = 3 \times 10 - 1 = 29$
　② 試料間の自由度
　　　$\phi_A =$ 試料数 $- 1 = 3 - 1 = 2$
　③ 判定者間の自由度
　　　$\phi_B =$ 判定者数 $- 1 = 10 - 1 = 9$
　④ 誤差の自由度
　　　$\phi_E =$ 全体の自由度 $-$ 試料間の自由度 $-$ 判定間の自由度 $= 29 - 2 - 9 = 18$

(7) 分散（平均平方和）の計算
　① 試料間の分散
　　　$V_A = S_A / \phi_A = 28.467 / 2 = 14.234$
　② 判定者間の分散
　　　$V_B = S_B / \phi_B = 14.034 / 9 = 1.559$
　③ 誤差の分散
　　　$V_E = S_E / \phi_E = 24.866 / 18 = 1.381$

(8) 分散比の計算
　① 試料間の分散比
　　　$F_0 = V_A / V_E = 14.234 / 1.381 = 10.307$
　② 判定者間の分散比
　　　$F_0 = V_B / V_E = 1.559 / 1.381 = 1.129$

(9) 分散分析表の作成（表 6-35）

表 6-35　分散分析表

要　因	平方和（S）	自由度（f）	分散（V）	分散比（F_0）
試料間	28.467	2	14.234	10.307**
判定者間	14.034	9	1.559	1.129
誤　差	24.866	18	1.381	
全　体	67.367	29		

＊＊：危険率 1 ％

　最初に F-分布表（p.110）から判定者間の自由度 $\phi_B = 9$，誤差の自由度 $\phi_E = 18$ のときの，危険率 $\alpha = 5$ ％の点を求めると，$F(9, 18 ; 0.05) = 2.456$ である．$F_0 <$ F となるので，判定者間には有意差が認められなかった．

　同様に試料間の自由度 $\phi_A = 2$，誤差の自由度 $\phi_E = 18$ のときの，危険率 $\alpha = 5$ ％の点を求めると，$F(2, 18 ; 0.05) = 3.555$ である．$F_0 >$ F となるので，試料間に 5 ％の危険率で有意差があることが認められた．次に，危険率 1 ％の点を求めると，$F(2, 18 ; 0.01) = 6.013$ である．$F_0 >$ F となるので，試料間に 1 ％の危険率で有意差があ

ることが認められた．

すなわち，市販マドレーヌ A，B，C の風味には危険率 1％ で有意差が認められた．

次に，試料 A，B，C のなかでどの試料間に差があるのかを検定する．

(10) テューキーの方法による多重比較

スチューデント化された範囲 $q(k, \phi_E ; \alpha)$ を表 6-36 より求める．

ここで k は試料数，ϕ_E は表 6-36 の誤差の自由度，α は危険率である．

例題では k=3，ϕ_E=18 であるから α=0.05 のとき表 6-36 より $q(3, 18 ; 0.05)$ = 3.61 が得られる．

信頼区間の幅を計算する．

$$q(k, \phi_E ; \alpha)\sqrt{V_E/n}$$

ここで V_E は表 6-36 の誤差の分散，n は繰り返し数である．

例題では，$q(3, 18 ; 0.05)\sqrt{1.381/10} = 3.61 \times 0.372 = 1.342$ となる．

表 6-36　スチューデント化された範囲　$q(k, \phi ; 0.05)$

f＼k	2	3	4	5	6	7	8	9	10	12	15	20
1	18.0	27.0	32.8	37.1	40.4	43.1	45.4	47.4	49.1	52.0	55.4	59.6
2	6.09	8.3	9.8	10.9	11.7	12.4	13.0	13.5	14.0	14.7	15.7	16.8
3	4.50	5.91	6.82	7.50	8.04	8.48	8.85	9.18	9.46	9.95	10.52	11.24
4	3.93	5.04	5.76	6.29	6.71	7.05	7.35	7.60	7.83	8.21	8.66	9.23
5	3.64	4.60	5.22	5.67	6.03	6.33	6.58	6.80	6.99	7.32	7.72	8.21
6	3.46	4.34	4.90	5.31	5.63	5.89	6.12	6.32	6.49	6.79	7.14	7.59
7	3.34	4.16	4.68	5.06	5.36	5.61	5.82	6.00	6.16	6.43	6.76	7.17
8	3.26	4.04	4.53	4.89	5.17	5.40	5.60	5.77	5.92	6.18	6.48	6.87
9	3.20	3.95	4.42	4.76	5.02	5.24	5.43	5.60	5.74	5.98	6.28	6.64
10	3.15	3.88	4.33	4.65	4.91	5.12	5.30	5.46	5.60	5.83	6.11	6.47
11	3.11	3.82	4.26	4.57	4.82	5.03	5.20	5.35	5.49	5.71	5.99	6.33
12	3.08	3.77	4.20	4.51	4.75	4.95	5.12	5.27	5.40	5.62	5.88	6.21
13	3.06	3.73	4.15	4.45	4.69	4.88	5.05	5.19	5.32	5.53	5.79	6.11
14	3.03	3.70	4.11	4.41	4.64	4.83	4.99	5.13	5.25	5.46	5.72	6.03
15	3.01	3.67	4.08	4.37	4.60	4.78	4.94	5.08	5.20	5.40	5.65	5.96
16	3.00	3.65	4.05	4.33	4.56	4.74	4.90	5.03	5.15	5.35	5.59	5.90
17	2.98	3.63	4.02	4.30	4.52	4.71	4.86	4.99	5.11	5.31	5.55	5.84
18	2.97	3.61	4.00	4.28	4.49	4.67	4.82	4.96	5.07	5.27	5.50	5.79
19	2.96	3.59	3.98	4.25	4.47	4.65	4.79	4.92	5.04	5.23	5.46	5.75
20	2.95	3.58	3.96	4.23	4.45	4.62	4.77	4.90	5.01	5.20	5.43	5.71
24	2.92	3.53	3.90	4.17	4.37	4.54	4.68	4.81	4.92	5.10	5.32	5.59
30	2.89	3.49	3.84	4.10	4.30	4.46	4.60	4.72	4.83	5.00	5.21	5.48
40	2.86	3.44	3.79	4.04	4.23	4.39	4.52	4.63	4.74	4.91	5.11	5.36
60	2.83	3.40	3.74	3.98	4.16	4.31	4.44	4.55	4.65	4.81	5.00	5.24
120	2.80	3.36	3.69	3.92	4.10	4.24	4.36	4.48	4.56	4.72	4.90	5.13
∞	2.77	3.31	3.63	3.86	4.03	4.17	4.29	4.39	4.47	4.62	4.80	5.01

k：比較されるものの個数，ϕ：自由度　　（スチューデント化された範囲 q の上側 5％ の点）

したがって，任意の試料の平均値の差が±1.342以上のところは5％で有意差があることになる．A＝0.2, B＝1.9, C＝−0.4であるから，それぞれの平均値の差と信頼区間は，次のとおりである．

$$A-B = (0.2-1.9) \pm 1.342 = [-0.358, -3.042]$$
$$A-C = (0.2+0.4) \pm 1.342 = [+1.942, -0.742]$$
$$B-C = (1.9+0.4) \pm 1.342 = [+3.642, +0.958]$$

この信頼区間が＋側と−側にまたがっているとき，すなわち信頼区間に0を含むときは，試料間に有意差がない．したがって，AとB，BとCの組み合わせの間には5％の危険率で有意差があるが，AとCの間に有意差はない．

危険率1％についても同様に計算すると，BとCの組み合わせの間に1％の危険率で有意差があることがわかる（表6-37）．

表6-37 スチューデント化された範囲 $q(k, \phi ; 0.01)$

f \ k	2	3	4	5	6	7	8	9	10	12	15	20
1	90.0	135	164	186	202	216	227	237	246	260	277	298
2	14.0	19.0	22.3	24.7	26.6	28.2	29.5	30.7	31.7	33.4	35.4	37.9
3	8.26	10.6	12.2	13.3	14.2	15.0	15.6	16.2	16.7	17.5	18.5	19.8
4	6.51	8.12	9.17	9.96	10.6	11.1	11.5	11.9	12.3	12.8	13.5	14.4
5	5.70	6.97	7.80	8.42	8.91	9.32	9.67	9.97	10.24	10.70	11.24	11.93
6	5.24	6.33	7.03	7.56	7.97	8.32	8.61	8.87	9.10	9.49	9.95	10.54
7	4.95	5.92	6.54	7.01	7.37	7.68	7.94	8.17	8.37	8.71	9.12	9.65
8	4.74	5.63	6.20	6.63	6.96	7.24	7.47	7.68	7.87	8.18	8.55	9.03
9	4.60	5.43	5.96	6.35	6.66	6.91	7.13	7.32	7.49	7.78	8.13	8.57
10	4.48	5.27	5.77	6.14	6.43	6.67	6.87	7.05	7.21	7.48	7.81	8.22
11	4.39	5.14	5.62	5.97	6.25	6.48	6.67	6.84	6.99	7.25	7.56	7.95
12	4.32	5.04	5.50	5.84	6.10	6.32	6.51	6.67	6.81	7.06	7.36	7.73
13	4.26	4.96	5.40	5.73	5.98	6.19	6.37	6.53	6.67	6.90	7.19	7.55
14	4.21	4.89	5.32	5.63	5.88	6.08	6.26	6.41	6.54	6.77	7.05	7.39
15	4.17	4.83	5.25	5.56	5.80	5.99	6.16	6.31	6.44	6.66	6.93	7.26
16	4.13	4.78	5.19	5.49	5.72	5.92	6.08	6.22	6.35	6.56	6.82	7.15
17	4.10	4.74	5.14	5.43	5.66	5.85	6.01	6.15	6.27	6.48	6.73	7.05
18	4.07	4.70	5.09	5.38	5.60	5.79	5.94	6.08	6.20	6.41	6.65	6.96
19	4.05	4.67	5.05	5.33	5.55	5.73	5.89	6.02	6.14	6.34	6.58	6.89
20	4.02	4.64	5.02	5.29	5.51	5.69	5.84	5.97	6.09	6.29	6.52	6.82
24	3.96	4.54	4.91	5.17	5.37	5.54	5.69	5.81	5.92	6.11	6.33	6.61
30	3.89	4.45	4.80	5.05	5.24	5.40	5.54	5.65	5.76	5.93	6.14	6.41
40	3.82	4.37	4.70	4.93	5.11	5.27	5.39	5.50	5.60	5.77	5.96	6.21
60	3.76	4.28	4.60	4.82	4.99	5.13	5.25	5.36	5.45	5.60	5.79	6.02
120	3.70	4.20	4.50	4.71	4.87	5.01	5.12	5.21	5.30	5.44	5.61	5.83
∞	3.64	4.12	4.40	4.60	4.76	4.88	4.99	5.08	5.16	5.29	5.45	5.65

k：比較されるものの個数，ϕ：自由度　（スチューデント化された範囲 q の上側1％の点）

8. セマンティック・デファレンシャル法（SD法）

セマンティック・デファレンシャル法（意味微分法，意味測定法）は，試料の質的特性を正確に描写するために用いる手法であり，略してSD法（Semantic differential法）とよばれることが多い．具体的には，種々の反対の意味を持つ形容詞を両端におき（両極尺度），5～9段階の評価尺度を用いて，試料の特性を評価する．形容詞は対だけではなく，一端だけ用いる方法もある（単極尺度）．評価平均点を求めてプロットすることで試料のプロフィールが描かれる．さらに，主成分分析法や因子分析法を用いて，分析データ中の情報を集約化したり，内在する基本的な情報を検索したりすることができる．

SD法を実施するに当たっては，①刺激対象の選択，②形容詞対の選択，③形容詞対の配置順序，④評価尺度の選定などを厳密に行う必要があり，そのために予備調査を行って①～④の適否を検討することも大切である．

実験1　セマンティック・デファレンシャル法（SD法）

目的　ゲル化を異にするミルクゼリーを調製し，SD法を用いて官能評価を行い，ミルクゼリーの食味特性を明らかにする．

実験方法
試料：1％LMペクチンミルクゼリー，0.7％寒天ミルクゼリー，7％コーンスターチミルクゼリー

操作
表6-38のような官能評価用紙を用いて，ミルクゼリーの食味特性を評価する．強弱評価とともに嗜好評価も行う．

実験結果のまとめ　因子分析の解析例を図6-4に示す．

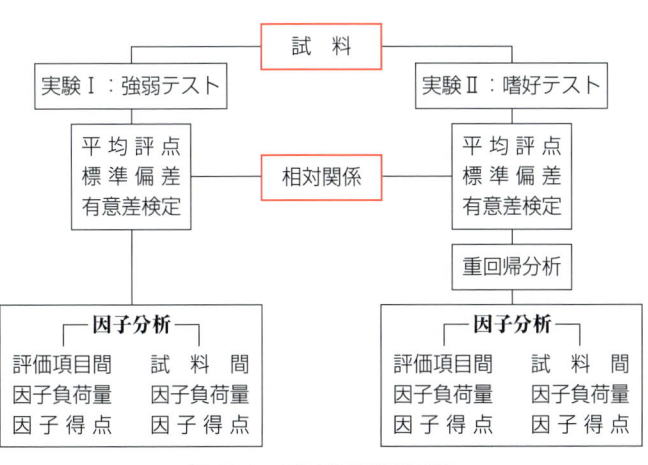

図6-4　因子分析解析手順

表 6-38 ミルクゼリーの官能評価用紙

ミルクゼリーの官能評価

氏名＿＿＿＿＿＿＿＿＿　年齢＿＿歳　男・女

ミルクゼリーについて SD 法により評価し，下記の回答欄に評点（−3 〜 +3）を記入して下さい．

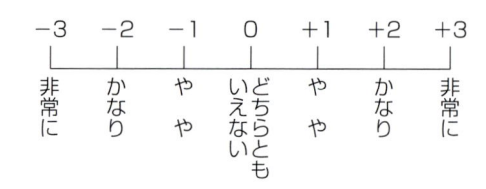

```
 −3   −2   −1    0   +1   +2   +3
  |    |    |    |    |    |    |
 非   か   や   ど   や   か   非
 常   な   や   ち   や   な   常
 に   り        ら        り   に
              と
              も
              い
              え
              な
              い
```

	評価項目		評　点
外観	1. 色がついている 2. 光沢がない 3. きめがあらい 4. 乾いた感じ	── 白っぽい ── 光沢がある ── きめが細かい ── 水っぽい	
食感	5. やわらかい 6. ぷりんぷりんしている 7. ざらざらしている 8. 口当たりが悪い 9. 歯ごたえがない 10. 歯切れが悪い 11. 弾力性がない 12. こしがない 13. 崩れやすい 14. こってりしている 15. 付着性がある 16. べたついている 17. 粘りがある	── 硬　い ── しっかりしている ── なめらかである ── 口当たりがよい ── 歯ごたえがある ── 歯切れがよい ── 弾力性がある ── こしがある ── 崩れにくい ── さっぱりしている ── 付着性がない ── さらっとしている ── 粘りがない	
嗜好	18. 食欲をそそらない 19. まずい 20. 嫌　い	── 食欲をそそる ── おいしい ── 好　き	

参 考

(1) 主成分分析[1),2)]：変数間の相関を利用して分析データ中に含まれる情報を抽出，要約する手法であり，何かを総合的に判断したいときに役立つ．総合特性値としての第1主成分（Z_1）は，2乗和が1という制約条件下で求められる固有ベクトル（a_{11}〜a_{1m}）を用いて次式のように算出する．第2主成分以下も互いに直交するという制約下で同様に求める．

$$Z_1 = a_{11}x_1 + a_{12}x_2 + a_{13}x_3 + \cdots + a_{1m}x_m$$

説明変数が4個ある場合には，主成分も第1主成分から第4主成分まで，固有値の大きい順に存在する．この場合，固有値の大きい主成分が大切であり，総合特性値としては通常，固有値が1.0以上の主成分のみが考慮の対象となる．情報集約の程度を表すのが，固有値を説明変数の個数で割った寄与率である．固有値や寄与率から，何番目の主成分まで取りあげるかを決定する．主成分と元の変数の相関係数である因子負荷量や固有ベクトルから主成分の有する意味を理解する（統計ソフトSPSSやSASでは固有ベクトルではなく因子負荷量で出力される）．主成分軸は幾何学的には各試料からの垂線の2乗和が最小になるように直交座標軸を回転して得られる．試料の分類は情報を集約した新たな主成分軸上の座標すなわち主成分得点で行う．

(2) 因子分析[1),2)]：直接には観察できないが試料間に潜む，共通する因子を探し出し，その因子の意味を明らかにするとともに，その因子得点に基づき試料を分類する手法である．実際にはほかの試料と共通する因子と各試料に固有な因子からなる基本モデルを仮定して行う．解析は主成分分析を利用した因子の抽出，因子負荷量の推定，因子軸の回転と回転後の因子負荷量に基づく因子の解釈および因子得点の推定からなる．

実際の計算は，主成分分析および因子分析ともに統計ソフトを用いて計算することとなるが，とくに因子分析では統計ソフトによって計算方法が異なったりするので，利用した統計ソフト，バージョン，そのなかで用いたオプションなどは必ず明記する必要がある．

---

1) 山野善正，山口静子編，相島鐵郎著：おいしさの科学．p.163，朝倉書店，1998
2) 石村貞夫，Desmond, A.：すぐわかる統計用語．p.116，東京図書，1999

参考表 1　F 分布のパーセント点（$\alpha=0.05$）

f_2 \ f_1	1	2	3	4	5	6	7	8	9
1	161.448	199.500	215.707	224.583	230.162	233.986	236.768	238.883	240.543
2	18.513	19.000	19.164	19.247	19.296	19.330	19.353	19.371	19.385
3	10.128	9.552	9.277	9.117	9.013	8.941	8.887	8.845	8.812
4	7.709	6.944	6.591	6.388	6.256	6.163	6.094	6.076	5.999
5	6.608	5.786	5.409	5.192	5.050	4.950	4.876	4.841	4.772
6	5.987	5.143	4.757	4.534	4.387	4.284	4.207	4.147	4.099
7	5.591	4.737	4.347	4.120	3.972	3.866	3.787	3.726	3.677
8	5.318	4.459	4.066	3.838	3.687	3.581	3.500	3.438	3.388
9	5.117	4.256	3.863	3.633	3.482	3.374	3.293	3.230	3.179
10	4.965	4.103	3.708	3.478	3.326	3.217	3.135	3.072	3.020
11	4.844	3.982	3.587	3.357	3.204	3.095	3.012	2.948	2.896
12	4.747	3.885	3.490	3.259	3.106	2.996	2.913	2.849	2.796
13	4.667	3.806	3.411	3.179	3.025	2.915	2.832	2.767	2.714
14	4.600	3.739	3.344	3.112	2.958	2.848	2.764	2.699	2.646
15	4.543	3.682	3.287	3.056	2.901	2.790	2.707	2.641	2.588
16	4.494	3.634	3.239	3.007	2.852	2.741	2.657	2.591	2.538
17	4.451	3.592	3.197	2.965	2.810	2.699	2.614	2.548	2.494
18	4.414	3.555	3.160	2.928	2.773	2.661	2.577	2.510	2.456
19	4.381	3.522	3.127	2.895	2.740	2.628	2.544	2.477	2.423
20	4.351	3.493	3.098	2.866	2.711	2.599	2.514	2.447	2.393
21	4.325	3.467	3.072	2.840	2.685	2.573	2.488	2.420	2.366
22	4.301	3.443	3.049	2.817	2.661	2.549	2.464	2.397	2.342
23	4.279	3.422	3.028	2.796	2.640	2.528	2.442	2.375	2.320
24	4.260	3.403	3.009	2.776	2.621	2.508	2.423	2.355	2.300
25	4.242	3.385	2.991	2.759	2.603	2.490	2.405	2.337	2.282
26	4.225	3.369	2.975	2.743	2.587	2.474	2.388	2.321	2.265
27	4.210	3.354	2.960	2.728	2.572	2.459	2.373	2.305	2.250
28	4.196	3.340	2.947	2.714	2.558	2.445	2.359	2.291	2.236
29	4.183	3.328	2.934	2.701	2.545	2.432	2.346	2.278	2.223
30	4.171	3.316	2.922	2.690	2.534	2.421	2.334	2.266	2.211
31	4.160	3.305	2.911	2.679	2.523	2.409	2.323	2.255	2.199
32	4.149	3.295	2.901	2.668	2.512	2.399	2.313	2.244	2.189
33	4.139	3.285	2.892	2.659	2.503	2.389	2.303	2.235	2.179
34	4.130	3.276	2.883	2.650	2.494	2.380	2.294	2.225	2.170
35	4.121	3.267	2.874	2.641	2.485	2.372	2.285	2.217	2.161
36	4.113	3.259	2.866	2.634	2.477	2.364	2.277	2.209	2.153
37	4.105	3.252	2.859	2.626	2.470	2.356	2.270	2.201	2.145
38	4.098	3.245	2.852	2.619	2.463	2.349	2.262	2.194	2.138
39	4.091	3.238	2.845	2.612	2.456	2.342	2.255	2.187	2.131
40	4.085	3.232	2.839	2.606	2.449	2.336	2.249	2.180	2.124
41	4.079	3.226	2.833	2.600	2.443	2.330	2.243	2.174	2.118
42	4.073	3.220	2.827	2.594	2.438	2.324	2.237	2.168	2.112
43	4.067	3.214	2.822	2.589	2.432	2.318	2.232	2.163	2.106
44	4.062	3.209	2.816	2.584	2.427	2.313	2.226	2.157	2.101
45	4.057	3.204	2.812	2.579	2.422	2.308	2.221	2.152	2.096
46	4.052	3.200	2.807	2.574	2.417	2.304	2.216	2.147	2.091
47	4.047	3.195	2.802	2.570	2.413	2.299	2.212	2.143	2.086
48	4.043	3.191	2.798	2.565	2.409	2.295	2.207	2.138	2.082
49	4.038	3.187	2.794	2.561	2.404	2.290	2.203	2.134	2.077
50	4.034	3.183	2.790	2.557	2.400	2.286	2.199	2.130	2.073
60	4.001	3.150	2.758	2.525	2.368	2.254	2.167	2.097	2.040
80	3.960	3.111	2.719	2.486	2.329	2.214	2.126	2.056	1.999
120	3.920	3.072	2.680	2.447	2.290	2.175	2.087	2.016	1.959
240	3.880	3.033	2.642	2.409	2.252	2.136	2.048	1.977	1.919
∞	3.841	2.996	2.605	2.372	2.214	2.099	2.010	1.938	1.880

注：表にない自由度の F の値は，自由度の逆数について線形補間をして求める．

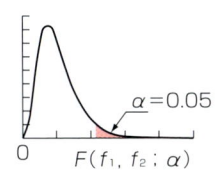

10	12	15	20	24	30	40	60	120	∞	f_1 / f_2
241.882	243.906	245.950	248.013	249.052	250.095	251.143	252.196	253.253	254.314	1
19.396	19.413	19.429	19.446	19.454	19.462	19.471	19.479	19.487	19.496	2
8.786	8.745	8.703	8.660	8.639	8.617	8.594	8.572	8.549	8.526	3
5.964	5.912	5.858	5.803	5.774	5.746	5.717	5.688	5.658	5.628	4
4.735	4.678	4.619	4.558	4.527	4.496	4.464	4.431	4.398	4.365	5
4.060	4.000	3.938	3.874	3.841	3.808	3.774	3.740	3.705	3.669	6
3.637	3.575	3.511	3.445	3.410	3.376	3.340	3.304	3.267	3.230	7
3.347	3.284	3.218	3.150	3.115	3.079	3.043	3.005	2.967	2.928	8
3.137	3.073	3.006	2.936	2.900	2.864	2.826	2.787	2.748	2.707	9
2.978	2.913	2.845	2.774	2.737	2.700	2.661	2.621	2.580	2.538	10
2.854	2.788	2.719	2.646	2.609	2.570	2.531	2.490	2.448	2.404	11
2.753	2.687	2.617	2.544	2.505	2.466	2.426	2.384	2.341	2.296	12
2.671	2.604	2.533	2.459	2.420	2.380	2.339	2.297	2.252	2.206	13
2.602	2.534	2.463	2.388	2.349	2.308	2.266	2.223	2.178	2.131	14
2.544	2.475	2.403	2.328	2.288	2.247	2.204	2.160	2.114	2.066	15
2.494	2.425	2.352	2.276	2.235	2.194	2.151	2.106	2.059	2.010	16
2.450	2.381	2.308	2.230	2.190	2.148	2.104	2.058	2.011	1.960	17
2.412	2.342	2.269	2.191	2.150	2.107	2.063	2.017	1.968	1.917	18
2.378	2.308	2.234	2.155	2.114	2.071	2.026	1.980	1.930	1.878	19
2.348	2.278	2.203	2.124	2.082	2.039	1.994	1.946	1.896	1.843	20
2.321	2.250	2.176	2.096	2.054	2.010	1.965	1.916	1.866	1.812	21
2.297	2.226	2.151	2.071	2.028	1.984	1.938	1.889	1.838	1.783	22
2.275	2.204	2.128	2.048	2.005	1.961	1.914	1.865	1.813	1.757	23
2.255	2.183	2.108	2.027	1.984	1.939	1.892	1.842	1.790	1.733	24
2.236	2.165	2.089	2.007	1.964	1.919	1.872	1.822	1.768	1.711	25
2.220	2.148	2.072	1.990	1.946	1.901	1.853	1.803	1.749	1.691	26
2.204	2.132	2.056	1.974	1.930	1.884	1.836	1.785	1.731	1.672	27
2.190	2.118	2.041	1.959	1.915	1.869	1.820	1.769	1.714	1.654	28
2.177	2.104	2.027	1.945	1.901	1.854	1.806	1.754	1.698	1.638	29
2.165	2.092	2.015	1.932	1.887	1.841	1.792	1.740	1.683	1.622	30
2.153	2.080	2.003	1.920	1.875	1.828	1.779	1.726	1.670	1.608	31
2.142	2.070	1.992	1.908	1.864	1.817	1.767	1.714	1.657	1.594	32
2.133	2.060	1.982	1.898	1.853	1.806	1.756	1.702	1.645	1.581	33
2.123	2.050	1.972	1.888	1.843	1.795	1.745	1.691	1.633	1.569	34
2.114	2.041	1.963	1.878	1.833	1.786	1.735	1.681	1.623	1.558	35
2.106	2.033	1.954	1.870	1.824	1.776	1.726	1.671	1.612	1.547	36
2.098	2.025	1.946	1.861	1.816	1.768	1.717	1.662	1.603	1.537	37
2.091	2.017	1.939	1.853	1.808	1.760	1.708	1.653	1.594	1.527	38
2.084	2.010	1.931	1.846	1.800	1.752	1.700	1.645	1.585	1.518	39
2.077	2.003	1.924	1.839	1.793	1.744	1.693	1.637	1.577	1.509	40
2.071	1.997	1.918	1.832	1.786	1.737	1.686	1.630	1.569	1.500	41
2.065	1.991	1.912	1.826	1.780	1.731	1.679	1.623	1.561	1.492	42
2.059	1.985	1.906	1.820	1.773	1.724	1.672	1.616	1.554	1.485	43
2.054	1.980	1.900	1.814	1.767	1.718	1.666	1.609	1.547	1.477	44
2.049	1.974	1.895	1.808	1.762	1.713	1.660	1.603	1.541	1.470	45
2.044	1.969	1.890	1.803	1.756	1.707	1.654	1.597	1.534	1.463	46
2.039	1.965	1.885	1.798	1.751	1.702	1.649	1.591	1.528	1.457	47
2.035	1.960	1.880	1.793	1.746	1.697	1.644	1.586	1.522	1.450	48
2.030	1.956	1.876	1.789	1.742	1.692	1.639	1.581	1.517	1.444	49
2.026	1.952	1.871	1.784	1.737	1.687	1.634	1.576	1.511	1.438	50
1.993	1.917	1.836	1.748	1.700	1.649	1.594	1.534	1.467	1.389	60
1.951	1.875	1.793	1.703	1.654	1.602	1.545	1.482	1.411	1.325	80
1.910	1.834	1.750	1.659	1.608	1.554	1.495	1.429	1.352	1.254	120
1.870	1.793	1.708	1.614	1.563	1.507	1.445	1.375	1.290	1.170	240
1.831	1.752	1.666	1.571	1.517	1.459	1.394	1.318	1.221	1.000	∞

参考表 2　F分布のパーセント点（α＝0.01）

f_2 \ f_1	1	2	3	4	5	6	7	8	9
1	4052.181	4999.500	5403.352	5624.583	5763.650	5858.986	5928.356	5981.070	6022.473
2	98.503	99.000	99.166	99.249	99.299	99.333	99.356	99.374	99.388
3	34.116	30.817	29.457	28.710	28.237	27.911	27.672	27.489	27.345
4	21.198	18.000	16.694	15.977	15.522	15.207	14.976	14.799	14.659
5	16.258	13.274	12.060	11.392	10.967	10.672	10.456	10.289	10.158
6	13.745	10.925	9.780	9.148	8.746	8.466	8.260	8.102	7.976
7	12.246	9.547	8.451	7.847	7.460	7.191	6.993	6.840	6.719
8	11.259	8.649	7.591	7.006	6.632	6.371	6.178	6.029	5.911
9	10.561	8.022	6.992	6.422	6.057	5.802	5.613	5.467	5.351
10	10.044	7.559	6.552	5.994	5.636	5.386	5.200	5.057	4.942
11	9.646	7.206	6.217	5.668	5.316	5.069	4.886	4.744	4.632
12	9.330	6.927	5.953	5.412	5.064	4.821	4.640	4.499	4.388
13	9.074	6.701	5.739	5.205	4.862	4.620	4.441	4.302	4.191
14	8.862	6.515	5.564	5.035	4.695	4.456	4.278	4.140	4.030
15	8.683	6.359	5.417	4.893	4.556	4.318	4.142	4.004	3.895
16	8.531	6.226	5.292	4.773	4.437	4.202	4.026	3.890	3.780
17	8.400	6.112	5.185	4.669	4.336	4.102	3.927	3.791	3.682
18	8.285	6.013	5.092	4.579	4.248	4.015	3.841	3.705	3.597
19	8.185	5.926	5.010	4.500	4.171	3.939	3.765	3.631	3.523
20	8.096	5.849	4.938	4.431	4.103	3.871	3.699	3.564	3.457
21	8.017	5.780	4.874	4.369	4.042	3.812	3.640	3.506	3.398
22	7.945	5.719	4.817	4.313	3.988	3.758	3.587	3.453	3.346
23	7.881	5.664	4.765	4.264	3.939	3.710	3.539	3.406	3.299
24	7.823	5.614	4.718	4.218	3.895	3.667	3.496	3.363	3.256
25	7.770	5.568	4.675	4.177	3.855	3.627	3.457	3.324	3.217
26	7.721	5.526	4.637	4.140	3.818	3.591	3.421	3.288	3.182
27	7.677	5.488	4.601	4.106	3.785	3.558	3.388	3.256	3.149
28	7.636	5.453	4.568	4.074	3.754	3.528	3.358	3.226	3.120
29	7.598	5.420	4.538	4.045	3.725	3.499	3.330	3.198	3.092
30	7.562	5.390	4.510	4.018	3.699	3.473	3.304	3.173	3.067
31	7.530	5.362	4.484	3.993	3.675	3.449	3.281	3.149	3.043
32	7.499	5.336	4.459	3.969	3.652	3.427	3.258	3.127	3.021
33	7.471	5.312	4.437	3.948	3.630	3.406	3.238	3.106	3.000
34	7.444	5.289	4.416	3.927	3.611	3.386	3.218	3.087	2.981
35	7.419	5.268	4.396	3.908	3.592	3.368	3.200	3.069	2.963
36	7.396	5.248	4.377	3.890	3.574	3.351	3.183	3.052	2.946
37	7.373	5.229	4.360	3.873	3.558	3.334	3.167	3.036	2.930
38	7.353	5.211	4.343	3.858	3.542	3.319	3.152	3.021	2.915
39	7.333	5.194	4.327	3.843	3.528	3.305	3.137	3.006	2.901
40	7.314	5.179	4.313	3.828	3.514	3.291	3.124	2.993	2.888
41	7.296	5.163	4.299	3.815	3.501	3.278	3.111	2.980	2.875
42	7.280	5.149	4.285	3.802	3.488	3.266	3.099	2.968	2.863
43	7.264	5.136	4.273	3.790	3.476	3.254	3.087	2.957	2.851
44	7.248	5.123	4.261	3.778	3.465	3.243	3.076	2.946	2.840
45	7.234	5.110	4.249	3.767	3.454	3.232	3.066	2.935	2.830
46	7.220	5.099	4.238	3.757	3.444	3.222	3.056	2.925	2.820
47	7.207	5.087	4.228	3.747	3.434	3.213	3.046	2.916	2.811
48	7.194	5.077	4.218	3.737	3.425	3.204	3.037	2.907	2.802
49	7.182	5.066	4.208	3.728	3.416	3.195	3.028	2.898	2.793
50	7.171	5.057	4.199	3.720	3.408	3.186	3.020	2.890	2.785
60	7.077	4.977	4.126	3.649	3.339	3.119	2.953	2.823	2.718
80	6.963	4.881	4.036	3.563	3.255	3.036	2.871	2.742	2.637
120	6.851	4.787	3.949	3.480	3.174	2.956	2.792	2.663	2.559
240	6.742	4.695	3.864	3.398	3.094	2.878	2.714	2.586	2.482
∞	6.635	4.605	3.782	3.319	3.017	2.802	2.639	2.511	2.407

$F(f_1, f_2; \alpha)$, $\alpha = 0.01$

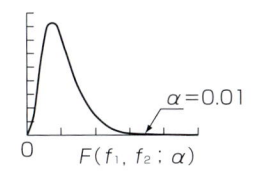

10	12	15	20	24	30	40	60	120	∞	f_1 / f_2
6055.847	6106.321	6157.285	6208.730	6234.631	6260.649	6286.782	6313.030	6339.391	6365.864	1
99.399	99.416	99.433	99.449	99.458	99.466	99.474	99.482	99.491	99.499	2
27.229	27.052	26.872	26.690	26.598	26.505	26.411	26.316	26.221	26.125	3
14.546	14.374	14.198	14.020	13.929	13.838	13.745	13.652	13.558	13.463	4
10.051	9.888	9.722	9.553	9.466	9.379	9.291	9.202	9.112	9.020	5
7.874	7.718	7.559	7.396	7.313	7.229	7.143	7.057	6.969	6.880	6
6.620	6.469	6.314	6.155	6.074	5.992	5.908	5.824	5.737	5.650	7
5.814	5.667	5.515	5.359	5.279	5.198	5.116	5.032	4.946	4.859	8
5.257	5.111	4.962	4.808	4.729	4.649	4.567	4.483	4.398	4.311	9
4.849	4.706	4.558	4.405	4.327	4.247	4.165	4.082	3.996	3.909	10
4.539	4.397	4.251	4.099	4.021	3.941	3.860	3.776	3.690	3.602	11
4.296	4.155	4.010	3.858	3.780	3.701	3.619	3.535	3.449	3.361	12
4.100	3.960	3.815	3.665	3.587	3.507	3.425	3.341	3.255	3.165	13
3.939	3.800	3.656	3.505	3.427	3.348	3.266	3.181	3.094	3.004	14
3.805	3.666	3.522	3.372	3.294	3.214	3.132	3.047	2.959	2.868	15
3.691	3.553	3.409	3.259	3.181	3.101	3.018	2.933	2.845	2.753	16
3.593	3.455	3.312	3.162	3.084	3.003	2.920	2.835	2.746	2.653	17
3.508	3.371	3.227	3.077	2.999	2.919	2.835	2.749	2.660	2.566	18
3.434	3.297	3.153	3.003	2.925	2.844	2.761	2.674	2.584	2.489	19
3.368	3.231	3.088	2.938	2.859	2.778	2.695	2.608	2.517	2.421	20
3.310	3.173	3.030	2.880	2.801	2.720	2.636	2.548	2.457	2.360	21
3.258	3.121	2.978	2.827	2.749	2.667	2.583	2.495	2.403	2.305	22
3.211	3.074	2.931	2.781	2.702	2.620	2.535	2.447	2.354	2.256	23
3.168	3.032	2.889	2.738	2.659	2.577	2.492	2.403	2.310	2.211	24
3.129	2.993	2.850	2.699	2.620	2.538	2.453	2.364	2.270	2.169	25
3.094	2.958	2.815	2.664	2.585	2.503	2.417	2.327	2.233	2.131	26
3.062	2.926	2.783	2.632	2.552	2.470	2.384	2.294	2.198	2.097	27
3.032	2.896	2.753	2.602	2.522	2.440	2.354	2.263	2.167	2.064	28
3.005	2.868	2.726	2.574	2.495	2.412	2.325	2.234	2.138	2.034	29
2.979	2.843	2.700	2.549	2.469	2.386	2.299	2.208	2.111	2.006	30
2.955	2.820	2.677	2.525	2.445	2.362	2.275	2.183	2.086	1.980	31
2.934	2.798	2.655	2.503	2.423	2.340	2.252	2.160	2.062	1.956	32
2.913	2.777	2.634	2.482	2.402	2.319	2.231	2.139	2.040	1.933	33
2.894	2.758	2.615	2.463	2.383	2.299	2.211	2.118	2.019	1.911	34
2.876	2.740	2.597	2.445	2.364	2.281	2.193	2.099	2.000	1.891	35
2.859	2.723	2.580	2.428	2.347	2.263	2.175	2.082	1.981	1.872	36
2.843	2.707	2.564	2.412	2.331	2.247	2.159	2.065	1.964	1.854	37
2.828	2.692	2.549	2.397	2.316	2.232	2.143	2.049	1.947	1.837	38
2.814	2.678	2.535	2.382	2.302	2.217	2.128	2.034	1.932	1.820	39
2.801	2.665	2.522	2.369	2.288	2.203	2.114	2.019	1.917	1.805	40
2.788	2.652	2.509	2.356	2.275	2.190	2.101	2.006	1.903	1.790	41
2.776	2.640	2.497	2.344	2.263	2.178	2.088	1.993	1.890	1.776	42
2.764	2.629	2.485	2.332	2.251	2.166	2.076	1.981	1.877	1.762	43
2.754	2.618	2.475	2.321	2.240	2.155	2.065	1.969	1.865	1.750	44
2.743	2.608	2.464	2.311	2.230	2.144	2.054	1.958	1.853	1.737	45
2.733	2.598	2.454	2.301	2.220	2.134	2.044	1.947	1.842	1.726	46
2.724	2.588	2.445	2.291	2.210	2.124	2.034	1.937	1.832	1.714	47
2.715	2.579	2.436	2.282	2.201	2.115	2.024	1.927	1.822	1.704	48
2.706	2.571	2.427	2.274	2.192	2.106	2.015	1.918	1.812	1.693	49
2.698	2.562	2.419	2.265	2.183	2.098	2.007	1.909	1.803	1.683	50
2.632	2.496	2.352	2.198	2.115	2.028	1.936	1.836	1.726	1.601	60
2.551	2.415	2.271	2.115	2.032	1.944	1.849	1.746	1.630	1.494	80
2.472	2.336	2.192	2.035	1.950	1.860	1.763	1.656	1.533	1.381	120
2.395	2.260	2.114	1.956	1.870	1.778	1.677	1.565	1.432	1.250	240
2.321	2.185	2.039	1.878	1.791	1.696	1.592	1.473	1.325	1.000	∞

7 植物性食品の調理性に関する実験

　植物性食品には，エネルギー源として重要な糖質（おもにでん粉）や植物性たんぱく質の給源としての穀類・いも・豆と，無機質・ビタミンなどの微量成分や食物繊維の給源としての野菜・果物・藻類およびきのこ類などがある．ここでは，植物性食品のなかで最も重要な米，小麦粉，いも，豆，野菜，果実の調理性についての実験を行う．

1. 米

　米の主成分のでん粉は，胚乳細胞壁に囲まれて充満しているが，水を加えて加熱することにより糊化し，米飯特有の硬さと粘りを与える．料理様式によってさまざまな調理法が工夫されている．

実験1　米の性状試験

目　的　おいしい米飯の条件として米の品質，性状，炊飯条件などがあるが，本実験では米の基本的な性状の確認を行い，炊飯を行う場合の基礎知識を修得する．

実験方法　試料：一般によく食されている品種の異なる米粒数種（こしひかりなど）
器具：ルーペ，黒のラシャ紙，ノギス，メスシリンダー（1ℓ），アルミ秤量皿，乾燥器
操作
（1）ラシャ紙上に米粒をひろげルーペで形態を観察する．次いでノギスで長さ，幅，厚さを測定する．少なくとも10粒を測定し平均値を求める．
（2）米粒200粒を正確に取り重量を測定し，1粒当たりの重量を算出する．
（3）1ℓのメスシリンダーに標線まで充填し，1ℓ当たりの重量を求める．
（4）ミルで粉砕した試料3gをアルミ秤量皿に取り135℃で3時間乾燥し，減少した重量を測定し水分量とする．赤外線水分計を用いてもよい．
（5）硬度は硬度計を用いて10粒を測定し平均値を求める．

実験結果のまとめ

表 7-1　品種による米粒の性状*

試料	外観	米粒の大きさ（mm）			1粒当たりの重さ(g)	容積量(g/ℓ)	水分(%)	硬度
		長さ	幅	厚さ				
こしひかり								

＊：米粒の性状について，表7-3に示した．

実験2　炊飯（分粥）における米と加水量との関係

目　的　米に対する加水量を変えて分粥を調製し，各分粥の性状，食味について調べる．

実験方法　試料：精白米
器具：天秤，ビーカー（300 mℓ），アルミホイル，電気炊飯器
操作
　（1）　米と水の合計を200 gとし，3分粥は10 g，5分粥は20 g，全粥は40 gの米をビーカーに計量する．水250 mℓで3回洗米後，定量加水し30分〜1時間放置する．
　（2）　アルミホイルで覆いをして，水を5 cm張った炊飯器中にそれぞれ静置し，50分間加熱する．または沸騰水中で間接加熱（二重鍋を用いる）を行う．二重鍋はつねに湯が一定になるように補っていく．
　（3）　できあがった各粥の重量を測定し，レオナーを用いて各分粥のテクスチャーを測定し，硬さ，付着性を比較する．さらに官能検査により食味の評価を行う．

実験結果のまとめ

表 7-2　米と加水量の関係

分　粥	加水比	でき上がり重量	硬　さ	付着性	官能検査			
					外観（煮くずれ状態）	軟らかさ	粘　り	おいしさ
3分粥								
5分粥								
全　粥								

参　考　食味の評価には，実際に炊飯して複数のパネルで試食する官能検査および食味と関係深い物理的特性値や化学的成分を測定する理化学的評価が行われる．

　米の食味は最終的に人間が食べて判断するもので，官能検査が最も基準的な評価方法といえる．官能検査では，総合評価に加えて，味，香り，硬さなどの項目別に多面的な評価が得られることも特徴である（日本穀物検定協会の官能検査用紙を参照）．理化学的評価としてはアミロースやたんぱく質の測定，炊飯特性，糊化特性試験，米飯物性測定などがある．食味関連測定装置は，近赤外分光器を使用したものなどを約10社が発売している．

表 7-3　米粒の性状

試　料	米粒の大きさ（mm）			千粒量（g）	容量重（g/ℓ）
	粒　長	粒　幅	粒の厚さ		
こしひかり	5.41	2.97	2.04	20.12	835.1
あきたこまち	4.81	2.81	2.07	18.25	832.2
タイ米	7.02	2.16	1.53	17.64	806.8

（川端晶子：熱帯農業．**33**, 81, 1989）

実験3　米の吸水

その1　品種と浸漬時間

目的　米の吸水には，品種，水温，浸漬時間などが関係することを理解する．

実験方法　試料：うるち米 10 g×14，もち米 10 g×7
器具：ビーカー（100 mℓ），温度計，天秤，茶こし，布巾またはティッシュペーパー
操作
(1) うるち米を10 gずつ7群はかり，ビーカーに入れる．水 50 mℓ（常温・水温を記録する）を加え，ガラス棒で撹拌し，直後，10分，20分，30分，60分，90分，120分放置後，茶こしで水を切り，布巾の上に取り出し，上からも乾いた布巾で押さえて表面の水分を除き，重量を測定し，次式により吸水率を求め，表に記入する．同時にグラフを作成する．

$$吸水率（\%）=\frac{浸漬後の米の重量 - 米の重量}{米の重量}\times 100$$

(2) うるち米で浸漬温度を 5 ℃とし，(1)と同様に行う．
(3) もち米で(1)と同じ実験を行う．

実験結果のまとめ

表 7-4　米の吸水率

試料	水温(℃)	浸漬時間（分）						
		直後	10	20	30	60	90	120
うるち米	5							
うるち米								
もち米								

参考　(1) 米は洗米によって約 10～15 % 吸水するが，水温により吸水の速度が異なり，水温が高いほど早い．
(2) うるち米の飽和吸水率は 20～25 % で，もち米の 30～40 % に比べ吸水率は低い．

その2　調味料の影響

目的　味つけご飯の炊飯条件を知るために，炊飯に及ぼす調味料の影響を検討する．

実験方法　試料：うるち米 50 g×4，食塩 0.75 g，しょうゆ 3.75 g，バター 3.5 g
器具：ビーカー（200 mℓ），シリンダー（100 mℓ），ガラス棒，茶こし，薬さじ，秤，電気炊飯器（円径 20 cm 以上），一般調理器具

条件：A…水（米の 1.5 倍）
　　　B…食塩添加（炊き水の 1 ％）
　　　C…しょうゆ添加（炊き水の 5 ％）
　　　D…バター添加（米の 7 ％）

操作

(1) 米は 50 g ずつビーカーにはかり入れ，2 倍量の水を加えてガラス棒で 15 秒撹拌後，茶こしを用いて洗い水を捨てる．この操作を 3 回行ったのち水を切り，秤量して試料記号（A，B，C）を付したビーカーに入れて 30 分間放置する．試料 D は炊飯前にバターで炒めるので，茶こしまたは布巾の間に入れて 30 分間放置する．

(2) A：米＋水＝125 g，B：米＋食塩＋水＝125 g，C：米＋しょうゆ＋水＝125 g になるようにする．D：小鍋にバター 3.5 g を溶かし，米を入れて木のへらで撹拌しながら 2 分間炒めてビーカーに移す．小鍋は少量の水でゆすぎ，これもビーカーに注ぎ入れ，水を加えて 125 g とする．

(3) 炊飯器に A ～ D のビーカーを並べ，水 100 mℓ 加え炊飯し，10 分間蒸らす．なお，炊飯器を用いない場合には，ビーカーにアルミホイルを二重にして蓋をし，中央に温度計を差し込み，一般的な炊飯要領で炊飯してもよい．

(4) 外観，香り，うま味，硬さ，粘り，総合評価について官能検査を行う．

実験結果のまとめ

表 7-5　炊飯の実験結果

試　料	A 水	B 食塩添加	C しょうゆ添加	D バターライス
米の重量（g）				
加水量（g）				
ざる上で放置後の米の重量（g）（吸水率％）	—	—	—	g 吸水率　％
飯の重量（g）				
飯／米　重量比				
官能検査値　外　観				
香　り				
うま味				
硬　さ				
粘　り				
総合評価				

参　考

(1) 浸漬液によって米の吸水率が異なる．食塩やしょうゆを添加すると吸水率が低下するので，添加調味料は炊飯の直前に加えたほうがよい．

(2) 米を油脂で炒めると米粒表面の組織が損傷し，米粒表面の糊化が進み，米の中心部への吸水や熱の浸透が遅れ，芯のある飯になりやすい．炊飯時の沸騰継続時間を長くしたり，また洗米後の水切りを十分にするとよい．

2. 小麦粉

　小麦粉の主成分は約70％を占めるでん粉であるが，その特性を利用し，スープに濃度をつけたりする．また，10％前後含まれるたんぱく質が調理性を左右することが多く，小麦粉に水を加えると，吸水して粘弾性のあるグルテンを形成する．小麦粉を調理に用いる場合には，成分のいずれに重きをおくかによって粉の選択や調理法などが異なる．

実験1　小麦粉の種類による生地の性状とグルテンの採取量

目　的　小麦粉の種類による生地の性状とグルテンの関係，および生地の調製条件の影響について知る．

実験方法
試料：薄力粉50 g×2，強力粉50 g×2，塩
器具：上皿天秤，メスシリンダー（50 ml），ボール，オーブン，定規（30 cm），一般調理器具
条件：小麦粉の種類：薄力粉，強力粉
　　　混捏の種類：ざっとこねる，よくこねる，ねかす

操作1
　(1) 薄力粉50 gを，ボールに入れ，水約25 ml（使用量を記録する）を加えてざっとこねてまとめ，生地の硬さと両手で引っ張ったときの伸びの状態を観察する．
　(2) (1)の生地を50回こねて半分に分け，硬さを観察する．一方はボールに入れ，硬く絞ったぬれ布巾をかけて30分間ねかす．
　(3) 残りの生地は弾力性，伸展性を観察するため4個に分け，5 cmぐらいの棒状に成形し，2個は定規を用いて10 cmまで伸ばし，そのあと手を放して生地の縮んだ長さを記録し，A式により縮み率を弾力性として表す．残りの2個の生地は切れるまで引っ張り，その長さを記録し，B式により伸展性を求める．A，Bとも2個の平均値を求める．

$$弾力性＝生地の縮んだ長さ(cm)÷10\ cm(生地を伸ばした長さ)×100\ \cdots\ A$$
$$伸展性＝切れるまでの伸び(cm)÷5\ cm(生地の長さ)×100\ \cdots\cdots\cdots\ B$$

　(4) (2)でねかした生地についても(3)の操作を行う．
　(5) 強力粉についても(1)から(4)の操作を行い，結果を記録する．
　(6) 薄力粉に食塩1.5 gを添加したものについても同様に行い，結果を記録する．

操作2
　(1) 薄力粉および強力粉を50 gずつボールに入れ，水25 mlを加えて10回こねたあと，ぬれ布巾をかけ，20分ぐらいねかす．
　(2) ボールに水を入れ，(1)の生地を布巾に包み水のなかで静かにこねながらでん粉を洗い出す．白い水が出なくなるまでときどき水を替えて行う．布巾のなかに残った

粘弾性の強いグルテンのかたまりを湿麩という．湿麩が水中に散らないようにまとめて，できるだけ水分を切って濾紙の上に丸めて載せ重量を測定する．この量を2倍にすると，小麦粉100g中の湿麩量（％）になる．あわせて湿麩の状態を観察する．

(3) (2)の湿麩を180℃のオーブンに入れ，ふくらみ具合を観察しながら乾燥させる（時間の許す範囲で恒量とする）と乾麩が得られる．この重量を測定し，2倍にすると100g中の乾麩量（％）が得られる．一般に乾麩量は湿麩量の約1/3である．

実験結果のまとめ

表 7-6　小麦粉の種類による生地の状態とグルテンの採取量

	ざっとこねたときの硬さの状態	50回こねたあと			30分ねかしたあと		
		硬さ	弾力性（％）	伸展性（％）	硬さ	弾力性（％）	伸展性（％）
薄力粉							
強力粉							
薄力粉＋食塩							

	湿麩の状態	湿麩量（％）	乾麩量（％）
薄力粉			
強力粉			

参　考

(1) 小麦粉に約50％の水を加えたものをドウ（生地）という．小麦粉は加水して混捏するとグルテンによる網目構造を形成し，伸展性，粘弾性を示す．

(2) 小麦粉のグルテン含量は，乾麩量として強力粉で12～13％，薄力粉で7～8％である．

(3) 小麦粉生地中のグルテンは生地の混捏やねかし時間の影響を受ける．混捏回数が多いほどグルテンの網目構造の形成が促進され，ねかし時間が長いほどグルテンの網目構造が発達し，生地の伸展性が増す．

生地の性質を測定する機械に，ファリノグラフ（Farinograph），エキステンソグラフ（Extensograph，図 7-1），アルベオグラフ（Alveograph）などがあり，生地の硬さ，弾性，伸長度，伸長抵抗などを測定することができる．

(4) 小麦粉に食塩水を加えて調製した生地は，グルテンの網目構造が緻密になり，弾力性が増加する．

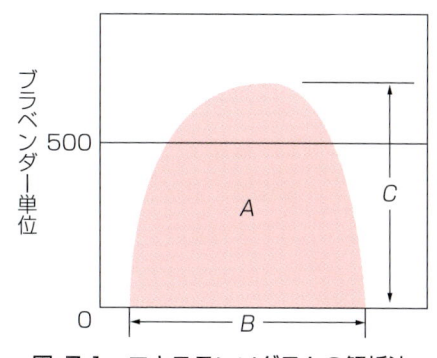

図 7-1　エキステンソグラムの解析法
A：面積（大きいほど弾力がある）
B：伸張度（長いほど伸びやすい）
C：伸張抵抗（大きいほど強靭で引っ張り伸ばすのに力を要する）

エキステンソグラフは，一定の硬さの小麦粉生地の伸張度および抗張力を測定する機器で，上のような記録曲線が得られる．

実験2　ルーの加熱温度とソースの性状

目　的　小麦粉中の主としてでん粉を利用したソースやスープにとろみをつける調理には，ポタージュ，各種ソース，シチュー，カレーなどがある．本実験では，加熱温度の異なるルー（小麦粉と油脂を混合して炒めたもの）がソースの性状にどのような影響を及ぼすかについて，モデル実験を行って検討する．

実験方法

試料：小麦粉（薄力粉）15 g×3，バター15 g×3，ブイヨン（固形スープの素を用いてもよい）360 mℓ×3

器具：秤，片手鍋（直径15 cm）2個，温度計（200℃），木しゃもじ，ビニールテープ（透明），ビーカー（500 mℓ）3個，メスピペット（10 mℓ），バット（または恒温槽），一般調理器具

条件：A…未加熱
　　　B…ルーの炒め温度 120℃
　　　C…ルーの炒め温度 180℃

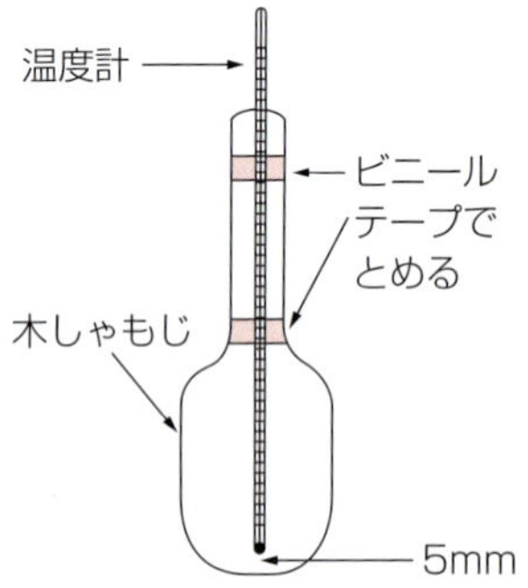

図 7-2　温度計を取りつけた木しゃもじ
（川端晶子 編著：身近な食べ物の調理学実験．p.62, 建帛社，1999）

操作

(1)　木しゃもじに下端を5 mm残して温度計を取りつける（図7-2）．

(2)　片手鍋と(1)の温度計つき木しゃもじの重量をあらかじめはかっておく．

　A…バター15 gを入れ弱火で溶かし，火から下ろして小麦粉15 gを加えてよく混ぜ（未加熱ルー），色と香りを観察する．このルーに70～80℃に加熱したブイヨン（360 mℓ）を2～3回に分けて加え，溶いたあと，ブイヨン中のルーの分散状態（溶けやすさ，だまの有無など）を観察する．次に，木しゃもじで1分間に30回くらいの一定速度で攪拌しながら，中火で10分間加熱する．鍋ごとの重量をはかり，鍋重量を差し引き300 gに調製する（8分くらいのときに重量を測定して火加減し，不足のときは80℃くらいの熱水を加える）．できあがりのソースはビーカーに移し，アルミホイルで蓋をしてバットまたは恒温槽に湯（60℃くらい）を張り，そのなかに放置し50～60℃に保温しておく（湯煎）．

(3)　B…バターと小麦粉を混ぜてから弱火でルーの温度が120℃になるまで炒め，ただちに鍋底を40℃くらいまで冷やし（ボールに水を用意），色と香りを観察する．(2)と同様にソースを調製する．

(4)　C…バターと小麦粉を混ぜてから弱火でルーの温度が180℃になるまで炒め，ただちに鍋底を冷やし，色と香りを観察したあと，(2)と同様にソースを調製する．

(5)　10 mℓのメスピペットを用いて50℃の蒸留水10 mℓを吸い上げ，5 mℓが落下する時間 ts を測定する．…t1

50℃の各ソース（A，B，C）についても，同様に落下時間 t_A, t_B, t_C を測定し，次式によってみかけの相対粘度を求める．

$$みかけの相対粘度 = \frac{50℃の各ソース 5m\ell の落下時間}{50℃の蒸留水 5m\ell の落下時間} = \frac{t_A または t_B, t_C}{t_1}$$

(6) 各ソース（A，B，C）の色，味，口ざわりを比較する．

実験結果のまとめ

表 7-7　ルーの加熱温度とソースの性状

ルーの加熱温度	炒め時間（分・秒）	ルーの状態（色・香り）	ルーの分散状態	ソースの状態（色・味・口ざわり）	ソースの落下時間（秒）	みかけの相対粘度
A：未加熱						
B：120℃						
C：180℃						

参　考

(1) ルーの加熱温度が 100～130℃ のものをホワイトルー，160～180℃ のものをブラウンルーといい，それぞれホワイトソースやブラウンソースに利用されている．また，未加熱でバターと練り混ぜたものはブール・マニエ（beurre manie）とよばれ，料理のとろみつけに用いられている．

(2) ルーの加熱温度によるソースの変化を図 7-3 に示した．

ルーの加熱温度により液体への分散状態が異なり，120℃ のルーの分散状態が最も良好であり，180℃ のルーや炒めないもの（40℃）は分散が悪い．粘度は，ルーの加熱温度が変化すると，図 7-3 にみられるようにわずかに上昇するが 120℃ のルーまでは変化が少なく，130℃ 以上のルーになると急激に減少し，加熱温度が 180℃ のルーを用いたソースの粘度は最も低い．ルーを調製するときに，でん粉を水のない状態で 130℃ 以上に加熱すると，デキストリンを生じ粘度が低下する．この現象をでん粉のデキストリン化という．この現象は，炒めることにより，でん粉粒の表面が硬化し，膨潤しにくくなることと，粒子の一部が損傷し崩壊するために生じると考えられる．

(3) 相対粘度は比粘度ともいわれ，標準物質に対する試料の粘度の割合を示すものである．この実験においては落下時間の比較のみであるためみかけとしたが，粘度を求める場合は粘度の測定（p.41）を参照すること．

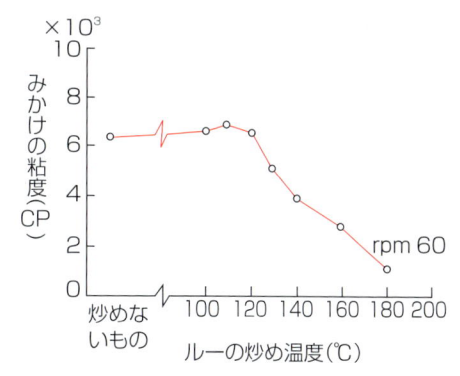

図 7-3　ルーの炒め温度によるホワイトソースの粘度変化

（大沢はま子，中浜信子：家政誌，**24**，361，1973）

実験3　小麦粉の膨化調理 ── スポンジケーキ

目的　小麦粉を主材料とする膨化調理には，①化学膨化剤（ベーキングパウダー；BP），②イーストによる膨化，③気泡による膨化，④蒸気圧による膨化がある．本実験では卵の泡とベーキングパウダーを用いてスポンジケーキを調製し，膨化に及ぼす調製方法の違いや膨化剤の働きについて比較検討を行う．

実験方法
試料：小麦粉（薄力粉）50 g×3，卵 50 g（1個分）×3，グラニュー糖 50 g×3，BP 1 g，牛乳 30 g

器具：ボール（大，小），ハンドミキサー，秤，シリンダー，木しゃもじ，竹ぐし，オーブン，体積測定用具（あわ粒），プリン型9個，パラフィン紙

条件：A…小麦粉 50 g，全卵 50 g，砂糖 50 g，牛乳 10 g
　　　B…小麦粉 50 g，全卵 50 g（卵白と卵黄に分ける），砂糖 50 g，牛乳 10 g
　　　C…小麦粉 50 g，全卵 50 g，BP 1 g，砂糖 50 g，牛乳 10 g

操作
(1) 小麦粉（CはBPと一緒に合わせる）と砂糖をふるっておく．
(2) プリン型に図 7-4 のように切ったパラフィン紙を敷き，プリン型の内側に薄くサラダ油を塗っておく．

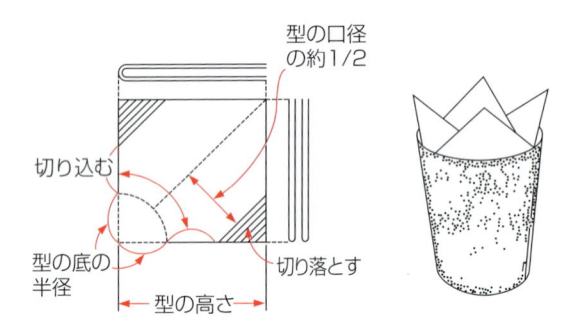

図 7-4　プリン型に入れるパラフィン紙のつくり方
（島田キミエ，山崎清子 著：調理と理論．p.92，同文書院，1999）

(3) A（A1～A3）…卵 50 g（1個）と砂糖 50 gをボールに入れ，ハンドミキサーを用いて泡立てる（共立て法）．泡立て器からしたった卵の泡で線が引け，盛り上がった状態（中速で3分くらい）まで泡立ったら牛乳10 gを入れ，さらに泡立てを続ける（中速で1分くらい）．ふるった小麦粉50 gを泡立てた卵白のボールの上に軽く振り入れて混ぜ（10～15回ぐらい），A1～A3のプリン型にこの調製材料をできるだけ均等に3等分に流し込み，生地重量をはかり記録する．
(4) B（B1～B3）…卵白33 gをできるだけ硬く泡立てたら砂糖30 gを加え，さらに泡立てる（別立て法）．卵黄17 gに砂糖20 gを加えてクリーム状に混ぜ，泡立

てた卵白のほうへ加えて，牛乳10 gを入れ，さらに混ぜる．そこへふるった小麦粉50 gを軽く振り入れて混ぜ，(3)と同様の操作を行う．

(5) C（C1～C3）…卵50 g（1個）をボールに入れ，砂糖50 g，牛乳10 gを入れてよく混ぜる．そこへBP入りの小麦粉51 gを振り入れて混ぜ（10～15回くらい），(3)と同様の操作を行う．

(6) 生地の入ったプリン型A1～C3まで9個を180℃に予備加熱したオーブンで20～25分焼く．仕あがり具合は竹ぐしを刺して調べ，20分放冷する．重量を測定し，生地の重量と比較し，加熱による重量変化を調べる．

(7) スポンジケーキの体積をなたね法（p.12参照）を用いて測定する．生地の重量との関係から膨化率を次式より求める．

$$膨化率（\%）＝\frac{スポンジケーキの体積（cm^3）}{生地の重量（g）}×100$$

(8) A，B，C，3種類のスポンジケーキの中心部を（厚さ約10～15 mm，縦，横25～30 mmの四角形）切り，レオナーを用いて，円柱型プランジャー（直径10 mm）によりテクスチャー測定（硬さ，凝集性，ガム性）する．さらに切り口の状態を観察し，硬さ，香り，口ざわり，総合的なおいしさについて，パネルの人数を定め，順位法によりクレーマーの検定（p.98参照）を用いて官能評価する．

実験結果のまとめ

表7-8 スポンジケーキの品質評価

		A				B				C			
		1	2	3	平均	1	2	3	平均	1	2	3	平均
生地の重量（g）													
ケーキの重量（g）													
ケーキの体積（cm³）													
膨化率（%）													
テクスチャー	硬さ												
	凝集性												
	ガム性												
官能評価	硬さ												
	香り												
	口ざわり												
	おいしさ												

参 考

(1) 共立て法は泡立てるのに時間と労力がかかるが，泡の安定性がよい．別立て法は卵白を泡立てるため泡立ちやすいが，安定性がよくない．

(2) 卵の泡を用いると，スポンジはふっくらと軟らかく仕あがるが，BPを用いるとしっかりした焼きあがりになる．

実験4　材料配合の割合の差異によるクッキー

その1　香りに関する実験

目 的　各種アミノ酸入りクッキーを試作し，その香り，風味について調べる．

実験方法　試料：小麦粉（薄力粉）250 g，無塩マーガリン50 g，砂糖100 g，食塩1.25 g，BP 6.5 g，各種アミノ酸（食品添加物用）1.25 g，水50 mℓ

器具：一般調理器具，クッキー用型抜き，電気オーブン

操作

(1) 小麦粉，アミノ酸，砂糖，食塩，BPをビニール袋に入れ，よく混合する．

(2) ボールにマーガリンを入れてこねる．ここに(1)の粉を移して，水を少量ずつ加えてこねる．

(3) 生地が手につかなくなるまでまとまったら，厚さ0.3 cmに伸ばし，用いたアミノ酸ごとに同一の型で型抜きをし，クッキングシートを敷いた天板に並べ，予備加熱したオーブン（180～190℃）で焼く（クッキー型でアミノ酸を区別する）．

(4) 金網の上に取り出し，放冷後，官能評価を行う．

実験結果のまとめ

表7-9　アミノ酸の違いによるクッキーの香り

	アミノ酸	クッキー型	色	香り	味
1	バリン	ツリー			
2	グリシン	ダイヤ			
3	グルタミン酸	ブーツ			
4	セリン	星			
5	フェニルアラニン	スペード			
6	スレオニン	天使			
7	メチオニン	クローバー			
8	ロイシン	鳥			
9	プロリン	ハート			
10	アルギニン	手裏剣			
11	アラニン	三角形（鳥）			
12	アミノ酸無添加	ベル			

参 考

(1) 調理における褐変，香気の生成現象の非酵素的な要因として，アミノ・カルボニル反応がある．この反応はアミノ酸と糖類のアミノ基とカルボニル基より生じるもので，メイラード反応ともいわれる．クッキー，パンなどの焼きあげの色，香気をはじめ，しょうゆやみその加熱調理による褐変も本反応によりもたらされる．

(2) 反応する糖やアミノ酸の種類，加熱温度により生じる香りは異なる（表 7-10）．

(3) 砂糖（しょ糖）は，還元性基を有しないが，加熱調理により部分的に加水分解が生じてアミノ・カルボニル反応に関与するとされている．

表 7-10 アミノ酸とグルコースを加熱褐変させたときに生じる匂い

アミノ酸	180℃加熱	100℃加熱
グリシン	カラメルの匂い	
アラニン	カラメルの匂い	
バリン	刺激性の強いチョコレートの匂い	ライ麦パンの匂い
ロイシン	チーズを焼いた匂い	甘いチョコレートの匂い
イソロイシン	チーズを焼いた匂い	
フェニルアラニン	すみれの花の匂い	甘い花の匂い
チロシン	カラメルの匂い	
メチオニン	じゃがいもの匂い	じゃがいもの匂い
ヒスチジン	とうもろこしパンの匂い	
トレオニン	焦げ臭い匂い	チョコレートの匂い
アスパラギン酸	カラメルの匂い	氷砂糖の匂い
グルタミン酸	バターボールの匂い	チョコレートの匂い
アルギニン	焦げた砂糖の匂い	ポップコーンの匂い
リジン	パンの匂い	
プロリン	パン屋の匂い	たんぱく質の焦げた匂い

（藤巻正生ら：新版改訂 食品化学．p.135，朝倉書店，1976）

その2　食感に関する実験

目　的　クッキーは，小麦粉に砂糖，牛乳，卵，油脂としてバターなどが配合されており，これらの材料の配合で食感が変わる．この差異について検討する．

実験方法　試料：小麦粉（薄力粉）150 g（30 g×5），バター（またはマーガリン）24 g（12 g×2），砂糖 48 g（12 g×4），卵 1 個（卵液 10 g×2），牛乳 60 mℓ
　　　　　　器具：一般調理器具，クッキー用型抜き，電気オーブン
　　　　　　操作：表 7-11 の配合割合によるクッキーをつくる．

表 7-11　クッキーの材料配合割合

材料(g)	クッキーの種類				
	A	B	C	D	E
小麦粉	30	30	30	30	30
砂　糖	12	12	12	12	0
バター	12	0	12	0	0
卵　液	10	10	0	0	0
牛　乳	0	(　)	(　)	(　)	(　)

　(1)　バターを添加する試料クッキー A，C はあらかじめバターをよく混ぜてクリーム状にしておく．

　(2)　試料クッキー A は，バター → 砂糖 → 卵液 → 小麦粉 → 牛乳の順に 1 種の材料を加えるごとによく混ぜる．材料を添加しないものは，次の材料へと進む．

　(3)　ほかの試料クッキーは，A と同様に順次材料を加えて，最後に牛乳を加え試料 A の生地と同じ硬さになるように調節する．

　(4)　それぞれの生地をめん棒で厚さ 0.5 cm に伸ばし，冷蔵庫で 20 分間冷却する．

　(5)　生地を取り出し，すべて同じクッキー型で抜き，クッキングシートを敷いた天板に並べ，180 ℃ に予備加熱したオーブンで 10〜15 分焼く．

　(6)　金網上で放冷後，クッキーの外観（色，形），硬さ，もろさ，甘み，香りについて順位法により官能評価を行う．

実験結果のまとめ

表 7-12　順位法によるクッキーの品質評価

評価項目		クッキーの種類				
		A	B	C	D	E
外観	色					
	形					
試食	硬さ					
	もろさ					
	甘み					
	香り					
総合評価						

参考

(1) 焙焼製品であるクッキーなどは，口に入れて噛み砕いた際の砕けやすさなど，製品のもろさの性質（ショートネス）が嗜好性に大きく影響する．

(2) 油脂の配合割合が，もろさに影響する（図 7-5）．

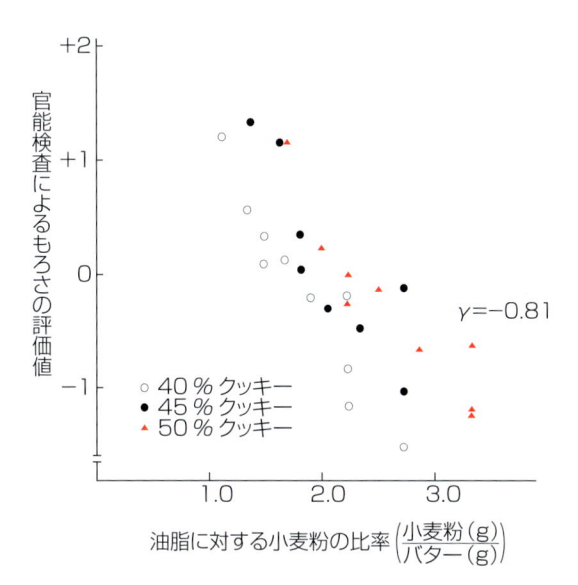

図 7-5　小麦粉と油脂の比率とクッキーのもろさの関係
（和田淑子，倉賀野妙子，長谷川御幸：家政誌．**34**，609，1983）

3. いも

日常の調理によく用いられるいも類には，じゃがいも，さつまいも，さといも，やまのいもがある．やまのいもは生食されるが，ほかのいも類はでん粉を糊化するために加熱による調理操作がなされる．主成分は糖質 15〜27％を含み，水分は 65〜80％である．糖質の主成分はでん粉であり調理性と関係が深い．本実験では，じゃがいもの調理特性について検討する．

実験1　じゃがいもの調理特性 ── 粉ふきいもとマッシュポテト

目　的　じゃがいもは淡白な味のため，つけあわせなどとして多くの料理に利用される．じゃがいもには粉質（品種「男爵」など）と粘質（品種「メークイン」など）の2種類があり，それぞれ調理特性が異なる．これら代表品種を用いた粉ふきいもとマッシュポテトの調理から，その調理特性について検討する．

実験方法　試料：じゃがいも（男爵5個［約250〜300 g］，メークイン1個［約150 g］），食塩
器具：光学顕微鏡，一般調理器具，裏ごし器，温度計（熱電対型がよい），すり鉢，木じゃくし，メスシリンダー（200 mℓ），ビーカー

その1　粉ふきいもの実験

操作

(1) 男爵2個の皮を剝き，大きさを25〜30 g 前後にそろえて切る．

(2) このじゃがいもを水を張ったボールに約5〜10分さらし，重量の3倍量の水で軟らかくなるまで沸騰後20分前後ゆでる（煮くずれが生じないように注意する）．

(3) 鍋蓋を押さえて湯を捨て，ゆであがったじゃがいもを2等分して半量を鍋に残し（A），残りの半量は取り出し，20分室温で放置する（B）．

(4) Aは残りの水分を蒸発させ，0.5％の食塩を振り入れて蓋をして鍋を揺り動かして，粉ふきいもを調製する．

(5) AおよびBのじゃがいも表面の組織を少量ずつスライドガラスにとり，ヨウ素液を適量添加して，顕微鏡観察を行う．

(6) できあがった粉ふきいもについて，食感（口ざわりなど），外観を比較する．

(7) 男爵いもと同様に，メークインについても同じ操作を行い，比較する．

その2　マッシュポテトの実験

操作

(1) 男爵3個の皮を剝き，約2 cm の厚さに切り，5〜10分水にさらす．重量の3倍量の水で軟らかくなるまで約20分ゆで，湯を捨てる．鍋を弱火にかけ，残った水をさらに蒸発させ，3つのグループ（A，B，C）に等分する．

(2) Aの温度を測定し，すばやく裏ごしする．

(3) Bは20分放冷後，温度を測定し，同様に裏ごしする．

(4) Cはすり鉢ですりつぶし，粘りが出はじめたときの温度を測定する．室温付近まで冷めたらさらにすり続け，十分に粘りが出たところ（もちのように長くひく状態）で約0.5％の塩味をつけ，水でぬらした手で丸くもち状に整える．

(5) 裏ごしした A, B の40 g を，すぐにビーカーで蒸留水 150 mℓ に懸濁して 200 mℓ 容メスシリンダーに移し，静置する．10, 20, 30 分後の沈降体積を記録する．

(6) 裏ごしした A, B と，もち C について官能検査および顕微鏡観察する．

実験結果のまとめ

表 7-13 粉ふきいもの実験

	粉ふき操作の時期	温度（℃）	食感（口ざわり）・外観	顕微鏡観察
男爵	加熱終了直後			
	20分放置後			
メークイン	加熱終了直後			
	20分放置後			

表 7-14 マッシュポテトの実験

	裏ごし操作の時期	温度（℃）	操作のしやすさ	沈降体積（mℓ）		
				10分後	20分後	30分後
男爵	加熱終了直後					
	20分放置後					
	裏ごし操作の時期	食感（口ざわり）・外観		顕微鏡観察		
	加熱終了直後					
	20分放置後					
	じゃがいももち					

参 考

(1) いも類を加熱調理すると，細胞に含まれるでん粉が糊化により膨潤するとともに，細胞間隙で細胞同士を接着しているペクチンに流動性が生じる．この流動性が保持されている間に裏ごし処理をするか，鍋を揺り動かすことで，細かなマッシュポテトや粉ふきいもをつくることができる．この流動性は冷めると小さくなり，裏ごしを行う際に強い力が必要となる．このため細胞膜が破れやすくなり，糊化したでん粉が溶出するため，粘りが生じるようになる．

(2) 一般に男爵は煮くずれしやすいので，粉ふきいもやマッシュポテトに用いられるが，メークインは煮くずれしにくいので煮物調理に用いられる．これはでん粉含量の差異に起因し，男爵のほうが比重が大きく，でん粉含量が多いためであり，メークインでも比重が大きなものは煮くずれが生じやすくなる．

4. 豆

　豆類の種類は多いが，大別するとだいず，落花生のようなたんぱく質や脂肪の多いもの，あずき，いんげんまめのようにでん粉の多いものに分けられる．ここではだいずやあずきの調理や加工上の特性について理解する．

実験1　だいずとあずきの調理加工特性

その1　だいずの吸水と豆腐の製造

目 的
　豆類はその種類により吸水性が異なる．吸水状態による軟化性の差異について調べる．また，だいずを水に浸漬，膨潤させたのち磨砕して加熱後，可溶性成分に凝固剤として硫酸カルシウムやグルコノデルタラクトンなどを加えて凝固させたものが豆腐である．木綿豆腐，絹ごし豆腐を調製し，その製法の違い，品質について調べる．

実験方法（だいずの吸水）

試料：だいず，いんげんまめ，あずき（各種30 gずつ，粒径がそろったもの）
器具：ビーカー，メスシリンダー，温度計，一般調理器具
操作
　(1)　準備した豆をビーカーに入れ，水150 mℓを加え，このときの水温を測定する．
　(2)　30, 60, 90, 120分（できれば5または6時間），20時間ごとに豆を取り出し（ざるを使用），豆の表面の水分をよく拭きとり，重量，体積をはかる．

実験方法（豆腐の製造）

試料：だいず（絹ごし用：100 g，木綿用：100 g），凝固剤（絹ごし用：グルコノデルタラクトン2 g，木綿用：硫酸カルシウム6 g）消泡剤（なたね油または市販の消泡剤）
器具：温度計，一般調理器具，ミキサー，こし布，豆腐箱（木綿用で穴のあいたもの），ステンレス容器（絹ごし用），敷き布（木綿用），ボール，木じゃくし
操作

　a．木綿豆腐
　(1)　水洗しただいずに3～4倍の水を加え冷蔵庫で約20時間浸漬，放置する（室温の場合，夏期6～7時間，冬期10～12時間を目安にする）．
　(2)　水切りをし，重量をはかる．
　(3)　ミキサーに入れ，水を加えて磨砕する．加水量は浸漬だいず重量の4倍とする（だいずは数回に分けて磨砕し，加える水も同じく分けて使用する）．この磨砕したものを"呉"という．
　(4)　磨砕しただいずと加水する水の残量を鍋に移し，焦がさないように木じゃくしで攪拌しつつ注意しながら加熱する．沸騰後は火を加減しながら，5分間沸騰を継続させる．このとき吹きこぼれが生じる場合は，消泡剤を少量添加する．

(5) 熱いうちにこし布により濾液をボールに集める．濾液を"豆乳"，かすを"おから"という．

(6) 約70～75℃に放冷する（70℃より低い場合は加温する）．

(7) 激しく攪拌している豆乳に，凝固剤（硫酸カルシウム6gをあらかじめ200mlの水に溶いておく）を一気に添加する．添加後はあまり攪拌しない．

(8) 15分前後，静置して上澄液を除く．

(9) 豆腐箱に水でぬらした敷き布を敷き，ここに豆乳の凝固物を入れて包み，木蓋をして重しを載せる．豆腐箱がない場合は，深めのざるにこし布を敷き，同様に凝固物を入れて包みこみ，ボールに水を入れたもので重しをする．

(10) 15～20分間放置後，蓋をはずして敷き布をひろげ，再度蓋をして上下を逆にして水を張ったボールなどに放す．

(11) 30分以上，流水で水さらしを行う．

b．絹ごし豆腐

(1) 木綿豆腐の操作(1)と同様にだいずを水洗，水に浸漬する．

(2) 水切りをして重量をはかる．

(3) 加水量を浸漬後のだいず重量の2倍として，磨砕する．

(4) 磨砕しただいずと加水する水の残量を鍋に移し，焦がさないように注意しながら加熱する．沸騰後は火を加減しながら3分間沸騰を継続させる．

(5) 木綿豆腐の場合と同様に，こし布で豆乳を集める．

(6) 豆乳を鍋に移し，95℃前後まで加温する．

(7) ステンレス容器に凝固剤（グルコノデルタラクトン2g）を入れておき，ここに豆乳を流し込み，軽くかき混ぜて30分間静置する．

(8) ステンレス容器のふちを竹ぐしで一度通して水中で豆腐を取り出し，流水により30分間水にさらす．

実験結果のまとめ

表7-15 豆類の浸漬による重量と体積変化

		浸漬処理時間						豆の状態
		30分	60分	90分	120分	5時間	20時間	
だいず	重量(g)							
	体積(ml)							
いんげんまめ	重量(g)							
	体積(ml)							
あずき	重量(g)							
	体積(ml)							
浸漬開始時の水温（　　℃）		備考						

実験結果のまとめ

表 7-16 豆腐の比較

	木綿豆腐	絹ごし豆腐
A：浸漬前のだいず重量（g）		
B：浸漬後のだいず重量（g）		
膨潤割合（B／A）		
磨砕時の加水量（g）		
豆　乳（g）		
おから（g）		
官能評価		

参　考

(1)　豆は種類により吸水性が異なる．だいずやいんげんまめは吸水開始後，5～6時間で大きく吸水する．これに対して，あずきはその表皮が硬く，5～6時間の浸漬ではほとんど吸水せず，水から加熱調理される（図 7-6）．

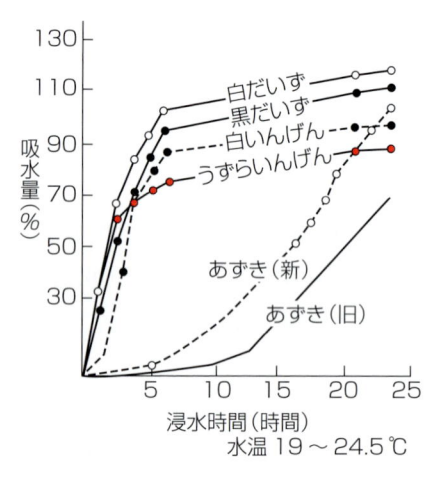

図 7-6　豆類の吸水曲線
（松本文子：食べ物と水．p.221，家政教育社，1988）

(2)　木綿豆腐は，凝固した豆乳を押し固める際に敷き布の布目が表面に残るため木綿豆腐といわれる．絹ごし豆腐は，ゲル化を箱のなかで進行させるため，保水性が高く，なめらかに仕あがるためにその名の由来がある．

(3)　豆腐は，加水膨潤させただいずを加熱，沸騰処理をすることにより得られる可溶性成分（豆乳）に凝固剤として硫酸カルシウム，グルコノデルタラクトン，塩化マグネシウムを添加して凝固させたものである．調理においては，豆腐を加熱した場合，カルシウム塩などにより収縮，硬化する．この防止のため，食塩を少量添加するか，だし汁で加熱する．

その2　あずきの煮熟と生こしあんの調製（あんの収量）

目的　あずきは浸漬しても，だいずなどとは異なり，吸水が進まない（図7-6）．そのため，水から加熱膨潤させて，あんが調製される．あずきの煮熟とあんの調製法について理解する．

実験方法　試料：あずき100 g，砂糖
器具：秤，ボール，ざる，裏ごし器，こし布（木綿袋），ミキサー，メスシリンダー
操作
(1) あずきは水洗いし，1度ざるにあげ，2倍量の水を入れて煮る．煮立ったらざるにあけ，煮汁を捨て渋切りをする（前日より，水に浸漬した場合は，膨潤豆の重量を測定し，同様に2倍量の水を加えて煮る．）．
(2) 再び5倍量の水を加え，蓋をして煮る．指で押しつぶして，あずきがつぶれるまで加熱する．
(3) ざるにあずきを取り，煮熟あずきの重量をはかる．
(4) 煮熟あずき重量と同量の水を加え，ミキサーで磨砕する．
(5) 裏ごし器をボールに載せ，ここにあずきを煮汁とともに移し，こした液をこし布（木綿袋）に入れる．かたく絞ると，生こしあんができる．
(6) 皮，生こしあんの重量を測定する．

実験結果のまとめ

表7-17　こしあん調製の結果

生あずき　100 g			
前日より浸漬した場合の膨潤豆重量	g（　　時間後）	膨潤豆／生豆（重量比）	
煮熟後の豆の重量	g	生こしあんの重量	g
煮豆／生豆（重量比）		生こしあん／生豆（重量比）	
皮の重量	g	あんの性状（色，きめなど）	

参考
(1) 生こしあんの60〜70％の砂糖を加え，練りあげると練りあんとなり，和菓子の材料に利用される．
(2) 渋切り操作は，煮汁中に溶出してくるサポニンやタンニン関連物質を除くために行う．

5. 野　菜

　野菜類は一般に水分含量が高く，淡白で，豊かな色彩，芳香，歯ざわりなどの嗜好特性が賞味されるとともに，食物繊維，無機質，ビタミンCの給源として優れた食品であり，とくに緑黄色野菜にはカロテンが多く含まれている．ここでは，生野菜の吸水と放水，食塩の浸透など調理過程の変化に関する基礎的な実験を行う．

実験1　生野菜の吸水と放水

目的　野菜の調理において，塩もみや"水に放す"といった操作がある．これらの操作が野菜の吸水や放水により歯ざわりなどに影響を与えることを知る．

その1　生野菜の吸水

実験方法
試料：キャベツ 150 g
器具：スライサー，上皿天秤，一般調理器具
操作
(1) キャベツ 150 g をスライサーで千切りにする（包丁でもよい）．
(2) 50 g ずつ，3つのグループ（A，B，C）に分ける．
(3) A はそのままラップをして 15 分放置し，重量をはかる．
(4) B はラップをして 15 分放置後，水をかけ，ざるで2分間水を切り，重量をはかる．
(5) C は 10 倍量の冷水（15 ℃ 以下）に 15 分間浸漬し，同じくざるで2分間水を切り，重量をはかる．
(6) A，B，C にキャベツの重量に対して1％の食塩を試食直前にふりかけ，食味する．

実験結果のまとめ

表 7-18　生野菜の吸水の結果

	キャベツの重量(g)			吸水率(%)	風味・硬さなど
	処理後	処理前	吸水量		
A		50			
B		50			
C		50			

その2　生野菜の放水

実験方法

試料：きゅうり2〜3本（または200g前後を目安とする），食塩

器具：スライサー，漏斗，メスシリンダー（25 mℓ）2本，（50 mℓ）2本，上皿天秤，一般調理器具

操作

(1) きゅうり200gをスライサーで薄い輪切りにする．

(2) 50gずつ，4つのグループ（A，B，C，D）に分ける．

(3) Aはそのまま，B，C，Dにはきゅうりの重量に対して，それぞれ食塩1，3，5％を添加し，よく混ぜる．

(4) 漏斗をシリンダーにセットし（A，B：25 mℓ容シリンダー，C，D：50 mℓ容シリンダー），それぞれのきゅうりを移し，上部は乾燥を防ぐためにラップで覆う．

(5) 5分ごとに落下する液の色を観察し，放水量を測定する．

(6) 30分後に放水量を記録したのち，きゅうりをしぼりその液量も測定する．

(7) 硬さ，味について調べる．

実験結果のまとめ

表 7-19　生野菜の放水の結果

	放水量 mℓ（％）							液色の経時変化
	5分	10分	15分	20分	25分	30分	しぼり汁	
A	( )	( )	( )	( )	( )	( )	( )	
B	( )	( )	( )	( )	( )	( )	( )	
C	( )	( )	( )	( )	( )	( )	( )	
D	( )	( )	( )	( )	( )	( )	( )	

※ 放水量の％はきゅうりの重量に対して計算する．

表 7-20　きゅうりと分離液の官能評価

	きゅうりの色・味・硬さなど	分離液の色・味
A		
B		
C		
D		

実験2　だいこんの食塩浸透

目 的　野菜を煮，加熱すると組織の変化が起こり，調味料の浸透がよくなる．だいこんの加熱に伴う調味料の浸透と塩ゆでによる食塩含量の差異を比較する．

実験方法　試料：だいこん 400 g 前後×2，食塩，濃口しょうゆ
器具：ステンレス鍋（直径 18 cm），電磁調理器，一般調理器具
操作

(1) だいこんは皮を剝き，厚さ 2.5 cm の輪切りにする（400 g より 4 個程度）．廃棄率計算のために計量する．

(2) 鍋に輪切りにしただいこんを並べ，浸る程度の蒸留水を入れる．

(3) 加えた蒸留水に 1.6％の濃度になるように食塩を加える．

(4) 蓋をして加熱する（ガスコンロでもよい）．

(5) 沸騰したら加熱強度を加減し弱火相当にする．これより，竹ぐしで硬さを 5 分間隔で確認する．

(6) 25～30 分で加熱を終了し，煮汁，だいこんの重量をはかる．

(7) 輪切りのだいこん 1 個の上下 0.5 cm 程度を切り，中心内部を図 7-7 のように放射状に切り，中心方向から外側に向かって硬さ，塩味について官能評価する．(2)で加える蒸留水を 10％しょうゆ水にかえて，(4)以降，同様の操作を行い，しょうゆの浸透を観察する．

図 7-7　試料調製図

a．食塩濃度の測定

(1) 加熱しただいこん 1 個を上下 0.5 cm 程度切り取り，内部を半円にし，外周部，中間部，中心部の 3 分割して重量をはかる（図 7-8）．

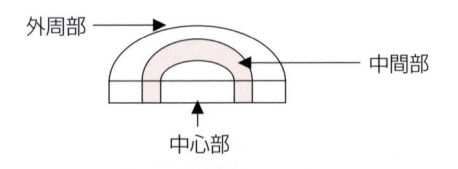

図 7-8　試料調製（塩分測定用）

(2) それぞれをビーカーに入れ，重量の2倍量の蒸留水を加え，30分間放置する．

(3) 濾紙にて濾過後，濾液について，0.1 M（0.1 N）硝酸銀で，5％クロム酸カリウムを指示薬として，沈殿滴定により塩分量を算出する．

$$試料液中1 m\ell 中のNaCl = （a - b） \times f \times 58.44 \times 0.1 \times \frac{1}{s}$$

a：試料液の滴定量（$m\ell$）　　b：空試験の滴定量（$m\ell$）
f：0.1 N 硝酸銀の力価　　s：試料液の量（$m\ell$）

実験結果のまとめ

表 7-21　だいこんの塩分・しょうゆの浸透実験

	加熱時間（分）					
	5	10	15	20	25	30
だいこんの硬さ						
加熱前の重量（g）						
加熱後の重量（g）						
	中心部 ←・・・・・・・・・・・・・・・・→ 外周部					
官能評価 しょうゆの浸透具合						

参　考

植物である野菜の細胞は，細胞膜の外側にさらに固い細胞壁がある．細胞膜は半透性の性質があり，水を自由に透過させるが溶質は通過させにくい．そのため水や濃度の薄い液に野菜を入れると，細胞内に水を取り入れ，細胞の膨圧が大きくなる．逆に食塩水や濃度が濃い溶液中に入れると，細胞内部から外部に水が移動し，細胞が収縮して歯ざわりがなくなる（図 7-9）．

前者を利用するのが，キャベツやだいこんの千切りの食感を保つ操作として行われる冷水に漬ける場合である．後者の場合は，なます料理である．

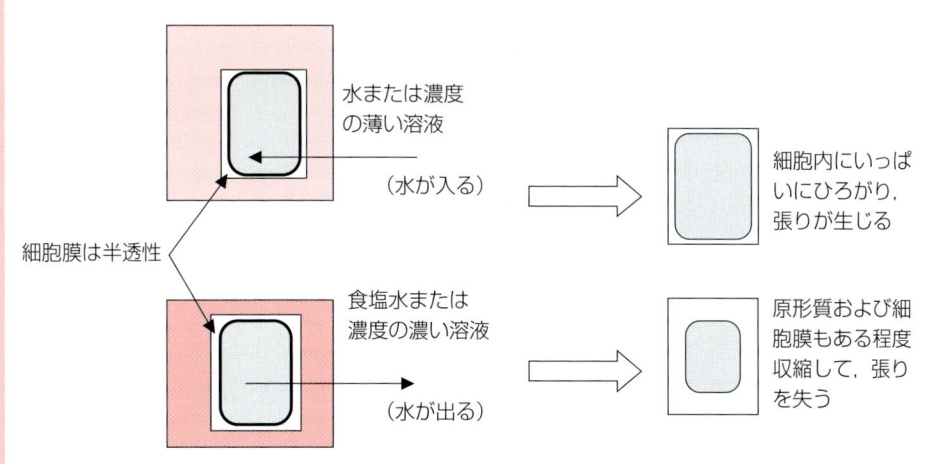

図 7-9　生野菜における浸透の模式図

6. 果 実

　果実は各種の糖，有機酸類，ビタミン，無機質，香気成分などを含むほか，85～90％前後の水分を含むため生食が多い．ここでは，果実ゼリーや渋柿の脱渋についての基礎実験を行う．

実験1　果実の酸，糖，ペクチン含量とゼリー

目 的　新鮮な果実の抽出液からペクチン，糖，酸のバランスを考慮したゼリーをつくり，官能検査および機器測定により果実ゼリーの品質を評価する．

実験方法
試料：りんご，ぶどう，レモン，砂糖，95％エタノール
器具：一般調理器具，糖度計，pH メーター（または酸度計），こし布（さらし布），ゼリー型，試験管，スポイト

操作
a．果汁液のつくり方
(1) りんご約 200 g を水洗いして薄切りにする．
(2) 同量の水 200 ml を加え加熱し，沸騰後は弱火で約 20～30 分加熱する．
(3) 熱いうちにこし布でこし，果汁抽出液を得る．
(4) ぶどう約 200 g は房から果実をとり，つぶして同様に(2)～(3)の操作を行う．
(5) レモン約 200 g は 2 等分し，果汁をしぼり，果皮は薄切りにして 15 分間水煮をして冷水にさらす．その後水切りをして同量の水を加えて同様に(2)～(3)の操作を行い，先に果実をしぼった果汁とともに合わせて，果汁抽出液とする．

b．ペクチンの検出・糖度・pH・色の観察
(1) 各抽出液 5 ml を試験管にとり，同量の 95％エタノールを加えて混合し，沈殿の生成を観察する．
(2) 糖度計で糖度を測定する．
(3) pH メーター（pH 試験紙）または酸度計で酸について測定する．
(4) 色について観察する．

c．ゼリーの調製
(1) 各抽出液 100 ml に同量の砂糖 100 g を加えて加熱し，105℃ まで焦げないように注意して煮詰め，果実ゼリーとする．
(2) 仕上がったゼリーの糖度，pH（または酸度）を測定する．
(3) ゼリー型に入れて 1～2 時間放置後の各ゼリーの硬さ，弾力性などについて官能評価を行う．

実験結果のまとめ

表7-22　ペクチンのゲル化と果実ゼリー

	果汁				ゼリー			
	色	糖度(%)	pHまたは酸度(%)	ペクチンの観察	色	糖度(%)	pHまたは酸度(%)	官能評価
りんご								
ぶどう								
レモン								

参　考

(1) ゼリーをつくるのに必要なペクチン，酸，糖の割合は表7-23に示すとおりである．

表7-23　ゲル化に必要な材料割合

ペクチン	1～1.5%
糖	60～70%
有機酸	0.3～1.0% pH 2.8～3.5

（大村浩久ら 編：食品加工貯蔵学．朝倉書店，1986）

(2) ペクチン量の簡易測定法としてアルコール法があり，95％アルコール5 mlに対して，検液5 mlを加えて撹拌した場合，ペクチンが十分に含まれると1/2以上が固まる．この現象は，ペクチンにアルコールなどの脱水剤を添加するとペクチン質が凝析する性質に基づく．

(3) ペクチンはその分子内のメチルエステル化の比率が異なる2種類に分けられる．メトキシル基が7％以上を高メトキシル（HM）ペクチン，7％未満のものを低メトキシル（LM）ペクチンという．両者のゲル化の機構は異なっており，HMペクチンは酸（pH 3.3～3.5），砂糖（55～65％），水溶固形分量（60％以上）で，水素結合による多糖鎖間の多重らせんの架橋である．LMペクチンでは酸（pH 3.2～6.8），無機質（カルシウム，マグネシウムなど）が必要で，糖は必要なく，Ca^{2+}の関係する配位結合が提案されている．

実験2　渋柿の脱渋

目 的　種々のさわし柿の製造法（脱渋）と渋み成分であるタンニン量の変化を測定する．

実験方法　試料：渋柿（品種「西条」など），フォーリン試薬（市販品を8倍希釈して使用），D－カテキン標準液（50 μg/ml），10 % Na_2CO_3
　　　　　器具：デシケーター，シール式ビニール袋，おろし器，ナイフ，さらし布，試験管，ピペット

操作

　a．脱渋の方法

(1) 渋柿はよく水洗後，次の各方法により脱渋を行う．

　① 湯抜き法：渋柿を約40℃の湯に浸漬後，12〜24時間，密閉，保温する．

　② アルコール法：デシケーター（またはシール式で密閉が可能なビニール袋）中に水洗した渋柿のへたの部分を上にして並べ，95 %アルコール（または焼酎）を霧吹きで噴霧し，密閉後，暗所で約1週間保存する．

　③ 炭酸ガス法：デシケーター（またはシール式で密閉が可能なビニール袋）中の底部にドライアイスの小片を入れ，渋柿を並べ，蓋を少しずらして隙間を開けてデシケーター内を炭酸ガスで置換する．ドライアイスの小片がないことを確認のうえ，蓋を閉じて1週間，暗所で放置する．

　b．渋み成分の定量

(1) 柿の皮を剝き，果肉部分をおろし器ですり，さらし布でしぼる．

(2) 果汁1 gをはかり取り，これに蒸留水99 mlを加え，攪拌し，濾過する．

(3) 濾液2 mlを試料液として，これにフォーリン試薬（8倍希釈液）1 mlを加え，攪拌する．3分後に10 % Na_2CO_3を1 ml加えて室温にて30分放置する．タンニン量が多い場合は，適時希釈液を使用する．

(4) 700 nmの吸光度を測定し，検量線より柿果汁100 g当たりの可溶性タンニン量を求める（希釈した場合は希釈倍率を考慮すること）．

　c．検量線の作成

(1) D－カテキン原液（50 μg/ml）から0，0.4，0.8，1.2，1.6，2.0 mlを試験管にとり，それぞれ全量を蒸留水で2 mlにする．

(2) 各試験管にフォーリン試薬（8倍希釈液）1 mlを加え，攪拌する．3分後に10 % Na_2CO_3を1 ml加えて室温にて30分放置する．

(3) 700 nmの吸光度を測定し，検量線を作成する．

実験結果のまとめ

表 7-24　脱渋の有無による可溶性タンニン量の変化

	脱渋操作あり		脱渋操作なし	
	官能検査	可溶性タンニン量 （g/100g）	官能検査	可溶性タンニン量 （g/100g）
脱渋法 （　　）				

参　考　渋柿の渋味は水溶性タンニンによるもので，この水溶性タンニンを不溶性にすることで渋味が感じなくなる．脱渋操作を行うことにより柿の細胞の分子間呼吸が高まり，アルコール，アセトアルデヒドなどを生成するようになる．このアセトアルデヒドと可溶性タンニンとが結合することで不溶化する．[1]

---

1)　大村浩久，仮屋園璋：食品加工貯蔵学実習．朝倉書店，p.76, 1990

7. 調理と色

野菜・果実の持つ天然の色素の調理過程における変化，また調理過程において生成される色についての基礎実験を行う．

実験1　野菜・果実の調理に伴う色の変化

目　的　野菜類の加熱に伴う色の変化について調べる．

実験方法　試料：野菜各 240 g 前後（ほうれんそう・さやいんげん・紫キャベツ・にんじん・カリフラワー），0.3％重曹（炭酸水素ナトリウム）液，5％食酢，1％食塩水，0.1％みょうばん液，0.1％硫酸銅水溶液

器具：ビーカー，メスシリンダー，pH メーター，測色色差計（または標準色票）

操作

a．食品の重量・容量の測定

(1) ほうれんそう・紫キャベツは，有色のすじのない，葉の部分をとる．
(2) にんじん・カリフラワーは，できるかぎり同じ色彩の部分をとる．
(3) さやいんげんは，すじをとり長さをそろえる．

b．加熱操作

(1) 野菜を 40 g ずつ 6 つのグループ（A〜F）に分け，さらに各グループは 10 g ずつ 4 等分に小分けする．
(2) ビーカーに蒸留水 A と 5 種類の溶液（重曹 B，食酢 C，食塩水 D，みょうばん E，硫酸銅 F）を 200 ml ずつ入れて加熱する．沸騰後，ここにほうれんそうを（10 g×4）入れ，投入 1 分後から 3 分間隔で 10 分（1 分，4 分，7 分，10 分加熱処理）まで加熱し，各時間ごとに試料とゆで液 2 ml を取り出す．
(3) ほかの野菜についても，(1)〜(2)の操作を同様に行う．
(4) それぞれの野菜の加熱時間による色の変化とゆで液の pH について測定する．

実験結果のまとめ

表 7-25　野菜の色の加熱による変化（ほうれんそうの場合）

		蒸留水				0.3％重曹				5％食酢			
ほうれんそう	加熱時間（分）	1	4	7	10	1	4	7	10	1	4	7	10
	色												
	pH												
		1％食塩				0.1％みょうばん				0.1％硫酸銅			
	加熱時間（分）	1	4	7	10	1	4	7	10	1	4	7	10
	色												
	pH												
備　考（観察したこと）													

参　考　野菜，果実の色

① クロロフィル：緑色野菜の緑色は，クロロフィルによるものである．クロロフィルは長時間の加熱や酸処理，アルカリ処理，酵素により色があせる．この色素は生体内ではたんぱく質と弱く結合しているが，加熱により遊離する．酸性で加熱すると不安定で構造中に保持されているマグネシウムイオンが脱離し，フェオフィチン（黄褐色），フェオホルバイド（黄緑褐色）に加水分解される．アルカリ性での加熱は，エステルが加水分解してメチルクロロフィリッド（緑色）を経てクロロフィリン（鮮緑色）になる．酵素反応によっても分解が生じ変色する．そのため，調理・加工操作の前処理として，ブランチングがなされる（図 7-10）．

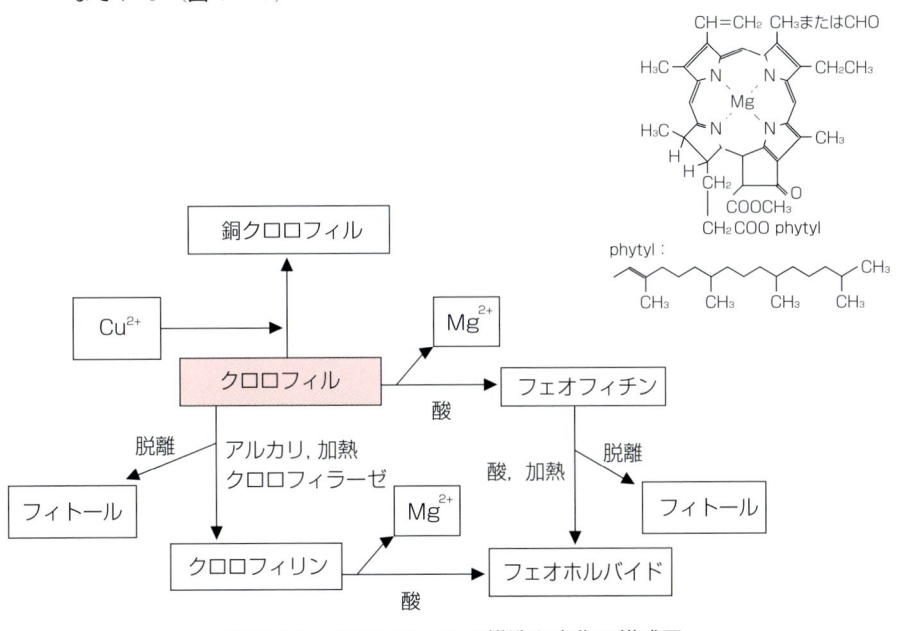

図 7-10　クロロフィルの構造と変化の模式図

② カロテノイド：野菜にひろく含まれる黄，橙，赤の色素である．熱には安定である．共存するクロロフィルの色に隠されているが，クロロフィルが分解するとカロテノイドの色が発現してくる．
③ フラボノイド：白色あるいは淡黄色，黄色で，多くは配糖体である．酸性では安定で，アルカリ性で黄色に呈色する．カリフラワーをゆで加熱する場合，白色を保つために酢を添加して行う（図 7-11）．

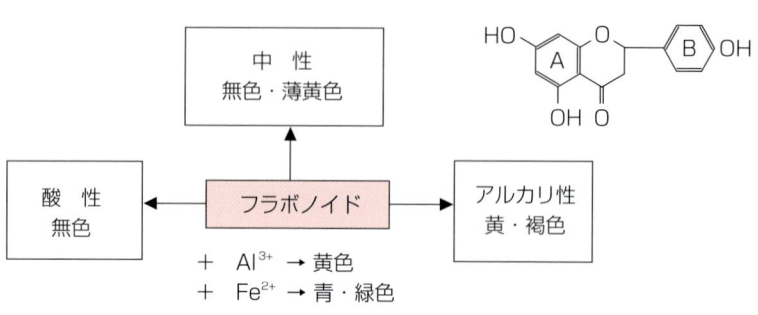

図 7-11　フラボノイドの構造と色の変化

④ アントシアニン：アントシアニジンに糖が結合した配糖体で存在する．pHによりその色調が変化し，酸性で赤色，中性で紫色，アルカリ性で青色になる．水溶性色素で熱により分解が生じやすい．Al^{3+} や Fe^{2+} の金属イオンで安定な錯塩をつくる．なすの漬け物がみょうばんで青紫色に安定したり，紫キャベツ，しょうが，みょうがが酸性になると赤くなるのもこの色素のためである（図7-12）．

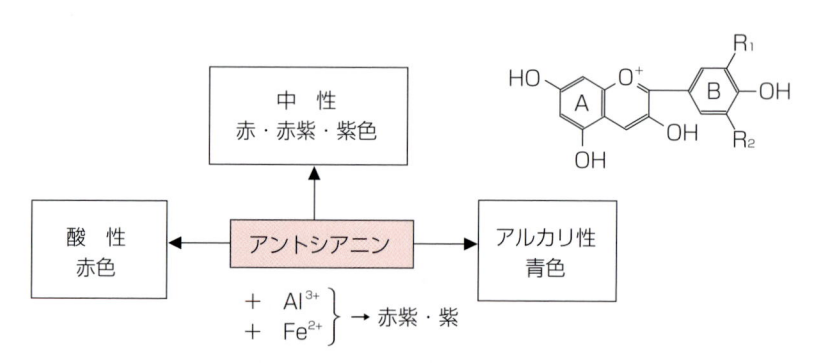

図 7-12　アントシアニンの構造と色の変化

実験2　調理過程の色の生成　── 酵素的褐変，非酵素的褐変

目的　調理操作中の色の生成で酵素の反応によらない褐変や着色にはアミノ・カルボニル反応がよく知られている．この反応は，反応する糖やアミノ酸の種類により褐変の程度が異なることについて理解する．

実験方法　試料：ロイシン，グルコース，キシロース，シュクロース，0.1 M リン酸緩衝液（pH 7.0）

器具：一般調理器具，試験管，分光光度計

操作
(1) 表 7-26 に示すように試験管にアミノ酸，糖をはかり取る．

表 7-26　アミノ酸と糖の混合割合

試験管	アミノ酸	糖
A	グリシン 70 mg	キシロース 150 mg
B	グリシン 70 mg	グルコース 180 mg
C	グリシン 70 mg	シュクロース 340 mg
D	グリシン 70 mg	
E		グルコース 180 mg

(2) 各試験管にリン酸緩衝液を 3 mℓ 入れ，ビー玉で蓋をし，沸騰湯浴中で 20 分間反応させる．
(3) 加熱終了後冷却し，450 nm（または 460 nm）の吸光度を測定する．

実験結果のまとめ

表 7-27　アミノ・カルボニル反応による着色

試験管	吸光度
A	
B	
C	
D	
E	

参考　アミノ・カルボニル反応は，アミノ酸，糖の種類，反応させる pH により，その着色・褐変の程度は大きく異なる．pH は酸性側で起こりにくく，グルコースなどの六炭糖よりキシロースのなどの五炭糖のほうが褐変が生じやすい．

◆ **参考文献**

1. 日本調理科学編：総合調理科学事典．光生館，1997
2. 藤巻正生ら：新版改訂 食品化学．朝倉書店，1976
3. 和田淑子，倉賀野妙子，長谷川御幸：家政誌．34，609，1983
4. 大鶴 勝編：食品学総論．朝倉書店，1987
5. 松本文子，橋本淳子：家政誌．**14**，341，1961
6. 橋本淳子，松本文子：家政誌．**20**，95，1969
7. 橋本淳子，平野雅子，比企みよ子，松本文子：家政誌．**23**，116，1972
8. 下村道子，和田淑子：調理学実験書．光生館，2000
9. 大村浩久，仮屋園璋編：食品加工貯蔵学．朝倉書店，1986
10. 大村浩久，仮屋園璋編：食品加工貯蔵学実習．朝倉書店，1986
11. 亀山 春編：調理学．朝倉書店，1987
12. 亀山 春編：調理学実験．朝倉書店，1988
13. 高宮和彦：野菜の科学．朝倉書店，1993
14. 川端晶子監修：フローチャートによる調理科学実験．第2版，地人書館，1986
15. 川端晶子：食品物性学．建帛社，1989
16. 國崎直道，佐野征男：食品多糖類．幸書房，2001
17. 金谷昭子編：フローチャートによる調理科学実験・実習．第2版，医歯薬出版，1999
18. 川端晶子編：新版 身近な食べ物の調理学実験．建帛社，1999
19. 川端晶子，畑明美：調理学．建帛社，2002
20. 松本文子，吉松藤子：四訂調理実験．柴田書店，1997
21. 村山篤子他編：調理科学．建帛社，2002
22. 川端晶子，大羽和子編：調理学実験．学建書院，2000
23. 米の食味評価最前線．㈶全国食糧検査協会，1997
24. 粥の調理．日本調理科学会誌，**33**，107，2000

8 動物性食品の調理性に関する実験

　動物性食品は良質なたんぱく質と脂肪に富み，人体の成長と健康維持に必須の食品である．本章では，動物性食品のうち重要な食肉，魚肉，鶏卵，牛乳（乳製品）の調理機能を高めるための実験を行う．

　食肉や魚肉の加熱料理では，おいしい肉汁の流失を防ぐために，表面を強火で焼き，表面の肉たんぱく質を変性させたあとに弱火にして中心部まで火を通す．煮る場合は，調味液を沸騰させたあとに肉を入れ再沸騰まで強火で加熱し，火を弱める．魚肉は，死後硬直，解硬が比較的短時間で起こり，品質低下がすみやかであるので，鮮度の見分け方を知っておくとよい（死後直後の魚は，目が生き生きして全体が美しく輝き，腹部がしまっていて，えらが鮮紅色で生臭くない）．生卵は流動性があるので，最も調理性に富む食品である．卵白の起泡性，たんぱく質の熱凝固性，卵黄の乳化性を利用した調理のコツを覚える．牛乳から身近な乳製品をつくって，乳たんぱく質や脂肪の調理科学を学ぶ．

1. 食 肉

実験1　肉の加熱

その1　乾熱調理（ビーフステーキ）

目　的　肉の加熱調理は加熱時間に大きく影響される．ヒレやロースなど軟らかい肉は，肉自体の水分で調理される乾熱調理（ステーキやロースト）が適する．加熱の仕方や加熱時間の違いによって肉の状態と味が異なることを理解する．

実験方法
試料：牛肉（ロース）400 g（厚さ1〜2 cm×4個），サラダ油20 mℓ，食塩3.2 g，こしょう
器具：秤，フライパン，サーミスター，一般調理器具
条件：加熱方法：最初強火後弱火，弱火
　　　加熱時間：片面につき強火30秒後弱火（1分，2分，3分30秒）
操作
(1) 肉の周辺の脂身を除去し，肉の重量をはかる．
(2) 肉を肉たたきまたは空びんで軽くたたき，線維をところどころ切っておく．ひろがった肉を厚さが1.5 cmぐらいになるように形を整え，平均直径と厚みをはかる．焼く直前に塩，こしょうをする．
(3) 厚めのフライパンにサラダ油を入れて，十分熱したら，皿に盛ったとき上面になるほうを下にして強火で30秒ぐらい焼き，次にやや弱火にして焼く．焼いている

間絶えず位置を変えて平均に熱が通るようにする．肉のまわりが半分ぐらい灰褐色に変わり，赤い肉汁が肉の表面ににじみ出てきたら強火にして裏返す．強火で30秒ぐらい焼き，弱火にして表と同様に焼く．

(4) ただちにサーミスターで中心の温度をはかる．肉の重量，平均直径，厚みをはかる．

(5) 加熱時間を変え，肉汁の有無，肉の状態（色，香り，硬さ）を観察する．

(6) 最初から最後まで（8～10分）弱火で焼き，最初に強火で焼き，あとに弱火で焼いた肉と比較してみる．

実験結果のまとめ

表8-1　ビーフステーキの加熱による肉の状態の変化

試料	加熱時間(分秒)	中心温度(℃)	中心部の色	肉汁	肉の状態
1					
2					
3					
4					

試料	生肉			焼き肉		
	平均直径(cm)	厚み(cm)	重量(g)	平均直径(cm)	厚み(cm)	重量(g)
1						
2						
3						
4						

※試料1～3は最初強火で次に弱火にして加熱時間を1分，2分，3分30秒とする．
試料4は最初から弱火で8～10分加熱する．

参　考

(1) 食肉は筋原線維が無数に集まり一定方向に並んでいる筋肉部分である．

(2) 新鮮肉は還元型のミオグロビン（Mb）によって赤紫色を呈するが，肉を切断して表面が空気に触れると分子状酸素と結合してオキシミオグロビン（MbO_2）になり，鮮赤色を呈する．肉を貯蔵しておくと酸化が進み，褐色のメトミオグロビン（MetMb）に変化する．MetMbの生成は自然酸化のみならず，加熱によっても生じる．加熱した場合はグロビンが熱変性を起こしたもので，変性グロビンヘミクローム，またはメトミオクロモーゲンとよばれる．

(3) 調理・加熱によって生成される食肉の風味は，アミノ・カルボニル反応や食肉の脂肪の加熱分解などによって生成される．肉のフレーバーに関与している重要な化合物は，ラクトン，脂肪族含有化合物，S，NやOを含む複素環式化合物および芳香族複素環式化合物（ピラジン，チオフェンなど）とみられている．

(4) 牛肉の加熱による変化を 表8-2 に示す．

表 8-2　牛肉の加熱程度と内部の状態

加熱程度	中心部温度（℃）	中心部の色	状　態	体積の収縮	両面焼き時間
レア (rare)	60	鮮赤色	生焼きの状態 軟らかく肉汁が多く出る	ほとんどなし	3〜4分
ミディアム (medium)	65〜70	淡紅色	中程度の加熱状態 淡紅色の肉汁が多少出る	わずかに収縮	5〜7分
ウエルダン (well done)	77	赤色が全然なく灰色	加熱十分な状態 肉汁は少なく，硬い	収縮が大	8〜10分

（大沢はま子：調理科学, 320, 光生館, 1984）

その2　乾熱調理（ハンバーグステーキにおける副材料の役割）

目　的　ハンバーグステーキはひき肉を材料に，たまねぎ，食パン，バター，卵などの副材料を加えてよく混ぜ，加熱調理する．加熱条件および副材料の役割を理解する．

実験方法　試料：牛ひき肉 70 g×4，たまねぎ 21 g×2，バター 1.7 g×2，食パン 11 g×2，牛乳 11 g×2，卵 37 g，塩 3.7 g，こしょう 少々，サラダ油 28 g
器具：パイレックスボール，三角定規，一般調理器具
条件

表 8-3　材料の配合

材料	A	B	C	D	備　考
ひき肉	70	70	70	70	—
たまねぎ (a)	0	0	21	21	肉の 30 %
バター (a)	0	0	1.7	1.7	たまねぎの 8 %
食パン (a)	0	11	0	11	肉の 15 %
牛乳 (a)	0	11	0	11	食パンと同量
卵	7	9	9	12	a の 10 %
塩	0.7	0.9	0.9	1.2	a の 1 %
こしょう	少々	少々	少々	少々	
サラダ油	7	7	7	7	A〜Dを一度に焼けば 15 mℓ で可

操作

(1) 表 8-3 のように A〜D の 4 種の材料を用意しておく．たまねぎはみじん切りにし，バターで炒めておく．食パンは細かくちぎり，牛乳でしめらせておく．

(2) 材料をそれぞれ均一になるようによく混ぜる（材料を混ぜるときは A〜D の 4 種を同じように混ぜる）．

(3) (2)を厚さ 1〜1.2 cm の円形にする．厚さ，直径，重量をはかっておく．

(4) フライパンにサラダ油を熱し，成形したハンバーグステーキを入れ，強火でゆり動かしながら焦げ目がつくまで 20〜30 秒焼き，次に火を弱めて 3 分くらい焼く．

裏返して同様に焼く．弱火にして内部まで火が通るように蓋をし，全加熱時間をはかる（A～Dではそれぞれ火の通り方が違うので，金ぐしをさし，赤い汁が出なくなるように焼く）．

(5) 焼きあがったものの厚さ，直径（直径をはかる場合は3か所はかり平均値を求める），重量をはかり，形を比較する．食味をし，におい，硬さ，味，総合的なおいしさを比較し，たまねぎ，食パンと牛乳の役割を考える．

実験結果のまとめ

表8-4　副材料の異なるハンバーグの材料

	A	B	C	D
はじめの厚さ				
はじめの直径				
はじめの重量				
焼きあがりの厚さ				
焼きあがりの直径				
焼きあがりの重量				
焼き時間				
食味による評価 　におい 　硬　さ 　味 　総合的なおいしさ				

参　考

(1) ひき肉にする肉は，ばら肉やすね肉，その他硬くてそのままでは食べにくい肉を利用する場合が多い．硬い肉を機械的に粉砕し，これを再び成形して加熱し，できあがったとき形を保つようにしたものが，ハンバーグステーキ，ミートボール，ミートローフなどである．

(2) ひき肉は，それのみをまとめて加熱しても形を保ちにくいが，食塩を加えて混ぜると肉のたんぱく質中のアクチンとミオシンが可溶化して粘性のあるアクトミオシンになるのでだんご状にまとまる．

(3) 副材料のたまねぎ，牛乳に浸したパンは増量材であると同時に，たまねぎはハンバーグを軟らかくし，甘味を与え，肉の臭みを消すのに役立っている．牛乳に浸したパンは軟らかく，炒めたたまねぎとともに加熱しても硬くならず，肉と結合することもないので，ひき肉が互いに接着して固まるのを防ぎ，全体として軟らかくするのに役立っている．

(4) 肉の脂肪の少ない場合と多い場合については，やや脂肪のある肉のほうがおいしい．しかし，脂肪が多過ぎると，焼いたとき脂肪が流れ出て小さくなる．市販の牛ひき肉の脂質はだいたい10～20％である．脂肪の少ない牛のひき肉の場合は，脂肪の多い豚ひき肉を混ぜて用いることもある．

その3　湿熱調理における肉の硬さとスープの味

目　的　結合組織の硬い肉を調理する場合，長時間煮込んで軟らかくする方法がある．シチューに用いる牛すね肉を水に入れて加熱した場合の，加熱時間に伴う肉組織のほぐれやすさと，スープのうま味の変化を理解する．

実験方法　試料：牛すね肉 150 g，食塩
器具：秤，ビーカー，一般調理器具
条件：加熱時間…0分，15分，30分，60分，90分
操作
(1) 牛すね肉を約 2 cm 角に切る．
(2) 深鍋に水 700 ml を入れ，肉片1個を残して全部入れ，食塩 2.5 g（できあがりの重量の 0.5％）を入れて火にかける．
(3) 沸騰したら火を弱め，上に浮いたあくをすくい取る．15，30，60，90分後に肉片を1個ずつとスープ 30 ml ずつを取り出す．
(4) 生肉と加熱した肉の硬さ，弾力，ほぐれやすさを比較する．加熱した肉については食味し，加熱時間による硬さ，うま味の違いを比較する．スープの色の濃さを観察し，約 70 ℃ に温めて食塩で味を整え，におい，うま味を比較する．
(5) 鍋の肉を取り出し，肉の重量の 10％ のしょうゆ，8％ の砂糖，1％ のしょうがの千切りを加えて火にかけ，かき混ぜながら味つけをして試食する．残ったスープも適当な塩味をつけて試食する．

実験結果のまとめ

表 8-5　加熱時間に伴うスープと肉の状態の変化

		15分	30分	60分	90分
スープ	色の濃さの順位				
	うま味				
肉の弾力					
肉線維のほぐれやすさ					
肉の味					
肉の硬さ					

参　考　生の肉は弾力があり軟らかい．加熱すると，筋線維が収縮し，たんぱく質が変性して硬くなる．結合組織もまず収縮して硬くなるが，長時間水のなかで加熱するとコラーゲンがゼラチン化して軟らかくなる．筋線維を接着させている筋膜も破壊されるので，肉はほぐれやすくなる．すね肉のような結合組織の多い肉は短時間の加熱では硬いので，長時間煮込むシチューやスープストックを取るのに適する．

実験2　肉の軟化

目的　硬い肉を軟らかくするには，①熟成，②組織の機能的破壊，③長時間加熱，④pHの変化，⑤酵素処理，⑥しょうが汁の添加，⑦マリネにする，⑧砂糖をすり込むなどの方法がある．本実験では調味液や酵素の添加が肉の軟化に及ぼす影響を理解する．

実験方法
試料：牛すね肉（または豚もも肉）400 g，食塩，みりん，パパイン（たんぱく質分解酵素），しょうゆ，酢，古根しょうが，サラダ油
器具：オーブン，レオメーター（ミートシャメーターまたは針入度試験器），ガーゼ，陶製おろし金，熱電対温度計，一般調理器具
条件：肉の浸漬液の種類…みりん，しょうゆ，5％食塩水，食酢，マリネ，1％パパイン溶液，しょうが汁

操作
(1) 牛すね肉の塊を筋線維に対して直角に1.0 cmの厚さに切る．1切れが約50 gになるようにし，8切片取る．
(2) しょうがをすりおろし，ガーゼ2枚でこし，しょうが汁をつくる．
(3) 肉片を5％食塩水，みりん，しょうゆ，食酢，1％パパイン溶液，マリネ（油：酢＝1：1），しょうが汁に60分浸漬する．
(4) 肉片を金網に載せ，オーブン（180℃）で肉片の中心温度が80℃になるまで加熱し，取り出す．
(5) 室温に放置，冷却したあと，レオメーターを用いて肉の硬さを測定する．肉を試食し硬さとうま味について官能検査（評点法または順位法）と有意差検定を行う．

実験結果のまとめ

表8-6　調味液による肉の軟化

処理肉	液のpH	レオメーター特性値（硬さ）	官能検査 硬さ	官能検査 うま味
無処理				
5％食塩水				
みりん				
しょうゆ				
食酢				
1％パパイン				
マリネ				
しょうが汁				

※浸漬時間を変えて実験するのもよい．

参考
(1) 低濃度の食塩では肉が軟らかくなることが知られている．
(2) マリネの肉軟化効果は，肉基質の多い肉で顕著であり，酢の効果が強い．
(3) しょうが汁には食肉を軟化させるプロテアーゼが含まれる．

2. 魚介

　わが国では魚介類の漁獲量が多く，種類も豊富で，重要なたんぱく源となっている．魚肉は食肉（獣鳥肉）と異なり，死後硬直（漁獲後数時間で起こる），解硬が比較的短時間に起こり，品質低下がすみやかである．ここでは，生食調理の1例としてしめさばをつくり，加熱調理では魚肉だんごをつくり，それらの調理の基礎と原理を理解する．さらに鮮度の判別の実験法を学ぶ．

実験1　魚肉とpH ── 塩じめ，酢じめ

目的　生きている魚の肉質は粘りけがあって軟らかいが，死後pHの低下とともに硬くなる．さらに時間がたつと魚肉は軟らかくなってpHが増大する．本実験では，しめさばをつくる基礎として，魚肉の硬さやテクスチャーなどに影響する要因について検討する．

実験方法
試料：さば1尾600～700g（とくに鮮度のよいもの），食酢，重曹，食塩
器具：秤，pH試験紙（またはpHメーター），メスシリンダー，ビーカー，カードメーター（または台秤800g），一般調理器具
条件：食塩水濃度…0％，2％，8％，16％
　　　食塩水浸漬時間…0分，20分，45分，90分
　　　浸漬液のpH…酸性（食酢），中性（蒸留水），アルカリ性（重曹水）
　　　食酢浸漬時間…0分，20分，40分，80分

操作
(1) さばを3枚におろし，腹骨を取り，身の厚さ1.5～2cmの切り身を中央部から16切片取り，試料が均一になるように2切片ずつ8群つくり，それぞれの重量をはかる．
(2) pH試験紙（B.P.B.）で魚肉のpHを測定する．
(3) 0，2，8，16％の食塩水（実験A）およびpHの異なる溶液100ml（重量の約3倍）（実験B）に魚の切り身を2切片ずつ浸漬する．
(4) 8％食塩水および食酢に浸漬する時間を変えて，魚肉の変化を観察する（実験C）．
(5) 浸漬後の重量や硬さなどを測定する場合は切り身を液から取り出し，濾紙で表面の水分を軽く吸い取る．
(6) 元の魚肉と，それぞれの液に浸漬した魚肉について，①重量，②pH，③硬さ（g/cm^2），④外観，⑤味，⑥食感について比較する．なお，硬さの測定はカードメーターやレオロメーターを用いて行う．

実験結果のまとめ

表 8-7 食塩濃度の影響（実験A）

食塩水		食酢	魚肉の重量(g)		魚肉表面のpH	魚肉の硬さ(g/cm²)	魚肉の状態(色, 外観 / 食感, 味)
濃度(%)	浸漬時間(分)	浸漬時間(分)	処理前	処理後			
無処理	—	—		—			
0	45	40					
2	45	40					
8	45	40					
16	45	40					

表 8-8 浸漬液のpHの影響（実験B）

液の種類	pH	浸漬時間(分)	魚肉の重量(g)		魚肉表面のpH	魚肉の硬さ(g/cm²)	魚肉の状態(色, 外観 / 食感, 味)
			処理前	処理後			
無処理	—	—		—			
8％食塩水		45					
食酢		45					
1％重曹水		45					
蒸留水		45					

表 8-9 浸漬時間の影響（実験C）

食塩水		食酢	魚肉の重量(g)		魚肉表面のpH	魚肉の硬さ(g/cm²)	魚肉の状態(色, 外観 / 食感, 味)
濃度(%)	浸漬時間(分)	浸漬時間(分)	処理前	処理後			
無処理	—	—		—			
8	20	0					
8	20	40					
8	45	0					
8	45	40					

参 考

(1) 魚肉を塩じめにするには，魚肉に直接塩を振りかける"振り塩"と，食塩水中に浸漬する"たて塩"の方法がある．実験では，食塩の魚肉中への浸透がムラなく均一に行われやすい"たて塩"法が好ましい．

(2) 浸漬液のpHが魚肉たんぱく質の等電点（pH 5.0～5.5）付近に近づくと魚肉の保水性が低下し硬くなる．浸漬液のpHが低い場合（pH 2～4），高い場合（pH 9～11）ともに保水性が高くなる．塩をした魚肉では，酸性でいっそう水和性を失う．アクトミオシンは酸性で塩類が存在すると不溶性になる性質がある．食塩と食酢との共同作用で水和性を失うからである．これが酢魚をつくる際に塩じめをして酢に漬ける理由である．

実験2　魚肉の加熱 ── 魚肉だんご

目　的　魚肉に食塩を加えてすると，粘稠なペースト状のすり身になる．魚肉だんごとして加熱し，煮物や椀種に用いる．魚肉だんごにでん粉や油を加えた場合の影響について学び，かまぼこのできる原理も理解する．

実験方法　試料：あじ（新鮮なもの）300～350 g，食塩，でん粉，サラダ油
器具：秤，ストップウォッチ，乳鉢，乳棒，蒸し器，アルミホイル，一般調理器具
条件：すり時間（食塩添加後）…1分，2分，3分，4分
　　　添加物…でん粉，油

操作

(1) あじを3枚におろし，皮と血合肉を除いた肉部分を細かく切って混ぜ，試料を均一にする．

(2) あじ肉 25 g を乳鉢に入れて2分する．これに食塩 0.75 g（魚肉重量の3％）を加え粘稠になるまでする（a 分）．これを厚さ 0.5 cm の円板状だんごにまとめ，水でぬらしたアルミホイルに載せる．……A

(3) あじ肉 25 g を乳鉢に入れ，食塩 0.75 g を加えて(2)と同じ時間（2＋a）分すり，成形してアルミホイルに載せる．……B

(4) あじ肉 22.5 g を乳鉢に入れ，でん粉 2.5 g（全重量の 10％），食塩 0.75 g を加え，（2＋a）分する．成形してアルミホイルに載せる．……C

(5) あじ肉 22.5 g を乳鉢に入れ，サラダ油 2.5 mL（全重量の 10％），食塩 0.75 g を加え，（2＋a）分する．成形してアルミホイルに載せる．……D

(6) A，B，C，D を沸騰している蒸し器に入れ，15分間蒸す．取り出してポリエチレンフィルムに包み冷ます．

(7) A，B，C，D の蒸しあがりの状態，硬さ，足の強さ，切り口のきめを比較し，食味をして口ざわりや味を比較する．

(8) 足の強さはカードメーターやレオロメーターを用いて測定してもよいが，簡単な方法として折り曲げ試験がある．厚さ 0.5 cm の試験片を2つに折り，折れ目の破断の程度を4段階に評価する（表 8-10）．

表 8-10　折り曲げ試験

折れ目	折れ目の状態	足の強さ
−	折れ目に変化なし	6～10
±	ひび割れを生じる	4～5
＋	折れる	2～3
＋＋	折れて2片に分離する	0～1

実験結果のまとめ

表 8-11　魚肉だんごの物性に及ぼす副材料の影響

試料	すり時間 (2+a)分	すりやすさ	蒸しあがりの状態			食味	
			硬さ	折れ目	切り口	口ざわり	味
A	2						
B							
C							
D							

参考

(1) すり身はかまぼこやちくわの原料として利用されるが，材料として白身魚（たら，えそ，とびうおなど）がよく用いられる．

(2) 魚肉のアクチン，ミオシンは0.3〜1モル（1.7〜5.8％）の食塩水に溶ける性質があるので，魚肉に約3％の食塩を加えてすると，アクトミオシンが形成され粘稠なペースト状のすり身になる．アクトミオシンは互いにからみ合い，さらに熱によって反応性が増すので，たんぱく質間に結合ができ（網状構造），弾力のある魚肉だんごやかまぼこができる．食塩を加えないと，加熱しても弾力のあるだんごにはならない（図 8-1）.

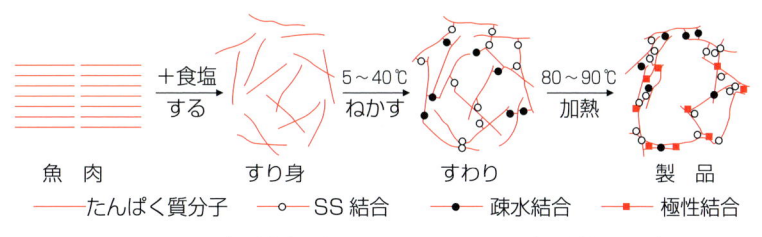

図 8-1　かまぼこ製造の各過程におけるたんぱく質分子の挙動
（丹羽栄二：ジャパンフードサイエンス. 1982 − 12, 41, 1982）

(3) でん粉をすり身に加えて加熱すると，まず魚肉たんぱく質が凝固し，次にでん粉がまわりの水を吸収して糊化する．凝固したたんぱく質に囲まれているので糊状に崩れず硬い弾力のある粒となって存在する．したがって製品に弾力を与えることになる．また，でん粉は糊化するとき，水を吸収するので増量材ともなる．

(4) 筋原質たんぱく質はゲル形成能を低下させるので，かまぼこをつくるときは水さらしをする．

(5) 油は網目構造の形成を妨げる．

(6) 残った骨や頭を使って魚のだしの取り方の実験をするとよい．生の魚肉を水に入れて加熱すると，筋原線維たんぱく質が45〜50℃で凝固収縮するので，筋原質たんぱく質が押し出され，50℃くらいが一番溶出しやすい．65℃くらいで筋原質たんぱく質も凝固するので液は透明になる．したがって，魚のだしを取る場合，水から生魚の切り身を入れて加熱すると，魚の表面に溶出したたんぱく質が凝固して付着するので，表面を軽く焼いたり，熱湯をかけてから用いるとよい．

実験3　魚類の鮮度

その1　酵素法によるK値の測定法

目的　抽出液中のIMP，HxRとHx（p.161参照）に，アルカリホスファターゼ，ヌクレオシドホスホリラーゼとキサンチンオキシダーゼを作用させそれぞれ尿酸に分解し，生成尿酸量を290 nmの吸光値より測定し，3成分量を算出する．

実験方法　試薬：10％過塩素酸，10 N，0.1 N KOH，1/15 Nリン酸緩衝液（pH 7.6），0.1 Mアンモニア-塩化アンモニウム緩衝液（pH 9.5，約0.1％ Na_2HPO_4 を含む），酵素液A（0.06 unit/mℓキサンチンオキシダーゼ（XOD）溶液），酵素液B（0.06 unit/mℓ XOD，1 μg/mℓヌクレオシドホスホリラーゼ（NP）溶液），酵素液C（0.06 unit/mℓ XOD，5 μg/mℓ NP，20 μg/mℓ アルカリホスファターゼ溶液），ベーリンガー製の酵素を使用し，酵素液は使用のつど調製する．

器具：ホモジナイザー，遠心分離機，恒温槽，分光光度計（UV測定可のもの），一般実験器具

操作

a．試料溶液の調製

(1) 魚の背肉2.0 gに10％冷過塩素酸20 mℓを加え，ホモジナイザーで磨砕する．磨砕液をときどき攪拌しながら30分間冷蔵庫に放置する．

(2) 遠心分離（4,000回転，15分）し，上澄液を取り，残渣に再び10％冷過塩素酸を加えて(1)の操作を繰り返す．

(3) 両上澄液をあわせて10 Nおよび0.1 N KOHで中和する（pH 7.6付近まで）．中和液を冷却し，生じた過塩素酸カリウムの沈殿を除き，上澄液を水で100 mℓにして試料溶液とする．試料溶液は−20℃で6か月以上貯蔵できる．

b．IMP，HxRおよびHxの定量

(1) 表8-12に示すように4本の試験管に試料溶液1 mℓと緩衝液2 mℓずつ入れる．試験管2〜4に酵素液A，B，Cを0.5 mℓずつ添加する．反応液を十分混合し，37℃恒温槽中で60分間反応を行う．

(2) 反応中に，試験管2ではHxが，試験管3ではHxとHxRが，試験管4ではHx，HxRおよびIMPが，それぞれ尿酸に分解し，生成尿酸に相当する290 nmの吸光度の上昇が起こる．したがって反応後，試験管1を対照として試験管2〜4の290 nmの吸光度を測定する．なお，酵素ブランクとして，試料溶液の代わりに水を用いて同様に操作した4本の試験管についても290 nmの吸光度を測定し，それぞれの酵素ブランクとする．

(3) 尿酸で検量線をつくり，各試験管の生成尿酸量を計算し，IMP，HxR，Hx量を求めK値を算出する．

表 8-12 酵素反応液の組成

試験管 No.	試料液 (mℓ)	緩衝液	(mℓ)	水 (mℓ)	酵素液 (mℓ)
1	1	リン酸緩衝液	2	2	—
2	1	リン酸緩衝液	2	1.5	A 0.5
3	1	リン酸緩衝液	2	1.5	B 0.5
4	1	アンモニア-塩化アンモニウム緩衝液	2	1.5	C 0.5

その2　生鮮度試験紙によるK値の測定法

目的　生鮮度試験紙（FTP）は2つの酵素（ヌクレオシドホスホリラーゼとキサンチンオキシダーゼ）と酸化還元色素を吸着・固定したものである．ヒポキサンチン（Hx）が尿酸に分解されるとき酸化還元色素が還元されて発色する．この発色（ピンク色）の濃淡でイノシン（HxR）とHxを定量する．色が濃ければ濃度が高く，淡ければ濃度は低い．

実験方法　試薬：蒸留水，FB試料溶液，生鮮度試験紙，K値換算色表
器具：ホモジナイザー，天秤，ピペット
操作
(1) 魚の背肉0.5gを採取し，ホモジナイザーに入れる．
(2) FB試薬を4.5mℓ加える（10倍希釈）．
(3) 魚肉をホモジナイズ（磨砕）する．乳鉢，乳棒で磨砕する場合は少量の海砂（分析用）を加えて十分にすりつぶす．
(4) 磨砕液に生鮮度試験紙（FTP）を浸す．FTPには高温や光に対して不安定な酵素が固定してあるので，直射日光や強い光線が当たる場所での使用は避ける．使用しないFTPはすぐ冷凍庫に貯蔵する．
(5) FTPを透明なポリエチレンフィルムで覆い軽く押さえて，室温で10分間程度放置する．酵素反応であるので温度によって発色の安定時間が違うが，通常の室温（20℃前後）であれば10分間程度で発色は安定になり，その後15～20分間は色の濃度が安定している．
(6) 発色したFTPの色の濃淡を，その魚種のK値換算色表で比色してK値を求める．K値換算色表は魚種ごとに必要である．

参考　(1) 生鮮度試験紙（FTP）は酵素法と高い相関を持ち，操作が著しく簡単である利点があるが，使用時に以下の点に留意する必要がある．
① 発色反応を利用しているので高濃度では正しい発色値が出にくい．通常FB試薬溶液の10倍希釈液を加えればよいが，K値換算色表の10倍希釈目盛りをオーバーするような場合には，FB試薬溶液の20倍希釈液を加えるとよい．
② 製造年月日から6か月間が使用期間であるが，0℃以下で冷凍保存すること

が必要である．
(2) 試験紙は一般には人間の目で比色するが，色差計で計測することも可能である．
(3) K 値換算色表の1例（まいわし）を 図 8-2 に示す．

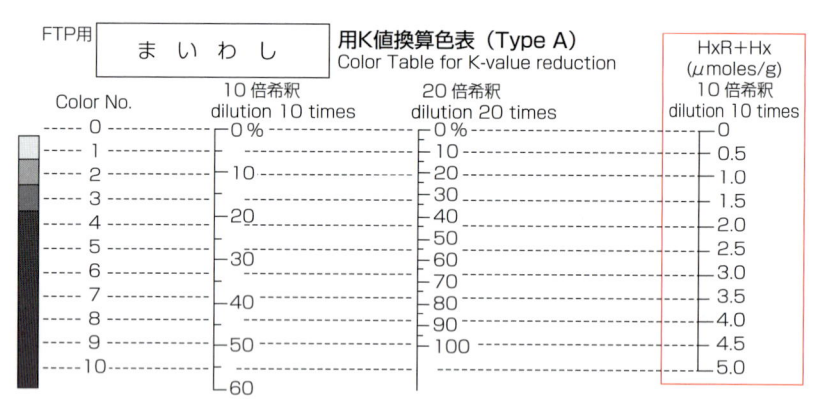

FTP用 まいわし 用K値換算色表（Type A）
Color Table for K-value reduction

Color No.	10倍希釈 dilution 10 times	20倍希釈 dilution 20 times	HxR+Hx (μmoles/g) 10倍希釈 dilution 10 times
0	0 %	0 %	0
1	—	10	0.5
2	10	20	1.0
3	—	30	1.5
4	20	40	2.0
5	—	50	2.5
6	30	60	3.0
7	—	70	3.5
8	40	80	4.0
9	—	90	4.5
10	50	100	5.0
	60		

図 8-2　K 値換算色表の1例（まいわし）

その3　高速液体クロマトグラフィーによる K 値の測定法[1]

目　的　前の2方法と異なり，全 ATP 関連化合物を逆相のカラムで分離し，定量する方法である．したがって，最も正確な K 値が得られる．

実験方法　試薬：10％過塩素酸，5 N と 1 N KOH，0.1 M NaH$_2$PO$_4$，アセトニトリル
器具：ホモジナイザー，ピペット，pH メーター，遠心分離機（冷却），ミリポアフィルター，マイクロシリンジ，高速液体クロマトグラフィー装置一式，ODS－80 TM カラム

操作

(1) 魚の背肉 3.0 g を 30 ml の 10 ％冷過塩素酸溶液とともにガラスホモジナイザーで氷冷しながら磨砕する．容量を 50 ml にする．

(2) ホールピペットで 10 ml を取り，5 N と 1 N KOH で pH を 6.4〜6.6 に調整する．蒸留水で 20 ml にする．

(3) 遠心分離機（冷却：14,000 回転/分）で 20 分間遠心分離をして上澄を取り，ミリポアフィルターに通す．

(4) 濾液を高速液体クロマトグラフィー（HPLC）用の溶媒で 5 倍希釈をし，マイクロシリンジで 10 μl インジェクトする．

(5) HPLC 条件
① 溶媒：0.1 M NaH$_2$PO$_4$：CH$_3$CN（98：2, v/v）
② カラム：ODS－80 TM（4.6 × 250 mm）

---

[1] 大羽和子，丹羽栄二：日食工誌, **39**, 1007 - 1010, 1992, 日食工誌, **40**, 583 - 588, 1993

③ 流速：0.8 mℓ/分
④ 温度：25 ℃
⑤ 検出器：UV 検出器（260 nm）
⑥ アテニュエーション：32 or 64

(6) ATP 関連化合物の標準品 0.02～1 mM 溶液を 10 μℓ インジェクトし，標準品の濃度とピーク面積から検量線をつくり各化合物を定量する．

参 考　鮮度を判定する客観的方法の１つとして K 値の測定法がある．筋肉中の ATP がイノシン（HxR）やヒポキサンチン（Hx）に分解され魚肉中に蓄積されることから，ATP やその分解物総量に対するイノシンとヒポキサンチンの割合を示すものである（図 8-3,4参照）．

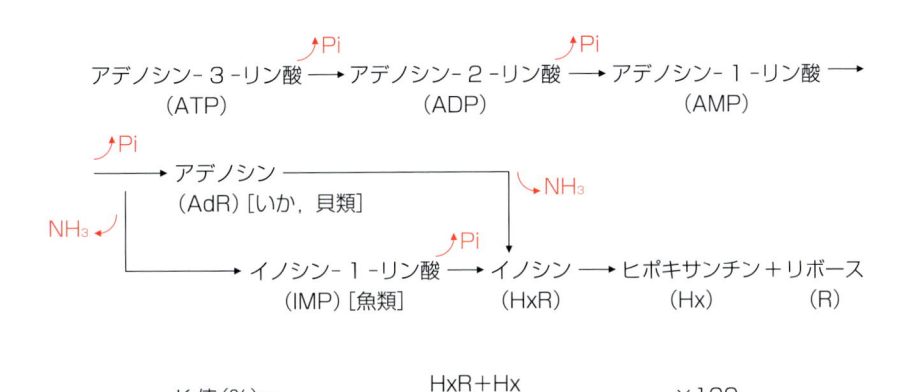

アデノシン-3-リン酸 (ATP) →Pi→ アデノシン-2-リン酸 (ADP) →Pi→ アデノシン-1-リン酸 (AMP) →

→Pi→ アデノシン (AdR)［いか，貝類］ →NH₃→

→NH₃→ イノシン-1-リン酸 (IMP)［魚類］ →Pi→ イノシン (HxR) → ヒポキサンチン (Hx) ＋ リボース (R)

$$K 値(\%) = \frac{HxR+Hx}{ATP+ADP+AMP+IMP+HxR+Hx\,(AdR)} \times 100$$

図 8-3　魚介類筋肉 ATP の分解経路と K 値

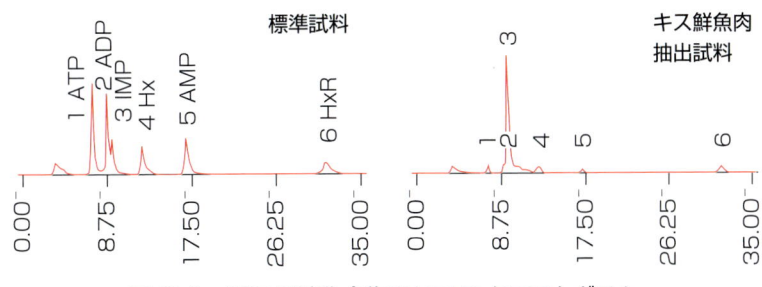

図 8-4　ATP 関連化合物の HPLC クロマトグラム

3. 卵

　食用に供せられる卵には鶏，あひる，がちょう，うずらなどがあるが，鶏卵が最もよく利用されている．動物性食品のなかでも卵の利用が最も多いが，それは卵の豊かな調理性に起因している．すなわち，生卵には流動性，粘着性，希釈性があり，それに加えて熱凝固性，起泡性（卵白），乳化性（卵黄）が備わっていることによる．

実験1　卵の鮮度の鑑別と各部分の重量

目　的　卵の鮮度の鑑別にはいろいろな方法があるが，本実験では手近にできる簡便法による．卵黄係数，ハウユニット，濃厚卵白率を求め，卵白，卵黄のpHを測定する．卵殻，卵黄，卵白の重量を測定し，それぞれの割合を求め，卵の構成を理解する．

実験方法

試料：鶏卵2個（①産卵直後，②市販卵を30℃で1週間放置），10％食塩水250 mℓ

器具：秤，ガラス板（10 cm×10 cm），三角定規1組，目皿つき漏斗（またはあなじゃくし），メスシリンダー（50 mℓ），pH試験紙（CR，TB，MR），ビーカー（300 mℓ），小ボール

条件：鶏卵の種類…産卵直後の新鮮卵，市販卵を30℃で1週間放置した古卵

操作

(1) 2個の卵を外観から新しいと思うものに①，古いと思うものに②と番号をつける．

(2) 10％食塩水中に卵を静かに入れ，その状態を観察し，(1)と比較する．沈んだものを①，軽いほうを②とする．

(3) 殻つき卵の重量をはかる．

(4) 卵を1個ずつ（新しい卵から）割り，直接ガラス板の上に静かに載せる．定規を用いて濃厚卵白の高さをはかる（図8-5参照）．濃厚卵白の高さ（H）と殻つき卵重（W）から，次式によりハウユニット（H.U.）を求める．

$$H.U. = 100 \cdot \log(H - 1.7 W^{0.37} + 7.6)$$

(5) 卵黄と卵白に分ける（たまじゃくしを用いると卵黄膜を破ることなく分けることができる）．卵黄をガラス板の上に静かに載せる．

(6) 定規を用いて卵黄の直径と高さをはかり卵黄係数を求める（図8-5参照）．卵黄係数が大きいほど卵は新しい．卵黄係数測定後，卵黄の重量をはかる．

(7) 卵殻の重量をはかる．

(8) 卵白をあなじゃくしまたは目皿つき漏斗のなかに入れ，水様卵白を一定時間（20～30秒）落下させ，濃厚卵白と水様卵白に分ける．濃厚卵白および水様卵白の重量をはかり，濃厚卵白率を求める（図8-6参照）．濃厚卵白率が大きいほど卵は新しい．

(9) pH 試験紙クレゾールレッド（CR），チモールブルー（TB）で卵白の，メチルレッド（MR）で卵黄の pH を測定する．

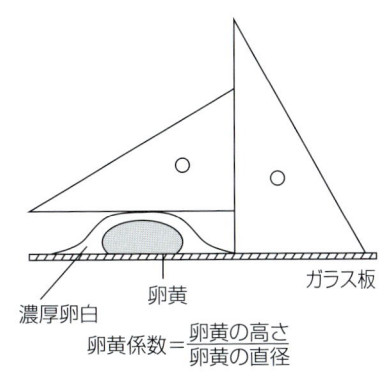

図 8-5 濃厚卵白や卵黄の高さの求め方

卵黄係数 = 卵黄の高さ / 卵黄の直径

図 8-6 濃厚卵白と水様卵白の分け方

濃厚卵白率 = 濃厚卵白重量 / 全卵白重量 × 100

実験結果のまとめ

表 8-13 卵の鮮度の鑑別

鑑別法 \ 試料	①	②
外観による順位		
10％食塩水による順位		
卵黄係数		
卵黄係数による順位		
濃厚卵白率		
濃厚卵白率による順位		
pH　卵黄		
pH　卵白		

表 8-14 卵の各部分の重量

各部 \ 試料	①(g)	②(g)	構成比(%) ①	構成比(%) ②
全 卵			100	100
卵 殻				
卵 黄				
卵 白				
卵白　濃厚				
卵白　水様				

参考

(1) 卵の新古の鑑別は，昔から比重法により行われてきた．新鮮卵の比重は 1.08 ～ 1.09 で，産卵後日数がたつと気室が大きくなり，比重が小さくなるので，比重が 1.074 の 10％食塩水に入れると新しいものは沈み，古いものは浮く．しかし，比重法は内容物の変化を正確に表すとは限らない．

(2) 新鮮卵の卵黄係数は 0.44 ～ 0.36 であり，古くなって割卵の際，卵黄膜が破れやすい状態の卵は 0.25 ～ 0.20 くらいである．

(3) 新鮮卵白の pH は 7.5 ～ 8.0 で，鮮度の低下とともに pH は上昇する．新鮮卵黄の pH は 6.2 ～ 6.6 くらいである．

(4) 卵の構成割合は全卵を 100％とすると，卵白 58％，卵黄 31％，卵殻 11％である．新鮮卵白では濃厚卵白が 50％以上を占めるが，古くなるにつれて濃厚卵白が減少し，水様卵白が多くなり，27℃で 1 か月後にはすべて水様卵白となる．

実験2　卵白の起泡性と泡の安定度

目　的　卵白を攪拌すると安定した気泡をつくる．卵の新古と卵白の種類，攪拌方法，卵白の温度や砂糖の添加などが，起泡性と泡の安定度に与える影響を理解する．

実験方法　試料：鶏卵4個，砂糖

器具：秤，泡立て器，電動泡立て器，ボール，シャーレ（直径4〜5 cm），温度計，ストップウォッチ，目皿つき漏斗，メスシリンダー

条件：卵白の種類…濃厚卵白，水様卵白，全卵白

　　　泡立て温度…10 ℃，20 ℃，40 ℃

　　　攪拌方法…泡立て器，電動泡立て器

操作

(1) 2個分の卵白を濃厚卵白と水様卵白に分け（実験1で分離した濃厚卵白，水様卵白を用いるとよい），全重量の1/4に当たる濃厚卵白（A），水様卵白（B）を取る（15〜17 g）．残りの卵白を集めて均一にし（裏ごしするとよい），全卵白（C，D）とする．A，B，C，Dの重量を等しくする．

(2) A，B，C，Dを別々のパイレックスボールに入れ，攪拌回数を数えながら泡立て器で泡立てる．ボールを傾けても泡が動かなくなるまで泡立てる．

(3) よく泡立った時点でストップウォッチを押し，時間をはかりはじめる．泡を漏斗にゴムべらを使って移し，下にメスシリンダーを受ける．泡立ち後10，20，30，40分後の分離液の量をはかる．

(4) よく泡立った時点で泡の状態（きめの粗密など）を観察し，泡の比重をはかる．あらかじめシャーレの重量をはかっておく．水を満たして重量を測定し，次式により比重を算出する．

$$\text{泡の比重} = \frac{(\text{泡} + \text{器の重量}) - \text{器の重量}}{(\text{水} + \text{器の重量}) - \text{器の重量}}$$

(5) 全卵白2個を均一にし，4等分して卵白の温度を10，40 ℃，室温（20〜30 ℃）で泡立て，(2)，(3)，(4)と同様の観察を行い，結果を表にまとめる．

砂糖を添加する場合は，7〜8分どおり泡立てし，卵白重量の80 ％の砂糖（ふるっておいたもの）を加え，ボールを傾けても泡が動かなくなるまでさらに泡立てる．

(6) 泡立て器の代わりに電動泡立て器を用いて攪拌し，攪拌時間，泡の比重，泡の状態を観察し，泡立て器の場合と比較する．

実験結果のまとめ

表 8-15　卵白の種類および泡立て温度の違いによる泡立ちの違いと泡の安定度

		温度	重量(g)	泡立つまでの撹拌回数	泡の状態	泡の比重	注)*or**	泡の分離(mℓ)			
								10分	20分	30分	40分
濃厚卵白(A)		室温					*				
水様卵白(B)		℃					*				
全卵白		室温					*				
((C)(D))		℃					**				
全卵白	1/4	10℃					*				
	1/4	40℃					*				
	1/4	室温					*				
	1/4	℃					**				

*：砂糖無添加　**：砂糖添加（卵白重量の 80％）

参考

(1) 水様卵白のほうが濃厚卵白より起泡性はよいが，泡の安定度は低い．古い卵のほうが水様卵白が多くなるので泡立てやすいが安定性が悪い．

(2) 卵白の温度がある程度高いほうが粘度が下がって表面張力が小さくなるので起泡性が増すが，温度が高いほど泡膜は乾きやすく，つやのないもろい泡となる．温度が低いと起泡性は劣るが電動泡立て器などを使って十分に泡立てると，きめが細かくこしのある安定な泡になる．すなわち，低温では粘度が高いため泡の合併が起こりにくく，細かい泡が密集した状態になるのでこしが強くなる．

(3) デューヌイの表面張力試験器を用いて表面張力を測定するとよい[1]．

(4) 砂糖の添加により卵白泡は著しく安定性を増す．卵白重量の 80％以上の砂糖を添加すると，撹拌後 30 分放置しても泡の分離はみられない．砂糖を加える時期によって，起泡性，安定性，メレンゲの容積，きめ，つやなどに差が出る．途中まで泡立ててから砂糖を加えていくほうが泡立てやすく，メレンゲのできあがりも安定性もよいようである．

---

[1] 川端晶子，大羽和子編：調理学実験. p.14〜15, 学建書院, 2000

実験3　卵の熱凝固 ── ゆで卵

目的　全熟卵，半熟卵，温泉卵は，卵殻をつけたままで卵を加熱する簡単な調理である．卵の凝固状態に及ぼす加熱時間と加熱温度の状態を知り，望ましい全熟卵，半熟卵のつくり方を理解する．

実験方法
試料：鶏卵5個（鮮度や大きさのそろったもの）
器具：温度計，ストップウォッチ，一般調理器具
条件：加熱時間…5分，10分，15分，30分
　　　加熱温度…68℃，100℃

操作
(1) 小鍋に卵を4個入れ，卵が十分かぶるまで量をはかって水を入れ火にかける．点火後沸騰するまで卵を転がし，沸騰までの時間をはかる．沸騰後卵が割れないように火を弱めて加熱を続け，5，10，15分後に各1個ずつ取り出し，冷水に10分つける．残りの1個は15分後に火を止め，そのまま湯につけて10分後に取り出し，そのときの湯の温度を記録する．

(2) 鍋に卵1個を入れ，卵が十分かぶるまで量をはかって水を入れ火にかけ，68℃になるまでの時間をはかる．68℃（65～70℃）に30分保ち冷水に取る．

(3) (1), (2)の卵の殻を取り，半分に切って卵白と卵黄の凝固状態や卵黄の位置，色などを比較する．

実験結果のまとめ

表 8-16　加熱時間とゆで卵の状態

加熱方法（加熱後）	加熱時間	卵白の状態	卵黄の状態	卵黄の位置	全熟卵良否
水→沸騰（冷水） （　mℓ）（　分）	5分				
〃（冷水）	10分				
〃（冷水）	15分				
〃（湯のまま）	15分				
水→68℃（冷水） （　mℓ）（　分）	30分				

参考
(1) 全熟卵，半熟卵，温泉卵はいずれも卵白と卵黄のたんぱく質の熱凝固を利用している．ふつう全熟卵や半熟卵をつくるときは，卵白が固まる温度（70～80℃）より高い温度で加熱するので卵白がしっかり固まる．卵黄の中心部の温度が卵黄の凝固温度に達する前に加熱をやめると，卵黄は固まらないので半熟卵となる．さらに加熱を続け，中心部が70℃を超えるとほぼ全熟卵となる．温泉卵は，卵白がしっかり固まる温度より低く，卵黄がほぼ固まるくらいの温度（65～70℃）で加熱する．ゆで

表 8-17　ゆで卵の通常の加熱条件と卵白・卵黄の凝固状態

	通常の加熱条件	卵白・卵黄凝固状態
半熟卵	①沸騰後数分加熱する ②蓋つきどんぶり（500 ml）に卵1個を入れ，熱湯をいっぱいに入れ蓋をして15分おく	卵白……ほぼ固まっている 卵黄……周辺部が固まりかけ，内部は流動性である
全熟卵	沸騰後10〜12分加熱する	卵白 卵黄　}しっかり固まっている
温泉卵	65〜70℃（68℃前後）で30分あまり加熱する	卵白……白くて半流動性である 卵黄……ほぼ固まっている

卵の通常の加熱条件と卵白，卵黄の凝固状態を 表 8-17 に示した．

(2) 卵を15分以上沸騰水中で加熱した場合，卵白中のイオウ化合物（含硫アミノ酸など）が熱によって分解し，硫化水素となり，卵黄中の鉄と結合して硫化第一鉄（FeS）を生成するため，卵黄の表面が暗緑色となる．ちなみに，卵白中のイオウ含量は 0.195 %で，卵黄中はその10分の1の 0.016 %にすぎないが，鉄含量は逆に卵黄中に多く 0.011 %であり，卵白中は 0.0009 %と少ない．古い卵でこの現象が著しい．古い卵のなかでは，たんぱく質が分解して低分子になるので加熱時に硫化水素が生成しやすいためである．すばやく冷やすとこの現象を防止することができる．ゆであがったらただちに水に取るのはこのためである．

(3) 新鮮卵のゆで卵は殻が剥けにくく，味もおいしくないといわれる．新鮮卵の卵白中には炭酸ガスが溶け込んで卵白の pH を低く保っている．卵を貯蔵しておくと炭酸ガスが発散し，pH がしだいに上がってくるが同時に殻も剥けやすくなる．

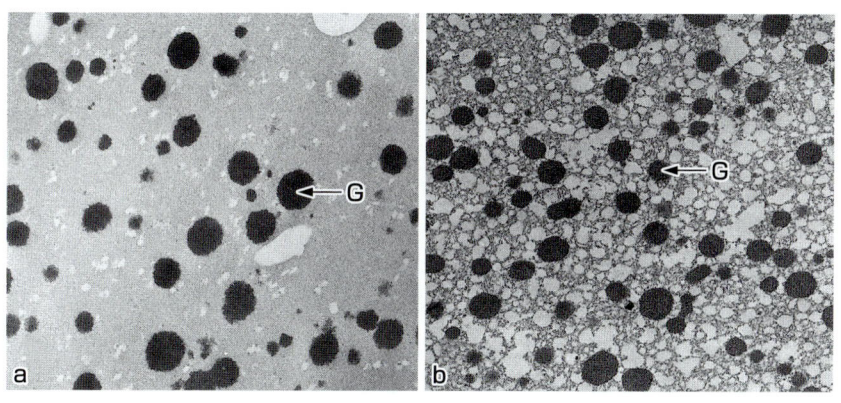

図 8-7　卵黄の加熱による微細構造変化

a：生の卵黄，b：全熟卵の卵黄．いずれも卵黄球の内部を示す．全熟卵の卵黄ではたんぱく質が凝固し，三次元網目構造を呈している（G：卵黄顆粒）．透過型電顕図，×2,900，田村咲江原図

実験4　卵液の熱凝固

目　的　卵をだし汁や牛乳で希釈して調味し蒸す料理（茶わん蒸し，卵豆腐，カスタードプディングなど）を，口ざわりよくなめらかに仕上げるために，希釈液の割合，添加調味料の種類，蒸し温度と時間が，できあがりにどのような影響を与えるかを理解する．

実験方法　試料：鶏卵 100 g（大 2 個），牛乳 200 mℓ，砂糖 24 g，食塩 0.6 g

器具：秤，温度計（またはサーミスター），ストップウォッチ，裏ごし器，蒸し器，プディング型，小ボール（アルミ），レオロメーターまたはカードメーター，一般調理器具

条件：希釈割合（卵液：水）…1：1，1：2，1：3

希釈液…水，牛乳，だし汁

添加調味料…食塩（0 %，0.5 %，1 %）

　　　　　　砂糖（0 %，5 %，10 %，15 %，20 %）

蒸し方…85 ℃で 25 分，95 ℃で 6 分そのあと蒸らし 7 〜 8 分（プディング型二重の場合）

操作

(1) 卵を割ってほぐし，よく混ぜて裏ごしに通しておく．

(2) 材料の配合表に従って，A 〜 E の材料を用意し，よく混合しておく（表 8-18）．

表 8-18　材料の配合

	A	B	C	D	E
卵 液	20	20	20	20	20
水	60*	60*			
牛 乳			60*	56**	56**
食 塩		0.6			
砂 糖				12	12

*：mℓ，**：60 − 4（砂糖の換水値）= 56 mℓ

(3) A 〜 D の材料をそれぞれ，小ボールに入れ，約 80 ℃の湯につけて湯せんにし，卵液が 60 ℃になるまで攪拌しながら加熱し，食塩，砂糖を溶かしてプディング型（二重かさね）に入れ，加熱した蒸し器に入れる．

(4) 蒸し器の上に乾いた布巾を載せ，蓋をずらして温度計を入れ，蒸し器内の温度が 85 〜 90 ℃なるように温度をはかりながら火力を調節し，25 分蒸して取り出す．ただちに A 〜 D の中心部の温度をはかる．

(5) E の材料をボールに入れ，(3)と同様にして卵液を 60 ℃に温めたあと沸騰している蒸し器に入れ，蓋をして 6 分強火で加熱し，火を止めてそのまま 7 〜 8 分おき蒸

し器より取り出す．ただちに中心部の温度をはかる．

（6）　A～Eの試料を型のまま中心部にくしを刺して高さをはかる（a）．型から小皿に抜き出して，1分後にゲルの高さをはかる（b）．図8-8の式によりひずみ率を計算する．

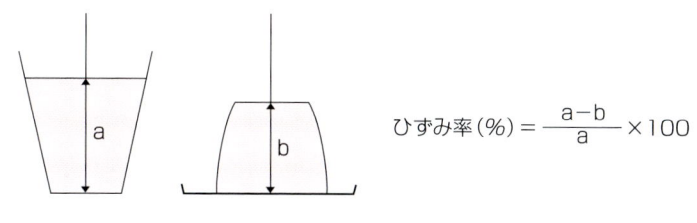

$$ひずみ率(\%) = \frac{a-b}{a} \times 100$$

図 8-8　ひずみ率の測定法

（7）　すだちの有無，色，つやおよび食味を比較する．皿に分離してくる液があるかないかも記録する．

（8）　レオロメーターまたはカードメーターを用いて硬さを測定する（p.56参照）．

実験結果のまとめ

表 8-19　卵液の熱凝固に影響する要因

卵　液	内部温度	ひずみ率	すだち	色，つや	分離液の有無	硬　さ
A（水）						
B（水＋食塩）						
C（牛乳）						
D（牛乳＋砂糖）						
E（牛乳＋砂糖）						

参　考

（1）　水で希釈した卵液が凝固するためには内部温度が74～80℃になることが必要である．卵液濃度が高いと比較的低温で凝固し，加熱ゲルは硬くなる．濃度が低いと凝固しにくく，ゲルは軟らかくて形を保ちにくい．

（2）　卵を希釈する液の種類や添加する調味料によってゲルの硬さが異なる．希釈する液は水よりだし汁のほうが硬く，牛乳のほうがさらに硬くなる．だし汁にはナトリウム（Na）イオンが，牛乳にはカルシウム（Ca）イオンが含まれているので，これら無機イオンにより卵たんぱく質の加熱凝固が促進されるためである．また，砂糖を加えると軟らかくなる．砂糖は熱凝固を妨げるためである．

（3）　加熱温度によっても卵液の凝固状態が異なる．蒸し器で加熱する場合85℃ぐらいで加熱すると，卵液の中心部と周辺部が一様に加熱されるが，加熱時間が長くなる．蒸す温度が高過ぎると，中心部と周辺部の温度差が大きく，周辺部にすだちができ，食味や外観が悪くなる．これは高温のために，卵たんぱく質が凝固する際に堅固な網目構造がつくられ，同時にそのすきまを満たしていた水分や空気が気化し穴があくことにより生じる現象である．

4．乳および乳製品

牛乳中の乳成分を大別すれば脂肪球，カゼインミセル，乳清の3部分から構成され，たんぱく質がコロイド状態で，脂肪が小さな脂肪球としてエマルションの形で安定な懸濁状態を形成して存在する．この性質を生かした調理に，スープやクリーム煮などがある．また，料理に牛乳を加えるとそのできあがりを乳白色に仕あげることができるが，ブラマンジェやホワイトソースなどがその例である．

乳製品には，牛乳の酸凝固を利用したチーズやヨーグルトがあり，脂肪を分離した生クリームやバターがある．

実験1　カッテージチーズ

目的

牛乳に酸を加えると凝固する．牛乳のカゼインが酸によって等電点（pH 4.6）に達したためである．

脱脂粉乳または牛乳のたんぱく質を食酢またはレモン汁で，その等電点付近で凝固させ，これを集めてカッテージチーズをつくり，供食方法を考える．

実験方法

試料：脱脂粉乳（32 g），牛乳（400 mℓ），食酢（40 mℓ），クラッカー，マヨネーズ（試食用）

器具：ビーカー（500 mℓ），温度計，メスシリンダー（500 mℓ），pH試験紙（BTB，MR，BCG），布巾，恒温槽，一般調理器具

条件：原料…脱脂粉乳，牛乳
　　　試食試験…カッテージチーズのみ，マヨネーズとの練り合わせ（1：0.1，1：0.3，1：0.5）

操作

（1）500 mℓのビーカーに水400 mℓを入れ，脱脂粉乳を少しずつ振り入れ攪拌しながら溶かす．pHを測定する（BTB試験紙）．

（2）ビーカーを湯せんにし，40〜60℃に温め，酢を加え，5分間加温を続ける．pHを測定する（BCG試験紙）．液全体に濁りがなく，白色のもの（たんぱく質）が完全に分離するようになる．液が濁っている場合にはたんぱく質の分離が不完全であるのでpHを測定し，pHが4.6に達していなければ酢を加える．

（3）たんぱく質の分離が完全になったら，布巾でこす．これをボールのなかで水洗いする．ざるの上に20分放置して水切りをして重量をはかる．

（4）元の粉乳の量からカッテージチーズの収量を求める．

$$\frac{カッテージチーズの量}{使用した粉乳の量} \times 100 = 収率（水を含むので100％以上になる）$$

（5）牛乳を用いて同様な実験を試みる．

(6) カッテージチーズの色，香り，味，舌ざわりを観察する．

(7) カッテージチーズとマヨネーズを1：0.1，0.3，0.5の割合に混ぜて練り，味わってみる．好ましい割合のものをクラッカー（ハードビスケット）に塗って味わってみる．

実験結果のまとめ

表 8-20　カッテージチーズができる pH と収量

原料（g，ml）	pH	カードの状態*	チーズの量（g）	収量（％）**
脱脂粉乳　32 水　　（400） 酢　　（40）				
牛　乳（400） 酢　　（40）				

*チーズをこすときによく分離していたかどうか．
**原料の粉乳あるいは牛乳（比重 1.023）に対するパーセント（水を含む）を求める．

表 8-21　カッテージチーズの官能検査結果

	試食方法		色	香り	味	舌ざわり	備　考
脱脂粉乳	①カッテージチーズのみ						
	②マヨネーズとの練り合わせ	1：0.1					
		1：0.3					
		1：0.5					
牛乳	①カッテージチーズのみ						
	②マヨネーズとの練り合わせ	1：0.1					
		1：0.3					
		1：0.5					

参　考

カッテージチーズは，工業的には脂肪の少ないホエーからつくられる軟質のチーズである．外国では古くから調理やスナック用に利用されているが，わが国では20年くらい前から市販されるようになった．ほかのチーズに比べて脂肪（およびコレステロール）が少なく，カルシウムもかなり含まれており，栄養的に優れている．

牛乳の酸凝固を利用したものに酸乳がある．酸の加え方および加える酸の量を変えることによっていろいろなカードの酸乳ができる．牛乳に果汁や有機酸を加えて酸乳をつくり，pHと凝固の状態，味を比較するのもよい．[1]

---

1) 川端晶子，大羽和子：調理学実験．p.214, 学建書院，2000

実験2　生クリームの泡立てと分離

目的　　生クリームを低温で泡立てると適当に硬くなって塑性を持ち，ケーキのデコレーションなどに用いることができるようになる．泡立てる温度や攪拌の程度によってホイップドクリームの状態が異なること，および生クリームを泡立て過ぎると相転移が起こりバタークリームに変化することを理解する．

実験方法　試料：生クリーム（脂肪含量を明記）100 mℓ，砂糖 10 g，氷，食紅
　　　　　　器具：秤，顕微鏡，ストップウォッチ，温度計，メスシリンダー，シャーレ（径 4～5 cm），泡立て器，ボール（パイレックスガラス）
　　　　　　条件：攪拌時の温度…7～8 ℃，15 ℃
　　　　　　　　　攪拌の程度…静かに攪拌，激しく攪拌
　　　　　　　　　砂糖の添加…添加する，しない
　　　　　　　　　クリーム素材の種類…低脂肪生クリーム，高脂肪生クリーム，植物性クリーム
　　　　　　操作

　(1)　シャーレの重量をはかり，生クリームを満たして重量をはかる．はかった生クリームを元へ戻す．

　(2)　生クリームが水中油滴型（O/W型）エマルションであることを食紅溶液を1滴落として測定する．顕微鏡（150倍くらい）で，水中に脂肪球の分散している状態を観察する．

　(3)　ボールに生クリーム 50 mℓ を入れて，温度を 15 ℃ にする．……A

　(4)　生クリームを泡立て器で静かに攪拌し，回数を数える．硬くなっていくその硬さに応じて，ときおりクリームのごく少量を取って，顕微鏡で気泡や脂肪球の分散状態を観察する．このとき，攪拌回数を記録しておく．適当な硬さを持つとき（泡立て器を持ち上げたとき角が立つくらいの硬さ），攪拌回数を数える．

　(5)　ホイップドクリームを(1)のシャーレに入れ（空洞をつくらないように），表面をすり切って重量をはかる．次式によりオーバーランを計算する．

$$\text{オーバーラン}(\%) = \frac{\left(\begin{array}{c}\text{一定容量の}\\\text{生クリームの重量}\end{array}\right) - \left(\begin{array}{c}\text{同容積のホイップド}\\\text{クリームの重量}\end{array}\right)}{(\text{同容積のホイップドクリームの重量})} \times 100$$

また，少量を白い皿に取り，食紅を1滴落として，食紅のひろがる状態からエマルション型を判定する．

　(6)　ホイップドクリームを元へ戻して攪拌を続け，状態や色の変化をみながら，なめらかさがなくなってきたとき，分離しはじめるときに攪拌回数を記録し，クリームの状態を観察する．クリームが分離したとき，分離液（バターミルク）を別の容器に移し重量をはかる．分離液を戻してさらに攪拌を続け再び硬くなったとき，攪拌回数，

クリームの状態，エマルション型を調べる．

(7) ボールに生クリーム 50 ml を入れ，氷水中にボールを浸して，生クリームを 7～8℃にする．……B

(8) B の生クリームを A と同様に泡立て，泡立て器を持ち上げたときに角が立つくらいの硬さになるまでの攪拌回数を数える．ホイップドクリームをシャーレに入れて重量をはかり，オーバーランを計算する．

(9) ホイップクリームに 10％の砂糖を加え，オーバーランを見る．

実験結果のまとめ

表 8-22　生クリームの泡立ての経過と分散状態

	攪拌回数	舌ざわり	顕微鏡でみた気泡の状態*
攪拌前	0		
硬くなりはじめるとき			
適当な硬さを持つとき（できあがり）			
なめらかさがなくなってきたとき			
分離しはじめるとき			
分離後再び硬くなったとき			

*図示をして説明すること．　　　　　　　　　　　　　　　　　　　　　　（温度　　　℃）

表 8-23　生クリームの泡立て温度とオーバーラン

生クリームの温度	攪拌回数	分離するまでの回数	オーバーラン（％）	バターミルク量（％）	ホイップドクリーム	
					エマルション型	硬さ,舌ざわり
A　15℃						
B　7〜8℃						

参　考

(1) 生クリーム（高脂肪含量）のほかに低脂肪生クリームや植物性クリームを用いて実験を行ってみるとよい．また，電動泡立て器で激しく攪拌して比較するとよい．

(2) 生クリームは牛乳を遠心分離して，脂肪含量の多い部分を集めたものである．高脂肪含量（40～50％）のものはバター製造やホイップ用で，低脂肪含量（20～30％）のものはコーヒー用やアイスクリームに用いられる．

(3) 生クリームを低温にすると脂肪球が凝集し，粘度が上昇して起泡安定性を増す．そのため生クリームを氷冷し，5～10℃にしてホイップする．

(4) 生クリームを攪拌すると導入される気泡数が増し，小さく一様になっていく．それに伴ってクリームはしだいに流動性を失い硬くなる．攪拌し過ぎると，ホイップドクリームはなめらかさを失い，次いで液を分離する．この間，気泡が過密になり，やがて脂肪球は次々に合体していき，分散媒の水が分離してエマルションが崩壊する．クリームから分離した液を除いて，さらに攪拌し続けると，なめらかで黄色味の強いバター状のものができる．これは油中水滴型（W/O型）エマルションである．

(5) 砂糖を加えると，オーバーランも保形性も低下する．

9 成分抽出素材の調理性に関する実験

調理に用いる食品素材のなかには，組織構造のまま用いるのではなく，特有な成分のみを抽出して利用しているものがある．本章では，でん粉，糖類，海藻抽出物，ゼラチン，油脂を対象とする．

1．でん粉

でん粉は穀類やいも類などの主成分であり，植物界に多量に存在する貯蔵炭水化物である．アミロースとアミロペクチン分子からなり，ミセルを形成する．でん粉はそのままの状態では冷水に溶けず，消化酵素の作用もほとんど受けないので，水を加えて加熱し食用に供する．でん粉性食品はでん粉の糊化あるいは老化と深くかかわっており，調理加工の過程で重要な問題であり，食味とのかかわりも大きい．

実験1　ブラベンダー・アミログラフによるでん粉の粘度解析

目　的　でん粉粒の糊化時の挙動は，でん粉の種類，調製条件，糊化温度・時間，攪拌の程度などによって影響を受ける．ブラベンダー・アミログラフは，これらの諸条件を一定にして，でん粉と水の混合液を一定の温度で上昇させ，糊化過程の粘度変化を連続的にとらえる機器で広く利用されている．本実験ではアミログラフ特性を理解するために，代表的なじゃがいもおよびとうもろこしでん粉のアミログラフの測定方法，解析法を知る．

実験方法　試料：でん粉…じゃがいも・とうもろこし各約 30 g
　　　　　　器具：アミログラフ，秤，メスシリンダー（500 ml）
　　　　　　条件：濃度：じゃがいもでん粉 4％懸濁液，とうもろこしでん粉 6％懸濁液（無水物換算）
　　　　　　　　　測定温度：25 ℃ ― 昇温 → 92.5 ℃ ― 保温 → 92.5 ℃ ― 冷却 → 25 ℃
　　　　　　　　　測定条件：45 分 ――――→ 10 分 ――――→ 45 分
　　　　　　操作

　　　　　　アミログラフによる粘度測定の原理

　　　　　　アミログラフは同心二重円筒型の回転粘度計に近いもので，外筒を一定速度（75 rpm）で回転させ，内筒の代わりに円板に植えつけられた 8 本のピンが試料中を動くときに働くトルクをねじりバネと釣り合わせ，バネの振れの角度を記録紙上に記録させるものである（プレート型もある）．1 分間に 1.5 ℃ の昇温，降温が可能であり，

記録された粘度－時間（温度）曲線をアミログラムという．

(1) 試料調製：縦軸1,000ブラベンダー・ユニット（B.U.）の記録紙に描かれるようにでん粉濃度を調製する．じゃがいもでん粉では3.5～4.0％くらいが適当である．無水物換算で一定のでん粉量を測定し，メスシリンダーに入れ脱イオン水を加えて全量を450 mlとする．30分そのまま放置し吸水膨潤させ，測定用でん粉懸濁液とする．

(2) 測定：試料450 mlを円筒に入れ25℃から92.5℃まで昇温し（種実でん粉は95℃でもよい），92.5℃に10分間保持してから冷水を通して25℃まで冷却しアミログラムを得る．4％じゃがいもでん粉と6％とうもろこしでん粉のアミログラムを図9-1に示した．

(3) 解析

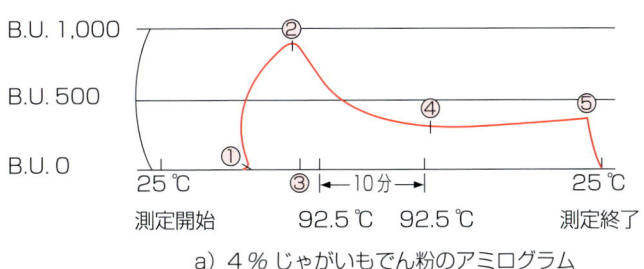

a) 4％じゃがいもでん粉のアミログラム

b) 6％とうもろこしでん粉のアミログラム

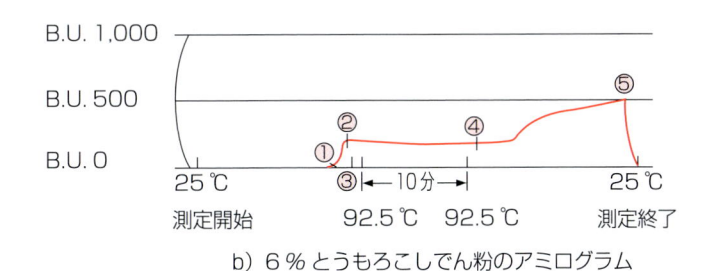

図9-1　じゃがいもおよびとうもろこしでん粉のアミログラム

測定条件：25℃から1.5℃/分で昇温し，92.5℃で10分恒温保持したあと，25℃まで1.5℃/分で降温．

解析結果

アミログラム特性値	4％じゃがいもでん粉	6％とうもろこしでん粉
① 粘度上昇開始温度（℃）	61.4	82.7
② 最高粘度（B.U.）	900	210
③ 最高粘度に達したときの温度（℃）	79.8	88.5
④ 最低粘度（B.U.）	300	177
⑤ 最終粘度（B.U.）	360	500
ブレークダウン（最高粘度−最低粘度，B.U.）	600	33
セットバック（最終粘度−最低粘度，B.U.）	60	308

	実験結果のまとめ

表 9-1 アミログラム特性値

アミログラム特性	4％じゃがいもでん粉	6％とうもろこしでん粉
粘度上昇開始温度　（℃）		
最高粘度　（B.U.）		
最高粘度に達したときの温度（℃）		
最低粘度　（B.U.）		
最終粘度　（B.U.）		
ブレークダウン　（B.U.）		
セットバック　（B.U.）		

参　考

(1) じゃがいもでん粉は地下（根茎）でん粉であり，とうもろこしでん粉は地上（種実）でん粉である．じゃがいもでん粉の糊化温度は低く（63℃程度），とうもろこしでん粉の糊化温度は高い（79℃程度）．

(2) でん粉糊液の粘度は，加熱速度，加熱時間，撹拌の程度によって変化する．高温で長く加熱したり（図 9-2），激しく撹拌したりすると粘度が低下する．このことをブレークダウンという．じゃがいもでん粉は，ブレークダウンの現象が著しい．

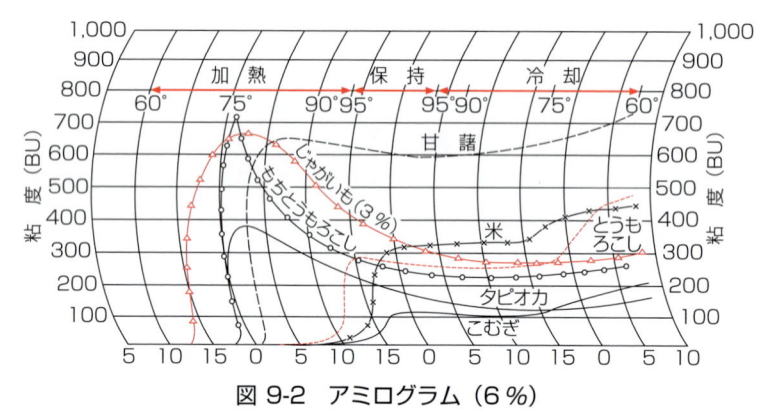

図 9-2　アミログラム（6％）

（後藤富士雄：澱粉科学ハンドブック（二国二郎監修），p.227，朝倉書店，1980）

実験2　でん粉の糊化度の測定

目的　でん粉の糊化度の測定法には，ジアスターゼ法，これを改良したグルコアミラーゼ法がある．グルコアミラーゼ法は，分解生成物がグルコースのみであるため正確にでん粉の分解量を知ることができる．また，試料の再糊化にアルカリを使用しているので，ジアスターゼ法の熱糊化と比較して分散が完全に行われる利点を持つが，糊化でん粉と老化でん粉の識別が十分でないため，β-アミラーゼ・プルラナーゼ（Beta-Amylase・Pullulanase）法が確立された．このBAP法は，生でん粉に作用しないβアミラーゼと，アミロペクチンの構造変化に鋭敏に影響を受けるプルラナーゼを組み合わせた方法である．従来法に比べて糊化でん粉と老化でん粉の間の分解度に識別性が高い特徴を持っており，とくに，老化の初期の段階を正確に把握することができる．本実験では2種のでん粉糊を異なった条件下で保存し，測定法の技術を身につけるとともに，糊化度の違いを考察する．

実験方法　試料：でん粉…じゃがいも・とうもろこし各15 g

酵素…だいずβ-アミラーゼ（長瀬産業製，粗酵素標品5 IU/mg），プルラナーゼ（林原生物化学研究所製 crude 2 IU/mg）

＜β-アミラーゼ・プルラナーゼ溶液＞ β-アミラーゼ17 mg，プルラナーゼ170 mgを0.8 M酢酸緩衝液（pH 6.0）100 mlに溶解し不純物を除去する．この溶液1 ml中にはβ-アミラーゼ0.8 IU，プルラナーゼ3.4 IUを含む．

試薬…無水エチルアルコール，アセトン，0.8 M酢酸緩衝液（pH 6.0），2 N CH$_3$CCOOH（pH 6.0），10 N NaOH

器具：温度計，ガラスフィルター，ガラスホモジナイザー，メスフラスコ（25 ml 4個），メスピペット，ビーカー，試験管，ガラス棒，恒温槽，分光光度計，一般調理用具

条件：試料2種

保存条件…糊化直後，室温（20 ℃），冷蔵（5 ℃），冷凍（－20 ℃）で5日間保存

操作

(1) 試料調製：5％の各でん粉懸濁液300 mlを500 mlのトールビーカーに入れ，2.5 ℃/分の加熱速度の湯せん器中で，糊液が95 ℃になるまで，板状攪拌翼のついたスターラー8 rpmで攪拌し続けながら昇温し，その後，95 ℃で10分間加熱する．

(2) 調製直後，20 ℃，5 ℃，－20 ℃で5日間保存した各糊液に3倍量の無水エチルアルコールを加え，でん粉を沈殿凝固させ，ガラス棒で攪拌しながら脱水する．上澄を分離し，この操作を3回繰り返し，ガラスフィルターで減圧濾過し，最後にアセトンで完全に脱水，脱アルコール処理をする．さらに，デシケーターにて保存乾燥し，酵素分解用試料とする．

(3) BAP 法による糊化度の測定手順を図 9-3 に示した．

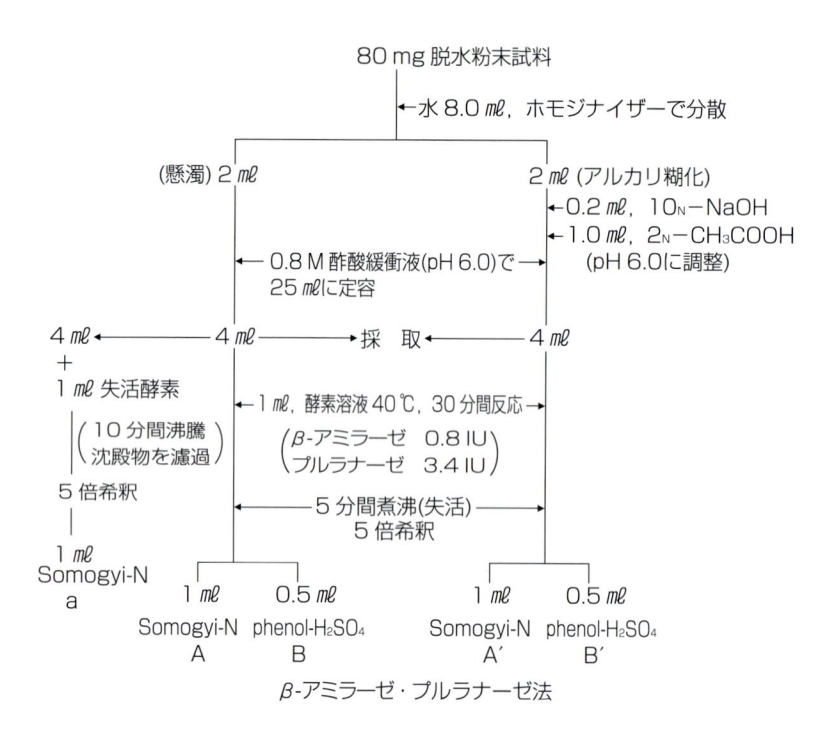

```
                    80 mg 脱水粉末試料
                           │
                           ├─ 水 8.0 mℓ，ホモジナイザーで分散
            ┌──────────────┴──────────────┐
      (懸濁) 2 mℓ                    2 mℓ (アルカリ糊化)
                                      ├─ 0.2 mℓ，10ₙ-NaOH
                                      ├─ 1.0 mℓ，2ₙ-CH₃COOH
            ├─ 0.8 M 酢酸緩衝液(pH 6.0)で ─┤  (pH 6.0 に調整)
            │   25 mℓ に定容              │
  4 mℓ ←─ 4 mℓ ──── 採 取 ──── 4 mℓ
    ＋
  1 mℓ 失活酵素     ├─1 mℓ，酵素溶液 40℃，30 分間反応─┤
  (10 分間沸騰       (β-アミラーゼ  0.8 IU
   沈殿物を濾過)      プルラナーゼ  3.4 IU)
   5倍希釈          ├───5 分間煮沸(失活)───┤
                         5 倍希釈
  1 mℓ
  Somogyi-N
    a
           1 mℓ    0.5 mℓ      1 mℓ      0.5 mℓ
        Somogyi-N phenol-H₂SO₄ Somogyi-N phenol-H₂SO₄
           A        B            A′         B′
              β-アミラーゼ・プルラナーゼ法
```

図 9-3　BAP 法の測定手順
(貝沼圭二，松永暁子，板川正秀，小林昭：澱粉科学．p.28, 239, 1981)

反応後の全糖に対する還元糖の量の百分率を分解率とし，別にアルカリ糊化による完全糊化試料の分解率を 100 としたときの数値をもって糊化度とする．

$$糊化度（\%）＝\frac{試料溶液の分解率}{完全糊化（アルカリ糊化）試料溶液の分解率}×100$$

実験結果のまとめ

表9-2　でん粉の糊化度

	じゃがいもでん粉（％）	とうもろこしでん粉（％）
糊化直後		
保存温度　20℃		
保存温度　 5℃		
保存温度　−20℃		

参　考　糊化直後の糊化度が最も高く，保存温度が低いほどでん粉の老化は促進されるため，糊化度は低くなる．また，糊化度はでん粉の種類によって異なる．BAP 法は老化の初期段階を正確に把握できる利点がある．

実験3　ブラマンジェのテクスチャー

目的　ブラマンジェ（Blanc-manger）は白い食べ物という意味で，ゲル化剤としてとうもろこしでん粉を用いる英国風と，ゼラチンを用いるフランス風の2種類がある．

　とうもろこしでん粉を用いてブラマンジェをつくる場合，同一組成の材料でも加熱温度，加熱時間や撹拌条件などの違いにより，食感が著しく異なる．なめらかで粘弾性が高く，歯切れのよいブラマンジェをつくるには，できるだけ撹拌速度を一定にして，火加減と加熱時間が適度であることが重要である．強火，または中火での加熱が望ましく，湯せんや弱火加熱では糊化が不十分なため，べたつきが大きい．とくにとうもろこしでん粉の糊化開始温度（80℃）はじゃがいもでん粉（63.9℃）より高いので，糊化を十分に行う必要がある．本実験では，モデル実験として2種のでん粉を用いてでん粉ゲルを調製し，機器測定と官能評価によってゲルの特性を検討する．また牛乳や豆乳などの添加がでん粉ゲルの物性に及ぼす影響についても比較する．

実験方法　試料：でん粉…じゃがいも・とうもろこし各20 g×2，牛乳，豆乳各250 g×2
　　　　　器具：小鍋（直径15 cm），木じゃくし，温度計，ストップウォッチ，秤，タンバール型，テクスチュロメーター，カードメーター，一般調理用具
　　　　　条件：材料配合割合…牛乳または豆乳に対し，でん粉濃度8％
　　　　　操作

　(1)　試料調製：小鍋にでん粉20 gを入れ，牛乳または豆乳250 gを少しずつ加えてだまにならないように溶きのばし，一定速度になるようにかき混ぜながら，強火で加熱する．泡が出はじめて（80℃）から3分間加熱を続け，蒸発を伴うので，仕上り重量が250 gになるように牛乳または豆乳で重量調整を行う．撹拌，加熱方法は試料間に差が出ないように一定条件で行うように注意する．あらかじめ水切りしておいたタンバール型2個に糊液を分注し，流水中で15分間，氷水中で10分間冷却したあと，試料温度を20℃とする．

　(2)　機器測定：テクスチュロメーターとカードメーターで物性を測定し，機器測定値を比較する．また，次式によってひずみ率を求める（p.169参照）．

$$ひずみ率（％）＝\frac{a－b}{a}×100$$

　　　a：容器内の中心部にくしを刺して，試料中心部の高さをはかる．
　　　b：試料をガラス板状に（皿の上）にあけて，1分後に試料中心部の高さをはかる．

　(3)　官能検査：表9-4の官能検査のカテゴリースケールを参考にして，ゲル特性の官能評価を行う．さらに，嗜好性について順位法を用いて評価を行ってもよい．

実験結果のまとめ

表 9-3　でん粉ゲルの測定値

評価項目	試料	じゃがいもでん粉		とうもろこしでん粉	
		牛乳	豆乳	牛乳	豆乳
テクスチャー	硬さ				
	凝集性				
	付着性				
カードメーター	破断力				
	硬さ				
ひずみ率（％）					

表 9-4　でん粉ゲルの官能評価尺度

```
              2   1   0  -1  -2
透明感がない   ├───┼───┼───┼───┤ 透明感がある
硬い           ├───┼───┼───┼───┤ 軟らかい
しっかりしている ├───┼───┼───┼───┤ ぷりんぷりんしている
口当たりがなめらかである ├───┼───┼───┼───┤ 口当たりがなめらかでない
崩れにくい     ├───┼───┼───┼───┤ 崩れやすい
粘着性がある   ├───┼───┼───┼───┤ 粘着性がない
弾力性がある   ├───┼───┼───┼───┤ 弾力性がない
歯切れがよい   ├───┼───┼───┼───┤ 歯切れが悪い
```
※カテゴリースケールの尺度は適宜選択して用いる．

参考

　でん粉の調理性には，くず汁や溜菜のようにとろみをつける粘性，ブラマンジェやごま豆腐のようなゲル化性などがあり，それぞれに適したでん粉を選ぶ必要がある．じゃがいもでん粉は糊液の粘度が最も高く，とうもろこしでん粉はゲル強度が最も高い．添加材料の牛乳と豆乳の成分の相違がブラマンジェの物性にどの程度影響するかについて検討する．

2．砂糖とその他の甘味料

　砂糖（しょ糖）は代表的な甘味料であるが，製法・精製度・色相・加工形態により多種類に及び，単糖類や二糖類も甘味を呈するものが多い．また低エネルギー性，低齲蝕性，腸内細菌叢改善甘味料も開発されている．本項では，優れた調理性を持つ砂糖についての基礎実験を行うとともに，各種甘味料の甘味の強さと質についての実験を行う．

実験1　砂糖溶液の加熱温度とその性質

目的　砂糖溶液を煮詰めていくと，一定の沸騰点を持たないので，温度の上昇に伴って濃度が高まり，溶液の状態は段階的に変化する．最後にはカラメル化して褐色に着色する．この間の砂糖溶液の色・香り・状態の変化を観察し，砂糖の調理加工への適性を考える．

実験方法　試料：グラニュー糖　100 g，50 g
　　　　　　器具：ビーカー（200 mℓ），アスベストつき金網，温度計，スタンド，白色大皿，ストップウォッチ，標準色票，一般調理器具

操作

(1) 200 mℓ 容ビーカーにグラニュー糖 100 g と水 50 mℓ を入れ，液の中央に温度計をセットし，緩やかに加熱する．砂糖液はやがて沸騰し，しだいに粘稠性を増し，徐々に褐色に色づいていく．この間の砂糖溶液の状態の変化を実験結果のまとめに従って観察し記録する．

(2) 水中テストはビーカーに冷水を入れ，このなかに各煮詰め温度における砂糖液を小さいスプーン先から落とし，そのときの状態や手でさわってみた硬さなどを観察する．

(3) キャンデーテストは，白色の洋皿の上に，各煮詰め温度の砂糖液を滴下し，流れやすさ，固まり方，硬さ，着色の度合いなどを観察し記録する．

(4) 煮詰め温度の濃度の測定は，空のビーカー重量を測定し，これにグラニュー糖 50 g と水 25 mℓ を入れてビーカーごとの総重量を測定する．(1)と同様に煮詰め，各温度ごとに重量を測定し，次式から砂糖濃度を算出する．

$$\text{各煮詰め温度の砂糖濃度} = \frac{\text{砂糖重量}}{\underset{(\text{ビーカー}+\text{砂糖溶液})}{\text{各煮詰め温度の総重量} - \text{空のビーカー重量}}} \times 100$$

実験結果のまとめ

表 9-5 砂糖溶液の加熱温度とその温度

砂糖溶液の温度(℃)	煮詰め時間(秒)	液の状態 泡の立ち方	液の状態 色の状態	水中テスト	キャンデーテスト 硬さ, 色	濃度*(%)
100	0					
103						
105						
110						
115						
120						
130						
以下10℃ごとに200℃まで						

*濃度は計算または糖度計によって測定.

参考

表 9-6 砂糖の加熱による状態の変化（上白糖による）

温度(℃)	攪拌しない粘液の状態 (加熱中)	攪拌しない粘液の状態 (温度降下後)	結晶ができるまでの時間(秒)	結晶の状態	適する調理
180	褐色	香ばしく美味			カラメル
175				結晶せず	
170	茶褐色	香ばしく美味	24	ややなめらかで非常に硬い	
165	黄金色		18		
160	黄色	あめの感じ, 硬い	17		抜糸（金糸）
155	わずかに色づく. 少しさめると長い糸を引きいくらでも伸びる		15		
150	粘く細かい泡. かすかに色づく	固まってもろくなる	12	がりがりする	ドロップ
145			13		
140	泡5～15mm		13	硬くて, あらい結晶. がりがりする	抜糸（銀糸）
135			14		
130	ゆっくりと大きく泡立つ. 少しさめると約50cmの糸を引く	固まり, 押しても形が変わらない	16	ややあらい結晶で, じゃりっとする	ヌガー
125		すぐ固まり, 押すとへこむ	17	硬くてかむとじゃりっとする	
120	粘りが出て泡は立体的となる. 泡は約6mmの直径	固まるが軟らかい	20	真白な細かい結晶. 表面はざらざらする	キャラメル
115		水あめ状の硬さ, 水のなかで遅くまとまる	26	つやは100℃より少し劣る. 表面ややざらつく	砂糖衣
110	細かくたくさんの泡が立つ. 少しさめるとわずかの糸を引く	水あめ状で水中でも固まらない	47	つやがあり, なめらか. 軟らかい	フォンダン
105		液状, 水中で散ってしまう	90	つやがあり, なめらか. クリーム状	
100	細かい泡直径3～10mm	さらっとした液状		結晶せず	シロップ

実験2　砂糖の結晶化 —— フォンダン

目　的　　フォンダンは砂糖に少量の水を加え緩やかに加熱して結晶を溶かし，煮詰めて過飽和溶液になったときに静置し，冷却後激しく攪拌してつくったものである．砂糖の結晶化を利用したもので，きめの細かい砂糖がシロップに包まれ，全体としてなめらかなクリーム状を呈している．使用目的によって加熱温度は 105 ～ 120 ℃ を利用する．異なる温度の砂糖液で結晶化させるとともに，添加物の影響についても検討する．

実験方法　試料：グラニュー糖 50 g × 3，45 g × 1　果糖 5 g，クラッカーまたはビスケット
器具：小鍋，温度計，木じゃくし，顕微鏡
操作
　(1)　試料 A，B，C：それぞれの小鍋にグラニュー糖 50 g を入れ水 20 ml を加えて，目的の温度まで加熱し，そのまま静かに放冷し，43 ℃（ほぼ飽和状態）になったら木じゃくしで激しく攪拌し，全体がベルベット状になるまで続ける．ただちにクラッカーの表面に平らにのばし砂糖がけをつくる．
　(2)　試料 D：小鍋にグラニュー糖 45 g と果糖 5 g を入れて混ぜ，(1)と同様に処理する．

実験結果のまとめ

表 9-7　砂糖の結晶化 —— フォンダン

試　料	添加物	煮詰め温度	攪拌時間	フォンダンの状態	顕微鏡観察 （結晶の大きさμm）
A	—	107			
B	—	112			
C	—	120			
D	果　糖	112			

参　考　　(1)　結晶化 —— フォンダン：高濃度の砂糖溶液を冷却すると溶解度が下がり，過飽和になり結晶化する．結晶の状態は冷却温度，速度，攪拌条件によって異なる．
　(2)　砂糖溶液の沸点が 106 ℃ になると砂糖濃度は 70 % であり，40 ℃ になると飽和溶液になり，それ以下では過飽和溶液となる．そのままにしておくと，はじめは透明なあめ状をしているが，溶液のなかにできた核から時間経過とともに結晶を生じてくる．その速度は緩慢で結晶は大きくなる．
　(3)　過飽和状態（40 ℃）になったとき攪拌すると核形成率が増加し，早く結晶化が起こる．また沸点が 112 ℃ の場合しょ糖濃度は 80 % で，85 ～ 90 ℃ で飽和溶液となる．溶液の濃度が高くなれば，水分の含量が少なく核の形成は容易で，結晶化は短時間に起こるが，高温で結晶化が行われると結晶は大きくなる．比較的沸点の低い砂糖溶液を低温まで冷却して激しく攪拌すると結晶のきめは細かくなめらかになる．

表 9-8 種々の温度に対するしょ糖の溶解度

温度(℃)	溶液100g中におけるしょ糖のg数または%	100gの水に溶けるしょ糖のg数	溶液の比重
0	64.18	179.2	1.31490
10	65.58	190.5	1.32353
20	67.09	203.9	1.33272
30	68.70	219.5	1.34273
40	70.42	233.1	1.35353
50	72.25	260.4	1.36515
60	74.18	287.3	1.37755
70	76.22	320.5	1.39083
80	78.36	362.1	1.40493
90	80.61	415.7	1.41996
100	82.87	487.2	1.43594

(山崎清子・島田キミエ 著:調理と理論 第2版, p.107〜108, 同文書院, 2002)

表 9-9 しょ糖溶液の沸騰点

しょ糖(%)	10	20	30	40	50	60	70	80	90.8
沸騰点(℃)	100.4	100.6	101.0	101.5	102.0	103.0	106.5	112.0	130.0

(山崎清子・島田キミエ 著:調理と理論 第2版, p.107〜108, 同文書院, 2002)

実験3　砂糖の結晶化防止 —— 抜糸

目 的　中国料理の抜糸やあめ細工は,砂糖の転化を利用して結晶化を抑え,砂糖液を水あめ状で糖衣する調理法である.結晶化防止の基礎実験を行い,砂糖の調理性を理解する.

実験方法　試料:グラニュー糖50g,上白糖50g,食酢10mlまたは酒石酸0.1g,
　　　　　　さつまいも150g×2,揚げ油
器具:小鍋,温度計,一般調理器具(揚げ物用一式)
操作
(1) さつまいもは皮を剝き拍子木切りにして,通常の方法で素揚げをしておく.
(2) 小鍋にグラニュー糖50gに水15mlを加え撹拌せずに緩やかに加熱し,140℃になったら火からおろし,素揚げのさつまいもを加えて手早く混ぜてあめ状の砂糖をからませる.
(3) 上白糖50gに水15mlを加え,上記同様に操作する.
(4) グラニュー糖50gに食酢10ml,水5mlを加え,上記同様に操作する.

実験結果のまとめ

表 9-10　砂糖の結晶化防止 —— 抜糸

評価項目＼試料	A 上白糖のみ	B グラニュー糖のみ	C グラニュー糖＋食酢
引き糸の色			
引き糸の硬さ			
さつまいもの抜糸のできあがり状態			

参　考

　抜糸はしょ糖の転化を利用したものである．砂糖液を煮詰めると 130 ℃ぐらいからしょ糖が加水分解してわずかに転化糖が生じる．転化糖は果糖を含むため，甘味が強く吸湿性がある．上白糖は転化糖シロップが少量加えられているので，結晶化防止に役立っている．

砂糖の結晶化防止の応用

　a．あ　め

試料：グラニュー糖 100 g，水 20 mℓ，水あめ 40 g

　(1)　材料を鍋に入れて 123 〜 124 ℃まで煮詰め，冷却板に流して冷ます．

　(2)　60 ℃まで冷却したとき白くなるまで引きあめ作業を行う．短く切って，気泡の状態を観察し，試食してもろさなどをみる．

　(3)　途中 113 ℃のときバターを入れ，流す前にバニラ香料を入れるとタッフィー（Toffee）ができる．

　b．あめ細工

試料：グラニュー糖 200 g，クエン酸 1 g，ぶどう糖 2 g，水 60 mℓ
　　　または，グラニュー糖 200 g，水あめ 1 g，水 60 mℓ

　(1)　材料全部を厚手の鍋に入れて火にかける．あくをとり，また鍋の内側にはねる砂糖液を，湿った布で落としながら，150 ℃に煮詰める．

　(2)　火から下ろし，油を薄く塗った大理石板（冷却板）に流し，底がいくらかかたまりかけたら，まわりから中に折り込むようにして平均に熱を下げ，全体をまとめて両手で引きのばす．

　(3)　(2)の操作を繰り返し，光沢が出たら赤外線ランプを利用するか，またはあたたかみのあるオーブンなどの入り口などにおいて固くなるのを防ぎ，花びらをつくりながら 1 つの花にまとめる．バラ，チューリップ，スズランなど，着色したりして好みの花をつくってみる．

実験4　各種甘味料の甘味

目的　代表的な甘味料はしょ糖であるが，近年，天然物，人工甘味料の開発が進み，新しい甘味料は，齲蝕防止，低カロリーあるいはノンカロリー食品，健康志向食品として見直されつつある．甘味料には多くの種類があるが，甘味の強さと質が異なる．ここでは，各種甘味料の強さと質を官能検査によって比較検討する．

実験方法　試料：しょ糖，果糖，マルチトール，カップリングシュガー，アスパルテーム
器具：ビーカー，ホールピペット，官能検査用コップ
操作
(1) しょ糖10％溶液に等価甘味度の各種溶液を調製する．
(2) 各試料液にラベルをつける．このときのラベルは記号化し，ラテン方格に準じて並べる．
(3) 順位法，プロファイル法によって甘味の強さ，性質を評価する．

実験結果のまとめ

表 9-11　甘味の評価尺度

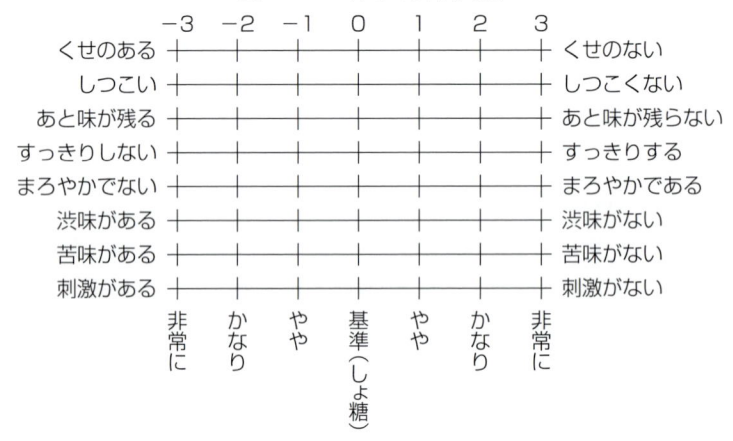

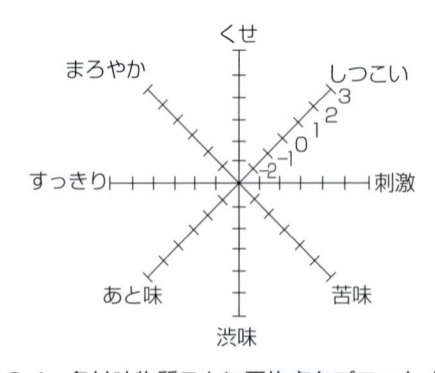

	−3	−2	−1	0	1	2	3	
くせのある								くせのない
しつこい								しつこくない
あと味が残る								あと味が残らない
すっきりしない								すっきりする
まろやかでない								まろやかである
渋味がある								渋味がない
苦味がある								苦味がない
刺激がある								刺激がない
	非常に	かなり	やや	基準(しょ糖)	やや	かなり	非常に	

図 9-4　各甘味物質ごとに平均点をプロットする

参考

表 9-12 糖質甘味料の種類と特徴

種類		甘味度（しょ糖を1として）	特徴	用途
糖類	果糖	1.3～1.7 温度が低いほど甘くなる	水によく溶ける．吸湿性が強く，褐変しやすい．血糖値を上昇させない	スポンジケーキ，ようかんなど，糖尿病患者用甘味料，ダイエット用
	ぶどう糖	0.6～0.8 さわやかな清涼感のある甘味	水に溶けやすく，褐変しやすい．しょ糖の結晶化を防止する	菓子類，加工食品，チューインガム，粉末ジュースなど
	異性化糖	1.0～1.1 さわやかであっさりした甘味	吸湿性が強く，低温時の甘味が強い．加熱により褐変しやすい	冷菓，清涼飲料など
	麦芽糖	0.3～0.6 こくのある甘味	還元性がある	菓子類，ジャム，佃煮など
糖誘導体	カップリングシュガー（グリコシルスクロース）	0.5～0.6 あっさりとした甘味	しょ糖分子のぶどう糖側に1～数個のぶどう糖が結合したオリゴ糖である．低齲蝕性を持つ	菓子類（キャンデー，クッキー）
	フラクトオリゴ糖	0.6 しょ糖に近い甘味	腸内のビフィズス菌の増殖を促す．低齲蝕性を持つ	菓子類
糖アルコール	マルチトール（還元麦芽糖）	0.8 まろやかな甘味	消化，吸収されにくい．低齲蝕性を持つ．熱に安定で褐変しない	飲料，ジャム，キャンデー，糖尿病患者用甘味料，ダイエット用
	ソルビトール（還元ぶどう糖）	0.5～0.8 そう快な甘味	食品のきめを細かくし，舌ざわりや香りを保つ．低齲蝕性を持つ	キャンデー，チューインガム，魚肉練り製品，漬物

表 9-13 非糖質甘味料の特徴と用途

種類			甘味度（しょ糖を1として）	特徴	用途
天然甘味料	配糖体	ステビオサイド	120～150 特有のあと味や苦味が残る	キク科のステビア属の葉より抽出．ヒトでは代謝されることなく排泄．非褐変性	ダイエット用
		グリチルリチン	170～250 特有の味とあと味が残る	甘草の根より抽出．甘草エキス末として医薬用に古くより用いられてきた	みそ，しょうゆ，漬物，缶詰
合成甘味料	アミノ酸系	アスパルテーム	180～200 しょ糖によく似た自然な甘さであっさりとしたあと味	アスパラギン酸とフェニルアラニンのペプチドのメチルエステル．体内ではアミノ酸代謝経路に従って代謝される．高温で変性し，甘味減少	冷菓，清涼飲料，テーブルシュガー フェニルケトン尿症には厳禁
	その他	サッカリン	200～500 苦味がある	熱を加えたり酸性の液に加えたりすると分解が早まり苦味が出る．使用については制限がある	チューインガム，清涼飲料，アイスクリーム，あん

（川端晶子，畑 明美：調理学．p.199-200，建帛社，1990）

3. 海藻抽出物とゼラチン

　成分抽出素材のなかで凝固材料として用いられるものに，寒天やカラギーナンなどの海藻抽出物とゼラチンがある．いずれも，水を加えて加熱すると流動性のあるゾルとなり，冷却するとゲルとなる性質を持っている．ここでは，ゲル化の条件やゲルの性状が異なる寒天，カラギーナン，ゼラチンを試料として調理性の比較検討を行う．

実験1　寒天・カラギーナンおよびゼラチンのゾル－ゲル変化

その1　砂糖添加の影響

目的　寒天ゲル，カラギーナンゲル，ゼラチンゲルはそれぞれ特有のテクスチャーを示し，ゲルの性状は砂糖の添加により大きく変わる．本実験では，しょ糖が3種のゲル形成に及ぼす影響について調べ，おのおのの特性について理解する．

実験方法　試料：寒天，カッパー（κ）-カラギーナン，ゼラチン，しょ糖
　　　　　　器具：ビーカー，シリンダー，ガラス棒，流し缶（小），カードメーター，レオロメーター，一般実験器具

操作
　(1) 試料は寒天濃度0.5％，κ-カラギーナン濃度1.0％，ゼラチン濃度3.0％となるように表9-14のような配合割合とする．
　(2) 寒天またはκ-カラギーナンは，所定量の水を加え10分間浸漬膨潤後，加熱溶解しゾルとする．
　(3) 各加熱ゾルに所定量のしょ糖を加え，できあがり重量が100gになるよう煮詰め調整する．
　(4) ゼラチンは所定量の水を加え10分間浸漬膨潤後，50℃の湯せんで溶解する．
　(5) ゼラチンゾルに所定量のしょ糖を加え完全に溶かす．
　(6) 上記のように調製した各ゾルを流し缶に分注し，寒天，κ-カラギーナンは冷水中，ゼラチンは冷蔵庫あるいは氷水中で冷却し凝固させる．冷却温度，冷却時間を記録しておく．
　(7) 各ゲルについてカードメーター，レオロメーターによるテクスチャーの測定ならびに官能評価を行う．

表 9-14 しょ糖添加量を異にするゼリーの配合割合

寒天・κ-カラギーナンゼリー						ゼラチンゼリー					
試料		A	B	C	D	試料		A	B	C	D
寒天	(g)*	0.5	0.5	0.5	0.5	ゼラチン	(g)	3	3	3	3
水	(mℓ)	120	115	100	100	水	(mℓ)	97	92	82	67
しょ糖	(g)	0	5	15	30	しょ糖	(g)	0	5	15	30
できあがり量	(g)	100	100	100	100	できあがり量	(g)	100	100	100	100

* κ-カラギーナンの場合は 1g とする.

実験結果のまとめ

表 9-15 しょ糖添加量を異にするゼリーの特性

(a) ゼリーのテクスチャー特性

測定項目	しょ糖含量(%)			
	0	5	15	30
硬さ				
凝集性				
もろさ				
弾力性				
付着性または粘り				

(b) ゼリーの官能評価

硬　　さ　1　2　3　4　5　6　7
口当たり
(なめらかさ)　1　2　3　4　5　6　7
弾　力　性　1　2　3　4　5　6　7
凝　集　性
(崩れやすさ)　1　2　3　4　5　6　7
付　着　性
(粘っこさ)　1　2　3　4　5　6　7
総合評価　1　2　3　4　5　6　7

その2　果汁添加の影響

目的　寒天，κ-カラギーナン，ゼラチンゲルの性状，ゾル－ゲル転移に及ぼす果汁の影響について調べる．

実験方法　試料：寒天，カッパー(κ)-カラギーナン，ゼラチン，しょ糖，果汁（キウイフルーツまたはパパイア）（表 9-16）

表 9-16　果汁の添加条件

試料	寒天	κ-カラギーナン	ゼラチン
A	寒天を加熱溶解中に，生果汁を添加し再加熱	κ-カラギーナンを加熱溶解中に，生果汁を添加し再加熱	ゼラチンを50℃で湯せんして溶解後，生果汁を加熱（100℃），冷却後（50℃）添加
B	寒天を加熱溶解後，50℃まで冷却して生果汁を添加し混合	κ-カラギーナンを加熱溶解後，50℃まで冷却し生果汁を添加し混合	ゼラチンを50℃で湯せんして溶解後，生果汁を添加し混合

器具：ミキサー，こし布，直径1.5 mm程度の金属球，小型試験管，試験管立て，その他の器具は **その1** と同じ

操作

(1) 試料は寒天濃度0.5％，κ-カラギーナン濃度1.0％，ゼラチン濃度3.0％となるように表9-17のような配合割合とする．

(2) 果汁：キウイフルーツまたはパパイアをミキサーにかけ，布でこし試料果汁とする．

(3) 寒天・κ-カラギーナンゼリー：寒天またはκ-カラギーナンに所定量の水を加え10分間浸漬，膨潤して加熱する．寒天，κ-カラギーナンが溶解したことを確認後，さらに弱火で3分間沸騰を持続させる．しょ糖を加えて160 gになるまで煮詰めたあと，A，Bに分ける．

(4) A：寒天，κ-カラギーナン各ゾル80 gに果汁20 gをそれぞれ加え，3分間煮沸させ，100 gになるよう重量調整を行う．

(5) B：寒天，κ-カラギーナン各ゾル80 gを50℃まで冷却し，生果汁20 gをそれぞれ加えて混合する．

(6) ゼラチンゼリー：ゼラチンに分量の水を加えて10分間浸漬，膨潤し，湯浴中で加熱溶解する．さらにしょ糖を加えて溶かしたあと，A，Bに分ける．

(7) A：生果汁（20 g）の酵素を失活させるために加熱し，沸騰したらただちに火から下ろし，50℃まで冷却し，50℃のゼラチンゾル80 gを加えて，100 gになるように50℃の温水で重量調整を行う．

(8) B：50℃のゼラチンゾル80 gに果汁20 gを加えて混合する．

(9) 上記のように調製した寒天，κ-カラギーナン，ゼラチン各混合ゾルをゼリーグラスと小型試験管に分注し，冷蔵庫または氷水を入れたバット中で冷却，凝固させる．このとき，小型試験管の試料表面は水平に保つ．

(10) 一定時間放置し凝固したら，小型試験管のゲル表面に金属球をおき，試験管を恒温水槽中に固定して2℃/分で加熱し，金属球が落下した温度をゲル－ゾル転移温度とする．

(11) 同様に一定時間放置してゲル化した各試料について，官能評価およびカードメーター，レオメーターなどにより，テクスチャーの測定を行う．

表 9-17 果汁添加ゼリーの配合割合

試　料	寒天ゼリー	κ-カラギーナンゼリー	ゼラチンゼリー
ゲル化剤　（g）	寒天・1	κ-カラギーナン・2	ゼラチン・6
水　　　　（mℓ）	160 + x	160 + x	130 + x
しょ糖　　（g）	(24 − x)	(24 − x)	(24 − x)
果　汁　　（g）	40	40	40
できあがり量（g）	200	200	200

※（　）内は果汁に含まれる糖量によって求める．糖の目安は 12 % とする．
　例：果汁に含まれる糖含量を 11 % とするならば，$x = 40 \times 0.11 = 4.4$ (g)
　　　加えるしょ糖は，$24 - 4.4 = 19.6$ g となる．

実験結果のまとめ

表 9-18 果汁添加ゼリーの特性

（a）果汁添加ゼリーのテクスチャー特性およびゲル-ゾル転移温度

測定項目	寒天ゼリー		κ-カラギーナンゼリー		ゼラチンゼリー	
	A	B	A	B	A	B
硬　　さ						
凝集性						
もろさ						
弾力性						
付着性または粘り						
ゲル-ゾル転移温度						

（b）ゼリーの官能評価

```
硬　　さ         1  2  3  4  5  6  7
口当たり
（なめらかさ）   1  2  3  4  5  6  7
弾　力　性       1  2  3  4  5  6  7
凝　集　性
（崩れやすさ）   1  2  3  4  5  6  7
付　着　性
（粘っこさ）     1  2  3  4  5  6  7
総　合　評　価   1  2  3  4  5  6  7
```

参考

a．示差走査熱量計（DSC）によるゾル-ゲル転移の測定

(1) 付属のサンプルケースの一方にゾルを，他方に対照として脱イオン水を入れる．

(2) 測定温度範囲，昇温および降温速度を決定し，プログラムを設定する．この場合，昇温および降温速度が速過ぎると，昇降温速度依存性が生じるので注意する．

(3) 測定後，得られたDSC曲線から発熱ピークおよび吸熱ピークを解析し，凝固温度，融解温度，凝固エンタルピー，融解エンタルピーなどを求める．

b．κ-カラギーナン，アガロースおよびゼラチンゲルの融解および凝固温度

表 9-19　しょ糖添加アガロースゲル・しょ糖添加κ-カラギーナンゲルの融解温度

	アガロース(%)				κ-カラギーナン(%)			
	2	3	4	6	1	2	4	6
しょ糖　0 M	74.7℃	74.9℃	75.1℃	75.4℃	46.8℃	51.5℃	59.0℃	66.9℃
しょ糖　0.5 M	74.8	75.2	75.6	76.2	47.4	56.9	64.4	69.4
しょ糖　1.0 M	78.6	78.8	78.9	80.6	51.1	64.0	69.8	75.1

(Watase, W., et al：*J. Agric. Food Chem*., **38**, 1181, 1990)
(Nishinari, K., et al：*J. Agric. Food Chem*., **38**, 1188, 1990)

表 9-20　κ-カラギーナンおよびゼラチンゲルの凝固温度

ゼラチン(%)	凝固開始温度(℃)	凝固ピーク温度(℃)	κ-カラギーナン(%)	凝固開始温度(℃)	凝固ピーク温度(℃)
4	24.2	16.1	0.9	31.3	30.2
8	26.9	18.4	1.8	39.0	37.2
12	27.5	18.8	2.7	44.9	42.7

(森髙 他：家政誌，**48**，885，1997)

c．カラギーナンの種類

(1) 寒天と同じく紅藻類の抽出物であるが，カッパー（κ），ラムダ（λ），イオタ（ι）の3種類があり，おのおのの性状は異なる．λ-カラギーナンはほとんど凝固しないが，粘性は大きい．κ-カラギーナン，ι-カラギーナンはカリウムやカルシウムにより凝固する．ι型はカルシウムの共存によりゼラチンゲルに似たレオロジー特性を持つゲルを形成する．κ型はカリウムの共存により強くゲル化し，寒天に近い性質を示すが，寒天に比べ弾力性がある．κ型とι型はともに寒天より透明感のあるゲルをつくる．

d．ゲル化に及ぼす果汁の影響

(1) 寒天・κ-カラギーナン：寒天，κ-カラギーナンの長鎖は酸性で加水分解されやすいので，有機酸含量の高い果汁を加えて加熱すると加水分解されてゲルの形成が悪くなり，ゲルは軟らかくもろくなる．ゾルを50～60℃まで冷却して果汁を加えるとよい．

(2) ゼラチン：ゼラチンゾルはpH 5前後の等電点付近で最もよく凝固する．キウイフルーツ，生のパインアップル，パパイア，しょうが汁などはたんぱく質分解酵素を含むため未加熱で加えるとゲル化を妨げる．加熱して加えるとよい（p.71参照）．

その3　寒天ゲルと呈味強度

目的
ゲルの味の強さは，味物質の濃度によるだけでなくゲル化剤の濃度によっても変化する．寒天ゲルの塩味，甘味，苦味の強さに及ぼす寒天濃度の影響について調べる．

実験方法
試料：寒天，塩化ナトリウム，カフェイン，アスパルテーム
器具：**その1** と同じ
操作
(1) 試料は表9-21のような配合割合とする．
(2) 寒天に所定量の水を加え10分間浸漬，膨潤したあと，加熱溶解する．
(3) 塩化ナトリウムを5 mLの50～60℃の脱イオン水で溶かす．同様に同じ濃度の食塩水を合計6個用意する．
(4) 0.9～2.0％の6種類の寒天ゾルに(3)で調製した食塩水をそれぞれに加える．全量を100 gになるよう熱水で調整したあと，固める．
(5) カフェイン，アスパルテームについても同様に50～60℃の水溶液に溶かし，0.9～2.0％の6種類の寒天ゾルにそれぞれ加えて100 gとしたあと，固める．
(6) 塩味，苦味，甘味の一連の0.9～2.0％寒天ゲルについて，各味ごとに味の強さ，テクスチャーを評価する．

表 9-21　寒天ゲルの配合割合

濃度（％）	0.9	1.1	1.3	1.5	1.8	2.0
寒天 (g)	0.9	1.1	1.3	1.5	1.8	2.0
寒天を溶かす水 (g)	94.1−x	93.9−x	93.7−x	93.5−x	93.2−x	93.0−x
呈味物質を溶かす水 (g)	5	5	5	5	5	5

※ できあがり重量：100 g，xは塩化ナトリウムでは0.90 g，アスパルテームでは0.02 g，カフェインでは0.08 gとする．

実験結果のまとめ

表 9-22　評価例

味の強さ　1　2　3　4　5　6　7
硬　さ　　1　2　3　4　5　6　7
もろさ　　1　2　3　4　5　6　7

4. 油　脂

　油脂は種々の食品に含まれているが，とくに多く含む食品より抽出し，精製して調理や加工に用いられている．油脂には常温で液体の油と固体の脂があり，それぞれの特性が調理に生かされている．

実験1　じゃがいもの素揚げにおける水と油の交換

目 的　　揚げ物は高温の油のなかで食品を加熱するので食品中の水分が蒸発し，代わって油が吸着され，水と油の交換が起こる．脱水の様相は食品の種類，切り方，揚げ油の温度，揚げ時間，揚げ油の品質などで変わってくる．本実験では，じゃがいもを用いて油の揚げ温度の相違による食品の脱水と油の吸着について検討する．

実験方法　試料：てんぷら油500 g，じゃがいも50 g×3
　　　　　　器具：揚げ鍋，温度計（200～300℃），熱電対温度計，スタンド，一般実験器具，
　　　　　　　　　一般調理器具

操作
　(1)　じゃがいもは皮を剝いて薄く（1.5 mm）輪切りにし水に30分浸しておく．
　(2)　じゃがいもを布巾で拭いて水気を切り，50 gずつ3つに分けておく．
　(3)　揚げ鍋の重量をはかり，油500 gを入れて再び重量をはかり，揚げ油の温度変化を測定のため熱電対温度計をセットして火にかけ，油の温度を130℃に調整しておく．
　(4)　油にじゃがいもを入れ，同時にストップウォッチを押し，軽く混ぜながら揚げる．材料投入後の温度低下を記録，再び上昇し元の温度に回復したらその温度を保つ．きつね色程度にからりと揚がるまで温度を観察しながら記録する．
　(5)　じゃがいもを網じゃくしで紙に取り重量をはかる．揚げ鍋の重量もはかる．
　(6)　以上の操作を油の温度を160℃，180℃に保ちながら揚げて比較する．
　油の吸着量，脱水率を次式により算出する．

$$油の吸着量 = 揚げる前の油の重量 - 揚げたあとの油の重量$$

$$脱水率（\%） = \frac{生の試料重量 - (揚げあがりの重量 - 油の吸着量)}{生の試料重量} \times 100$$

実験結果のまとめ

表 9-23　じゃがいもの素揚げにおける水と油の交換

揚げ温度	130℃	160℃	180℃
生の試料重量　　（g）			
揚げあがりの重量　（g）			
油の吸着量　　　（g）			
脱水率　　　　　（%）			
油の最低下時の温度（℃）			
油の温度回復時間　（分）			
揚げ時間　　　　（分）			
できあがりの性状，味			
考　察			

参　考

表 9-24　揚げ油の吸油率

種　類	油の量(%)
素揚げ	3～ 8
から揚げ	6～ 8
てんぷら	15～25
フリッタ・フライ	10～20
はるさめ揚げ	25

（香川芳子監修：五訂食品成分表，女子栄養大学出版部，2003）

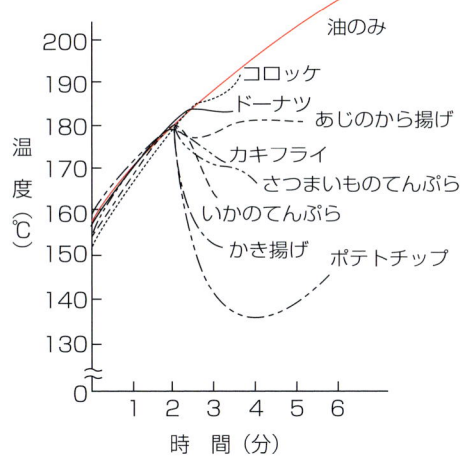

図 9-5　各種の揚げ物による揚げ油の温度変化

（大鹿淳子：家政学雑誌 9, p.225, 1958）

　(1)　揚げ物では，適温になった揚げ油に材料を入れると，材料の温度が低いことと，材料中の水分が蒸発するために気化熱を奪われて油の温度は下がる．一度に入れる材料の少ない場合は，火を強めるともとの温度に早く回復するが，材料の多い場合は回復が遅れ，適温より低いところで揚げている場合が多い．揚げ鍋に入れる材料の適量を知ること，また適温を保持するには温度計を用いて確認することも重要である．

　(2)　油の温度が高いときは加熱時間を短く，温度が低いときは加熱時間を長くすればよいが，前者では着色が過ぎ，逆に後者では着色はしないが油切れがよくない．このような場合はいったん取り出してから，油温を180℃ぐらいに上げ，30秒くらい二度揚げをするとカラッとする．

実験2　揚げ物の種類と適温および揚げ時間

目　的　揚げ物は，揚げる材料の水分や成分，揚げ物の目的などによって油の適温や揚げ時間が異なる．本実験では，衣揚げ材料として，植物・動物性食品，緑葉野菜，半調理食品，脱水が目的のものなど，数種類の場合についてその適温を検討する．

実験方法　試料：てんぷら油 500 g×4，小麦粉，卵，さつまいも，魚，青じそ，コロッケ（半調理食品），食パン

器具：揚げ鍋 4 個，温度計（200〜300 ℃）4 本，熱電対温度計，標準色票，一般調理器具

操作
(1) 揚げ温度は 140 ℃，160 ℃，180 ℃，200 ℃ とする．
(2) さつまいも，魚の切り身，青じそはてんぷらの衣をつけて揚げ，食パン（クルトン）は 5〜7 mm 角に切って揚げる．てんぷらの衣は卵 15 g に水 20 mℓ を加え，卵水をつくりふるった小麦粉 20 g を加え軽く混ぜる（混ぜる回数を数える）．
　・衣揚げ：さつまいも・魚の切り身・青じそ
　・素揚げ：食パン
　・フライ：コロッケ
(3) 食べられる適当な状態になっていれば揚げあがりとする．
(4) 揚げあがりまでの時間および表面の焦げ色を標準色票で測定する．
(5) 官能検査は評点法にて行う．

実験結果のまとめ

表 9-25　揚げ物の種類と適温および揚げ時間

揚げ材料	揚げ温度 (℃)	揚げ時間 (分)	色	官能検査			
				油切れ	歯ざわり	味	総合評価
さつまいも	140 160 180 200						
魚の切り身	140 160 180 200						
青じそ	140 160 180 200						
コロッケ	140 160 180 200						
食パン（クルトン）	140 160 180 200						

参 考　揚げ物は揚げる材料によって適温が異なる．表面だけの加熱でよいものは温度を高くして短時間で揚げ，内部まで十分火を通さねばならないものは温度を下げて加熱時間を長くする．から揚げのように脱水を主目的とするものは材料をそのまま，魚，肉などはでん粉を薄くつける程度で揚げる．てんぷらなどは材料の水分の蒸発を少なくしてもち味を生かすように揚げ材料を水分の多い衣でくるんで揚げる．衣の水分が蒸発し油を吸収している間に材料に熱が通る．

a．てんぷらの衣の材料と役割

(1) 小麦粉の分量は，材料の重量に対し，18～20％とし，加える水は粉の重量の1.5～2.0倍くらいにする．

(2) 水の1/3～1/4を卵におき換えると，衣の揚げあがり容積が大きくなり，グルテンの形成も妨げられ，また卵は高温加熱により脱水されやすいなどの理由により，カラッとした口当たりになり味もよくなる．

b．パン粉揚げの材料と役割

(1) 小麦粉は，材料の水分を吸収し卵液をつけやすくし，加熱により糊化し薄膜をつくる．

(2) 卵液はパン粉をつけやすくし，加熱するとたんぱく質の薄膜をつくる．

(3) パン粉は揚げるとさらに水分が減少し，ほどよい焦げ味がつき，油を吸収してよい風味となる．

表 9-26　揚げ物の適温と時間

調理の種類	温　度	時　間
てんぷら（魚介類）	180～190℃	1～2分
さつまいも／じゃがいも／れんこん　厚さ0.7cm	160～180	3分
かき揚げ　魚介類／野菜	180～190	1～2分
フライ	180	2～3分
カツレツ	180	3～4分
コロッケ	190～200℃	1～1.5分
ドーナツ	160	3分
クルトン	180～190	30秒
フリッター	160～170	1～2分
ポテトチップ	130～140	8～10分
こいのから揚げ	140～150／180　二度揚げ	5～10分／30秒
パセリ	150～160	30秒

実験3　マヨネーズ

目　的　マヨネーズは卵黄を乳化剤とし，油，食酢，調味料を混合攪拌した水中油滴型（O/W型）のエマルションである．マヨネーズ調製には種々の条件があるが，本実験では，油と酢の加え方による粘度の違い，油球の大きさ，エマルションの安定性について調べる．

実験方法　試料：卵黄 16 g（1 個分），サラダ油 100 mℓ，食酢 15 mℓ，こしょう 0.5 g，食塩 2.5 g，洋がらし粉 0.5 g，以上の試料×3，メチルオレンジ，ズダンⅢ
器具：ほうろう製ボール 3 個，泡立て器，メスシリンダー，駒込ピペット，回転粘度計，顕微鏡

操作
(1) ボールに卵黄，洋がらし粉，こしょう，食塩を混ぜ合わせたものを 3 組つくり，次の方法でマヨネーズを調製する．

　　A：食酢全量を最初に入れ，油をピペットで徐々に滴下しながら攪拌する．よく乳化したら油の量をしだいに増やしていく．

　　B：食酢 5 mℓ を加え，油をピペットから徐々に滴下しながら攪拌し，硬くなれば食酢 5 mℓ を加えて，また油を滴下する．これを繰り返す．よく乳化したら油の量をしだいに増やしていく．

　　C：食酢 5 mℓ を加え，全量の油を一度に入れて攪拌する．

(2) A，B，C のマヨネーズの硬さ，粘性を官能的に調べるとともに，油滴の大きさを顕微鏡（×200，マイクロメーターを用いる）で測定する．回転粘度計を用いて粘度特性を検討する．

(3) 色素法を用いてエマルションの型を判定する．

　① 色素法：水溶性色素メチルオレンジをエマルション中に加え，攪拌して色素が広がれば O/W 型であり，油溶性色素ズダンⅢを加えて攪拌し，色素が広がれば W/O 型である．

実験結果のまとめ

表 9-27　マヨネーズの硬さ，粘性，油滴の状態

マヨネーズ	硬さ，粘性	油滴の状態
A		
B		
C		

表 9-28　色素法によるエマルション型の判定

	メチルオレンジ	ズダンⅢ	エマルション型の判定
マヨネーズ			

参　考

(1) エマルション（乳濁液）は，親水性の液体と親油性の液体のどちらが分散相になっているかによって分類される．フレンチドレッシング，マヨネーズはともに水中油滴型（O/W型）エマルションであるが，マヨネーズは卵黄のレシチンの乳化力を利用して安定化させたものである．

(2) エマルションの型の判定には，色素法のほかに希釈法，電気伝導度法がある．
　① 希釈法：ビーカーに水を入れて試料を少量入れ，試料が水に分散して広がっていけばO/W型，広がらなければW/O型である．
　② 電気伝導度法：水は油よりも電気伝導度が高いので，テスターのセンサーをエマルションに挿入する．抵抗の数値が10 kΩ以下であればO/W型で，100 kΩ以上であればW/O型である．ただし，テスターの抵抗の数値は定量的には用いられない（図 9-6）．

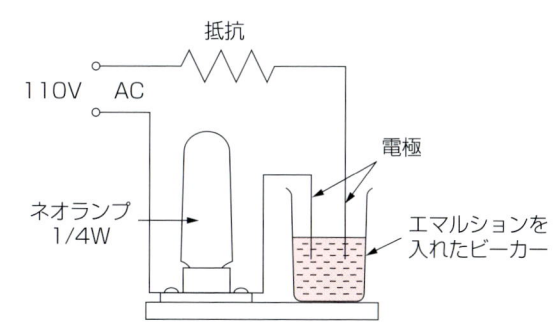

図 9-6　電気伝導度法によるエマルション型判定装置
ネオランプがつけばO/W型で，つかなければW/O型である．

(3) マヨネーズソースの分離：手づくりのマヨネーズは次のような場合に分離しやすい．
　① 卵黄の鮮度が低下している．
　② サラダ油の温度が低過ぎる．
　③ はじめに加える油の量と撹拌速度の均衡がとれていない．

(4) 分離したマヨネーズの再生法
　① 分離した油を取り分け，残りのなかに食酢を1滴ずつ徐々にかき混ぜながら加え，なめらかなクリーム状になったら，取り分けた油を少量ずつ加えてつくり直す．
　② 新しい卵黄に分離したマヨネーズを少しずつ加えてかき混ぜる．
　③ 分離を防ぐために熱湯を少量加える．

| 実験4 | フレンチドレッシング |

目 的 フレンチドレッシングの安定度に及ぼす材料配合の影響について検討する．

実験方法 試料：サラダ油 23.5 mℓ（4 mℓ×4＋4.5 mℓ＋3 mℓ），食酢 7.5 mℓ，レモン汁 2 mℓ，卵黄 1 mℓ，2％からし酢 2 mℓ（2 g のからしを 100 mℓ の食酢で溶いたもの）

器具：ストップウォッチ，メスシリンダー，駒込ピペット，目盛りつき試験管，試験管立て

操作

(1) 試験管に食酢 2 mℓ を入れ，サラダ油 4 mℓ を加え強く 10 回振って静置し，分離の状態を時間ごとに観察する（分離液量を読む）．

(2) 試験管に食酢 1.5 mℓ を入れ，サラダ油 4.5 mℓ を加え(1)と同様にする．

(3) 試験管に食酢 3.0 mℓ を入れ，サラダ油 3.0 mℓ を加え，(1)と同様にする．

(4) 試験管にレモン汁 2 mℓ を入れ，サラダ油 4 mℓ を加え，(1)と同様にする．

(5) 試験管に 2％ のからし酢 2 mℓ を入れ，サラダ油 4 mℓ を加え，(1)と同様にする．

(6) 試験管に食酢 1 mℓ，卵黄 1 mℓ，サラダ油 4 mℓ を入れ，(1)と同様にする．

(7) 経過時間ごとの分離液量を百分率（％）で求める．

実験結果のまとめ

表 9-29 フレンチドレッシングの安定度に及ぼす材料配合の影響

種類 経過時間	(1) 油 4 酢 2		(2) 油 4.5 酢 1.5		(3) 油 3 酢 3		(4) 油 4 レモン汁 2		(5) 油 4 からし酢 2		(6) 油 4 酢 1 卵黄 1	
(分)	mℓ	(%)	mℓ	(%)	mℓ	(%)	mℓ	(%)	mℓ	(%)	mℓ	(%)
0.5												
1												
2												
5												
10												
15												
20												
30												

参 考 乳化性

(1) 油と水は互いに混じり合わないが，乳化剤が存在すると，油または水が油滴または水滴となって乳濁液（エマルション）をつくる．

① マヨネーズソース：卵白・卵黄には乳化性があるが，とくに卵黄は強い乳化性を持つ．卵黄中に含まれるレシチン，リポたんぱく質によるもので，分子内に親水基と疎水基を持ち界面活性剤として働き，乳化剤としての作用をする．卵黄自体は水中油滴型のエマルションであるが，いっそう安定したエマルションを形成する．卵黄に食塩を添加すると，リポたんぱく質の塩溶効果により乳化容量はやや大となり，酢酸でpH 4以下では急激に低下する．からしにも乳化の働きがあり，調製の際に添加される．

② フレンチドレッシング：主材料は油と酢である．使用の際はよく撹拌するため乳化状態になるが，放置すると二層に分離する．市販品は乳化剤の添加により乳化状態が保持されている（サラダドレッシングともいう）．

　フレンチドレッシングの安定度には，油の種類や酸味原料の種類が影響する．油の精製度が高く，酸化の低いほうが安定度が高い．酸味原料ではレモン汁が最も安定度が高く，次いで市販酢，酢酸水溶液が最も安定度が低い．酸味原料中に含まれる酸以外の成分が安定度を高めるようである．レモン汁が安定度を高めるのは，レモンに含まれるペクチンの作用によると思われる．

(2) マヨネーズソースでは油と酢は7：1の比率が最も安定性を保ちやすい．フレンチドレッシングの油と酢は2～3：1の比率が適している．

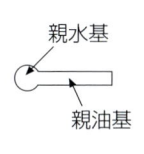

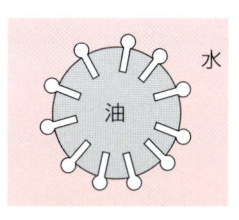

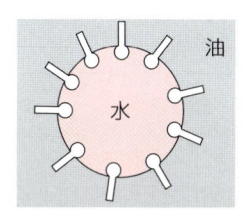

親水基
親油基

乳化剤　　　**O/Wエマルション**　　　**W/Oエマルション**

図9-7　エマルションの模式図

① 乳化剤は，1分子のなかに水に溶ける親水基と油に溶ける親油基を持っており，双方に溶けて中だちをする界面活性剤の一種である．
② 油が粒子（分散相）になって水のなか（連続相）に存在する乳濁液を水中油滴型（oil in water, O/W型）エマルションという．
③ 分散相が水で，連続相が油のものを油中水滴型（water in oil, W/O型）エマルションという．

10 介護食（咀嚼・嚥下食関連）の実験

　咀嚼が困難な人や嚥下が困難な人にとって，食物のテクスチャーとは，咀嚼しやすい硬さかどうか，口のなかでまとまりやすいか，飲み込みやすいかなどの性質といえる．すなわち，咀嚼や嚥下は，口腔から咽頭，食道を通過する過程の食物のテクスチャーとのかかわりが大きい．そこで，咀嚼や嚥下が困難な人に安定したテクスチャーを有する食事を提供するためにも，実際に提供されている介護食や嚥下訓練食のテクスチャーを客観的に把握する必要がある．

　平成6年に当時の厚生省は，高齢者用食品を特別用途食品の1つとして示していた．しかし，この基準では，高齢者のみが対象のように思われるという意見もあり，しかも，そしゃく困難は疾病とはいえないという視点から，平成20年から改正作業が行われ，平成21年に厚生労働省は，「えん下困難者用食品」として分類し，許可基準が定められた（表10-1）．

　あわせて，えん下困難者用食品の物性面からの測定方法も「えん下困難者用食品の試験方法」として示された．

えん下困難者用食品の試験方法

硬さ，付着性および凝集性の試験方法

　試料を直径40 mm，高さ20 mm（試料がこぼれる可能性がない場合は，高さ15 mmでも可）の容器に高さ15 mmに充填し，直線運動により物質の圧縮応力を測定することが可能な装置を用いて，直径20 mm，高さ8 mm樹脂製のプランジャーを用い，圧縮速度10 mm/秒，クリアランス5 mmで2回圧縮測定する．測定は，冷たくして食するまたは常温で食する食品は10±2℃および20±2℃，温かくして食する食品は20±2℃および45±2℃で行う．

表 10-1　えん下困難者用食品許可基準（平成21年）

規　格[*1]	許可基準Ⅰ[*2]	許可基準Ⅱ[*3]	許可基準Ⅲ[*4]
硬さ：一定速度で圧縮したときの抵抗（N/m^2）	$2.5×10^3 \sim 1×10^4$	$1×10^3 \sim 1.5×10^4$	$3×10^2 \sim 2×10^4$
付着性（J/m^3）	$4×10^2$以下	$1×10^3$以下	$1.5×10^3$以下
凝集性	0.2〜0.6	0.2〜0.9	—

＊1　常温および喫食の目安となる温度のいずれの条件であっても規格基準の範囲内であること．
＊2　均質なもの（たとえば，ゼリー状の食品）．
＊3　均質なもの（たとえば，ゼリー状またはムース状等の食品）．ただし，許可基準Ⅰを満たすものを除く．
＊4　不均質なものも含む（たとえば，まとまりのよいおかゆ，やわらかいペースト状またはゼリー寄せ等の食品）．ただし，許可基準Ⅰまたは許可基準Ⅱを満たすものを除く．

1. 嚥下補助食品としての市販とろみ調整食品の使いやすさおよび飲み込み特性

　嚥下に障害を持つ人々の食事に欠かせないものが市販とろみ調整食品である．市販とろみ調整食品とは，水などのようにさらっとした液体がむせやすい場合に，ベッドサイドなどでも手軽に飲料などに振り入れて粘度をつけることができるものである．ここ数年，市販とろみ調整食品の需要は高齢者施設や病院で急速に伸びている．市販とろみ調整食品を添加した飲料は，粘稠性（とろみ）を発現する主原料により，摂食する際に感じるべたつき感や口中の残留感などの飲み込みやすさが異なる．ここでは，主原料が異なる市販とろみ調整食品について，その使いやすさおよび飲み込みやすさについて検討する．

実験1　粘稠性を発現する主原料が異なる市販とろみ調整食品の添加濃度と硬さ

目的
　市販とろみ調整食品は粘稠性を発現する主原料により，使用量と硬さの関係が異なる．ここでは，粘稠性を発現する主原料が異なる3種類の市販とろみ調整食品を用いて，蒸留水への添加濃度と硬さの関係を知る．あわせて，飲み込みやすい食品とされているプレーンヨーグルト程度の硬さを得るための添加濃度を求める．

実験方法
試料：トロメリン顆粒（三和化学研究所㈱），トロミクリア（ヘルシーフード㈱），スルーソフトS（キッセイ薬品工業㈱），蒸留水

器具：テクスチャー測定装置（レオナー RE-33005；山電㈱製，卓上型物性測定機 TPU；山電㈱製，レオメーター・マックス RX-1700；アイテクノ製など）および記録計，直径40 mmの試料容器，直径20 mmのディスク型プランジャー，ビーカー，メスシリンダー，ガラス棒，一般実験器具

条件：20℃の蒸留水に添加する市販とろみ調整食品の濃度を表10-2に示す．3段階の濃度はいずれも使いやすさを考慮して，一定容量中に外割で添加するように容量に対する重量の割合（w/v%）で示した．

表10-2　市販とろみ調整食品の添加濃度（外割）

	トロメリン顆粒	トロミクリア	スルーソフトS
添加濃度 （w/v%）	3 5 7	1 3 5	1 2 3

操作
　(1) トロメリン顆粒，トロミクリアおよびスルーソフトSの原材料名表示，内容量など，包装に記載されている事項を整理検討する．

(2) 3段階の添加濃度のトロメリン顆粒，トロミクリアおよびスルーソフトSをおのおの100 mlの蒸留水に攪拌しながら振り入れ，手動によりガラス棒で1分間攪拌し，溶解させる．溶解後，だまができていないことを確認し，試料容器に15 mmの厚さになるように充填，20℃程度で約30分間放置して試料とする．とろみ調整食品を蒸留水に添加するとき，蒸留水を攪拌しながら，溶解ムラができないように少量ずつ添加していくように注意する．このとき，市販とろみ調整食品の溶解性についてもよく観察しておく．

(3) 第4章のプレーンヨーグルトのテクスチャー測定方法（p.60参照）に従い，圧縮速度10 mm/秒，圧縮量10 mm（クリアランス5 mm）に設定し，テクスチャー測定を行う．測定温度は，20±2℃である．測定後，硬さの解析を行う．

(4) 図10-1に従い，両対数グラフ上のX軸に添加濃度，Y軸に硬さをとり，市販とろみ調整食品の添加濃度と硬さの関係のグラフを作成する．テクスチャー特性の測定で得られたプレーンヨーグルト程度の硬さが得られる市販とろみ調整食品の添加濃度を，硬さの濃度依存性のグラフから読みとる（例：図10-1に示したa，bおよびcの濃度）．

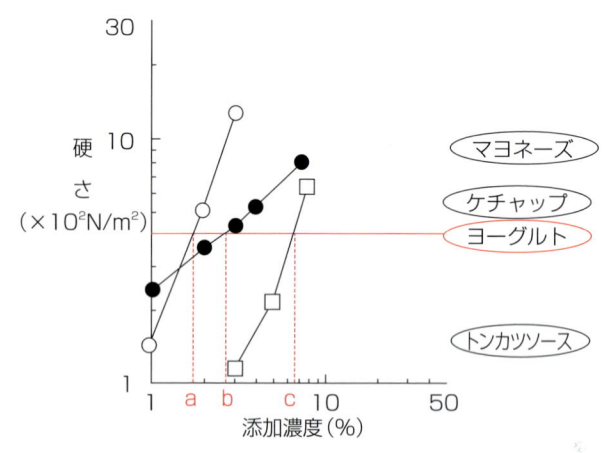

図10-1 市販とろみ調整食品の添加濃度と硬さの関係
○：スルーソフトS，●：トロミクリア，□：トロメリン顆粒
プレーンヨーグルト程度の硬さを得るための濃度
a：スルーソフトS，b：トロミクリア，c：トロメリン顆粒

実験結果のまとめ　市販とろみ調整食品に含まれる粘稠性を発現する主原料により，添加濃度と硬さの関係が異なるので，プレーンヨーグルト程度の硬さを得るための添加濃度も異なってくる．

表10-3 プレーンヨーグルト程度の硬さを得るための市販とろみ調整食品の添加濃度

	トロメリン顆粒	トロミクリア	スルーソフトS
添加濃度（%）			

実験2　市販とろみ調整食品添加試料の硬さの経時変化

目的　市販とろみ調整食品を使用するうえで重要なことは，嚥下に障害を持つ人の症状に適したテクスチャーの状態を迅速にしかも安定して得られることである．ここでは，粘稠性を発現する主原料が異なる市販とろみ調整食品を添加したあとの試料のテクスチャー特性，ことに硬さの経時変化を理解する．

実験方法

試料：実験1と同じ
器具：実験1と同じ
条件：実験1で得られた，プレーンヨーグルト程度の硬さが得られる3種類のとろみ調整食品の濃度を用いる．

操作

(1) 実験1で得られたプレーンヨーグルト程度の硬さが得られる濃度（表10-3）を用い，200 mℓ の蒸留水に対する市販とろみ調整食品の添加量を算出する．実験1の試料調製方法に従って，3種類の市販とろみ調整食品ごとに，約200 mℓ 程度の試料を調製する．

(2) 1分間の攪拌後，各試料をすみやかに試料容器に 15 mm の厚さになるように 4～5 個ずつ充填し，1，2，3，4 の記号をつける．

(3) とろみ調整食品添加開始時を0分とし，添加開始後5，10，20，30分後のテクスチャー測定を行い，解析する．ただし測定は，経過時間ごとに，別の試料を用い，同じ容器の試料を何度も測定しないようにする（プランジャーへの付着により試料量が減少するため）．テクスチャー特性の測定方法および解析方法は，第4章のプレーンヨーグルトのテクスチャー測定方法に従う．測定は，20±2℃ で行う．

実験結果のまとめ

表 10-4　硬さの経時変化

経過時間(分) \ とろみ調整食品	硬さ（N/m²）		
	トロメリン顆粒	トロミクリア	スルーソフトS
5			
10			
20			
30			

グラフ上のX軸に経過時間（分），Y軸に硬さ（N/m^2）を示し，主原料が異なる市販とろみ調整食品を添加した飲料が，プレーンヨーグルト程度の安定した硬さを示すまでの時間，また，使いやすい市販とろみ調整食品のテクスチャー特性についてまとめる．

実験3　市販とろみ調整食品添加試料の飲み込み特性

目　的　　市販とろみ調整食品を添加した飲料の飲み込み特性は，用いたとろみ調整食品の粘稠性を発現する主原料により異なる．ここでは，プレーンヨーグルト程度の硬さに調製した，3種類の市販とろみ調整食品を用いて調製した飲料の飲み込み特性について検討する．

実験方法　試料：実験1と同じ

器具：実験1と同じ

条件：蒸留水に対する市販とろみ調整食品の添加量は，実験1より得られたプレーンヨーグルト程度の硬さが得られる濃度（表10-3）から算出する．また，調製後の試料の放置時間は，実験2の硬さの経時変化（表10-4）を参考にする．

操作

(1)　3種類の市販とろみ調整食品添加試料のテクスチャー特性を測定する．

(2)　3種類の試料について，口中のべたつき感，口中の残留感，口中でのまとまりやすさおよび飲み込みやすさなどを評価項目として官能評価を行う．官能評価は順位法により行い，第6章の順位法の手順（p.96参照）に従い，官能評価用紙を作成する．官能評価を行う際の一口量は，2～5 mℓ の一定量とする．

(3)　飲み込み特性とテクスチャー特性の関係について検討する．

順位法による官能評価の解析

　ここでは，ISO 8587：2006, Sensory analysis - Methodology - Ranking に示されているフリードマンの順位検定について述べる．順位法は実験回数，試料の量およびパネルの数が少なくてすむという特徴がある．順位法の検定は，フリードマン（Friedman）の検定を行う．この検定において試料間の順位に差が認められた場合，どの試料の順位合計がほかの試料と有意に異なるかの検定に，最小有意差（LSD）を求める．次の手順に従い解析する．

手順1) 評価結果に従い，集計表（表10-5）を作成する．表は評価項目ごとに作成する．

表 10-5 集計表の作成

パネル (J)	試料（P）			順位合計[*1]
	A	B	C	
1	1	2	3	6
2	1	3	2	6
3	3	2	1	6
4	1	2	3	6
5	2	1	3	6
⋮	⋮	⋮	⋮	6
12	1	3	2	6
順位合計	R_A	R_B	R_C	72[*2]

備考：[*1] 個々のパネルの順位合計はつねに6になること．
　　　[*2] $R_A+R_B+R_C=72$ であることを確認する．

手順2) 全試料間の有意差検定をフリードマンの検定により行う．
　①式により F_{test} 値を求める．

$$F_{test} = \frac{12}{JP(P+1)}(R_A^2+R_B^2+R_C^2)-3J(P+1) \quad \cdots\cdots ①$$

　J：パネルの人数，P：試料の数
　$R_A,\ R_B,\ R_C$：A，B，C 各試料の順位合計

　表10-6にフリードマンテストにおける有意水準 0.05 および 0.01 における棄却限界値（F）を示した．算出して得られた F_{test} 値が検定表（**表10-6**）の数値より大きい場合，試料間の順位に差が認められたことになる．また，試料数や評価者数が表10-6に示されていない場合，F_{test} 値を自由度 $P-1$（P は試料数）の χ^2 値とし，χ^2 検定に従う．

手順3) フリードマンの検定において試料間の順位に差が認められた場合，2試料間の有意差検定を行う．最小有意差（LSD）の計算は，以下の式より求める．ただし，正規分布の両側検定で有意水準 $a=0.05$ に対応する z は 1.96 であり，有意水準 $a=0.01$ に対応する z は 2.58 である．

$$\text{LSD} = z\sqrt{J \cdot P(P+1)/6} \quad \cdots\cdots ②$$

　2試料間の順位合計の差が，得られた最小有意差（LSD）よりも大きい場合，その2試料の間には有意水準 $a=0.05$ あるいは $a=0.01$ で有意差があると認められる．

表 10-6 フリードマンテストにおける有意水準0.05および0.01における棄却限界値 (F)

パネル (J)	試料数 (P)									
	3	4	5	6	7	3	4	5	6	7
	有意水準 $\alpha=0.05$					有意水準 $\alpha=0.01$				
7	7.143	7.80	9.11	10.62	12.07	8.857	10.371	11.97	13.69	15.35
8	6.250	7.65	9.19	10.68	12.14	9.000	10.35	12.14	13.87	15.53
9	6.222	7.66	9.22	10.73	12.19	9.667	10.44	12.27	14.01	15.68
10	6.400	7.67	9.25	10.76	12.23	9.600	10.53	12.38	14.12	15.79
11	6.545	7.68	9.27	10.79	12.27	9.455	10.60	12.46	14.21	15.89
12	6.167	7.70	9.29	10.81	12.29	9.500	10.68	12.53	14.28	15.96
13	6.000	7.70	9.30	10.83	12.37	9.385	10.72	12.58	14.34	16.03
14	6.143	7.71	9.32	10.85	12.34	9.000	10.76	12.64	14.40	16.09
15	6.400	7.72	9.33	10.87	12.35	8.933	10.80	12.68	14.44	16.14
16	**5.99**	7.73	9.34	10.88	12.37	**8.79**	10.84	12.72	14.48	16.18
17	**5.99**	7.73	9.34	10.89	12.38	**8.81**	10.87	12.74	14.52	16.22
18	**5.99**	7.73	9.36	10.90	12.39	**8.84**	10.90	12.78	14.56	16.25
19	**5.99**	7.74	9.36	10.91	12.40	**8.86**	10.92	12.81	14.58	16.27
20	**5.99**	7.74	9.37	10.92	12.41	**8.87**	10.94	12.83	14.60	16.30
	5.99	**7.81**	**9.49**	**11.07**	**12.59**	**9.21**	**11.34**	**13.28**	**15.09**	**16.81**

注：**太字**で示された値は，χ^2 検定に従ったものである．

なお，高齢者を対象とした官能評価には順位法が有効である．ただし，評価項目は3項目以下が望ましく，比較する試料も3種類までとしたい．また，要介護度の高い高齢者を対象とする場合は，試料は2種類とし，2種類の試料を比較して答えられるような評価項目とする．この場合，2点比較法（p.82参照）が有効である．また，パネリストである高齢者と多くの生活時間を共有している人を介して答えてもらうほうが，パネリストにも負担が少なくてすむことが多い．

実験結果のまとめ

評価項目における各試料の順位合計を尺度上に表し，2試料間の特性について差の検定結果を 図10-2 のようにまとめる（試料数3，パネル数12の場合）．

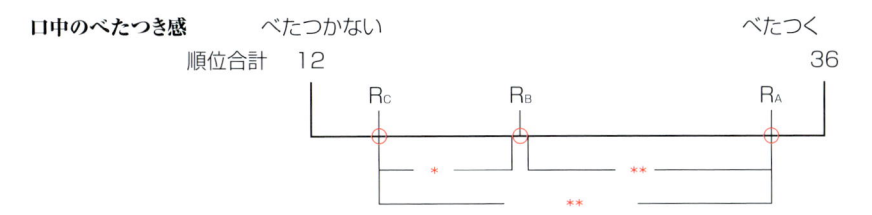

口中のべたつき感　べたつかない　　　　　　　　　　　　べたつく
順位合計　12　　　　　　　　　　　　　　　　　　　　　　36

R_C　　R_B　　R_A

図 10-2　順位法による官能評価結果の表し方
R_A，R_B，R_C：各試料の順位合計
＊＊：$p < 0.01$，＊：$p < 0.05$

その他の評価項目についても同様にまとめ，飲み込み特性の優れた市販とろみ調整食品について検討する．

参　考

この項では，市販とろみ調整食品の使いやすさおよび飲み込み特性について，実験1～3を行い，テクスチャー特性（硬さ）の測定および官能評価による飲み込み特性の測定を行ってきた．

ここでは，まとめとして市販とろみ調整食品の代表であるトロメリン顆粒（でん粉系増粘剤），トロミクリア（キサンタンガム系増粘剤），スルーソフトS（グアーガム系増粘剤）について現在まで明らかになっている結果を示す．

添加する飲料により，市販とろみ調整食品のテクスチャー特性は異なる．実験1で得られた添加濃度を，オレンジジュース，牛乳，すまし汁および濃厚流動食に添加した場合，硬さがどのように変化するかを 図10-3 に示した．破線で示した蒸留水添加

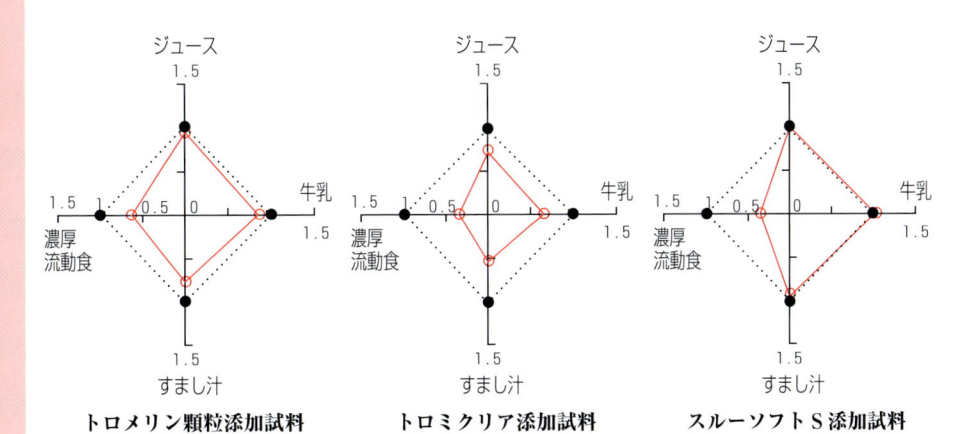

トロメリン顆粒添加試料　　トロミクリア添加試料　　スルーソフトS添加試料

図 10-3　添加する飲料による硬さの変化
……：蒸留水添加試料の硬さの割合
―――：各飲料に添加した場合の硬さの割合

試料の硬さを1として，各飲料に市販とろみ調整食品を添加した試料の硬さの割合を色線で示した．添加する飲料により，また，市販とろみ調整食品の種類により，硬さが異なることがわかる．このように，市販とろみ調整食品は飲料により添加濃度を加減する必要がある．

応用として官能評価を行う試料は，高齢者施設で水分補給に用いられているイオン飲料や茶類を用いて行うことも考えてみるとよい．

図10-3で示した3種類の飲料（オレンジジュース，牛乳，すまし汁）と基準の蒸留水の結果について，第4章を参考にテクスチャー特性の付着エネルギーを算出し，硬さとの関係を示したものが，図10-4である．また，濃厚流動食に添加する場合もあるので，その結果も図10-4bにテクスチャー特性の硬さと付着エネルギーの関係を示した．

a：蒸留水，オレンジジュース，牛乳，すまし汁添加試料

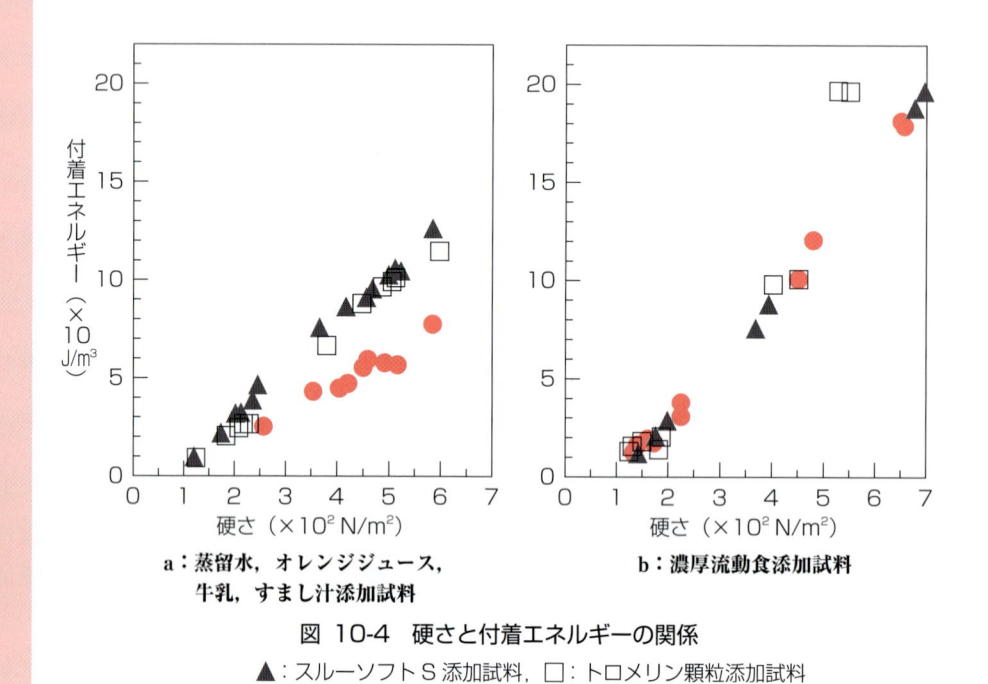

b：濃厚流動食添加試料

図 10-4　硬さと付着エネルギーの関係

▲：スルーソフトS添加試料，□：トロメリン顆粒添加試料
●：トロミクリア添加試料

図10-4aからは，明らかにトロミクリアを添加した飲料（●）の付着エネルギーがほかの2種のとろみ調整食品を添加した飲料よりも低くなっている．また，図10-4bの濃厚流動食に添加した場合には，3種のとろみ調整食品の硬さと付着エネルギーの関係はほぼ等しくなっている．このような結果から，添加する飲料によってとろみ調整食品の働きが異なることを知ることができるので，実験1，2ではテクスチャー特性の硬さのみを測定しているが，第4章を参考にほかのテクスチャー特性についても解析してみるとよい．

2. ゼリー状食品の飲み込み特性および咀嚼性

　水のようにさらっとした飲料は，ゲル化剤によりゼリー状にまとめることによっても，誤嚥することなくむせずに食べることができる．また，魚のように繊維の多いものやバラバラになるようなものは，周囲をゼリー状のもので覆うことによりなめらかにまとめることができる．しかし，ゼリー状食品の咀嚼性や飲み込み特性は，用いるゲル化剤の種類や，供食する際のゼリーの硬さによっても異なる．近年，使いやすさや飲み込みやすさを考慮した新しいゲル化剤の開発が進んでいる．

　従来の寒天は，十分に煮溶かす必要があったが，介護食用として市販されている寒天は，ポットのお湯（85℃以上）だけでも簡単に溶解することができる．また，κ-カラギーナンを主原料に，数種類の増粘多糖類を混合したカラギーナン製剤なども市販されている．

　ここでは，市販ゲル化剤としてゼラチン（マルハ㈱）に加え，お湯で溶ける介護食用寒天（以後，介護食用寒天と記す：伊那食品工業㈱）および，カラギーナン製剤アクアジュレパウダー（以後，カラギーナン製剤と記す：㈱フードケア）を用いて調製したゼリー状食品の飲み込み特性や咀嚼性の相違について検討する．

実験1　異なるゲル化剤の添加濃度とゼリーの硬さ

目的　ここでは，器から取り出すと自重で崩れる程度，および器から出しても形を保つことができる程度の2段階の硬さに設定したゼリー状食品を用いて，飲み込みやすさについて検討する．

実験方法
試料：ゼラチン（マルハ㈱），介護食用寒天（伊那食品工業㈱），カラギーナン製剤（アクアジュレパウダー：㈱フードケア），蒸留水

器具：テクスチャー測定装置（レオナー RE-33005；山電㈱製，卓上型物性測定機 TPU；山電㈱製，レオロメーター・マックス RX-1700；アイテクノ製など）および記録計，直径40 mmの試料容器，直径20 mmのディスク型プランジャー，ビーカー，メスシリンダー，ガラス棒，一般実験器具

条件：蒸留水に添加するゲル化剤の濃度を表10-7に示す．3段階の濃度はいずれも，重量/容量（w/v%）とし，使いやすいように外割で示した．

表 10-7　ゲル化剤の添加濃度（外割）

	ゼラチン	介護食用寒天	カラギーナン製剤
添加濃度 (w/v%)	1 2 4	0.2 0.4 0.8	2 3 4

操作

(1) 3段階の添加濃度のゼラチン，介護食用寒天およびカラギーナン製剤はおのおのビーカーに入れた 200 ml の蒸留水に添加し 10 分間膨潤後，いずれもラップをする．介護食用寒天およびカラギーナン製剤は電子レンジを用いて，500 W で 3 分間，600 W で 2 分間ほど加熱する．ゼラチンは 500 W で 2 分間，600 W で 1 分間ほど加熱し，いずれもガラス棒で攪拌溶解させる．

(2) 60 ℃ 程度まで品温を下げる．

(3) 試料容器に 15 mm の厚さになるように充填し，氷水または冷蔵庫中で 30 分間冷却する．この際，試料表面が水平になるように固定する．ゼラチンは硬さの経時変化が大きいため，本来，調製後 20 時間以上経過したものを現場では用いるが，ここでは学生実験を想定しているため，あえて調製後 30 分間経過したものを試料とする．

(4) 第 4 章のテクスチャー測定方法に従い，直径 20 mm のディスク型プランジャーを用い，圧縮速度 10 mm/秒，圧縮量 10 mm（クリアランス 5 mm）に設定し，テクスチャー測定を行う．測定後，硬さの解析を行う．

(5) 図 10-1 に従い，両対数グラフ上の X 軸に添加濃度，Y 軸に硬さをとり，3 種類の異なるゲル化剤より調製したゼリー試料について，ゲル化剤の添加濃度と硬さの関係のグラフを作成する．作成されたグラフより，$1 \times 10^3 \, N/m^2$（器から出すと自重で崩れる程度），および $1 \times 10^4 \, N/m^2$（器から出しても形を保つことができる）の硬さが得られる 3 種類のゲル化剤の添加濃度を読みとる．

実験結果のまとめ

ゲル化剤の種類により，添加濃度と硬さの関係が異なることがわかる．ゼリーの硬さが $1 \times 10^3 \, N/m^2$ および $1 \times 10^4 \, N/m^2$ であるゲル化剤の添加濃度を表にまとめる．

表 10-8　3 種類のゲル化剤添加濃度

硬さ (N/m^2) ＼ ゲル化剤	添加濃度(%)		
	ゼラチン	介護食用寒天	カラギーナン製剤
自重で崩れる程度 ($1 \times 10^3 \, N/m^2$)			
形が保てる程度 ($1 \times 10^4 \, N/m^2$)			

実験2　ゼリー食品の飲み込み特性

目的　異なるゲル化剤により調製したゼリー食品の飲み込み特性を，2段階の硬さ（$1 \times 10^3 \, \text{N/m}^2$ および $1 \times 10^4 \, \text{N/m}^2$）において検討する．

実験方法
試料：実験1と同じ
器具：実験1と同じ
条件：実験1の結果（表10-8）よりゲル化剤の添加濃度を決定し，2段階の硬さのゼリーを調製する．

操作

(1) 実験1に従い，調製した $1 \times 10^3 \, \text{N/m}^2$ 程度の硬さを有する3種類のゼリー食品（ゼラチン，介護食用寒天およびカラギーナン製剤ゼリー）について，口中のべたつき感，ばらつき感，残留感，および飲み込みやすさなどを評価項目とし，官能評価を行う．官能評価は順位法を用いて行い，第6章の順位法の手順（p.96参照）に従い，官能評価用紙を作成する．官能評価を行う際の一口量は，2～5 mℓ の一定量とする．順位法の解析は，市販とろみ調整食品添加試料の飲み込み特性（本章−1，実験3）に従う．

(2) (1)と同様に，$1 \times 10^4 \, \text{N/m}^2$ 程度の硬さを有する3種類のゼリー食品（ゼラチン，介護食用寒天およびカラギーナン製剤ゼリー）の飲み込み特性についても，官能評価を行う．

(3) 官能評価に用いた試料のテクスチャー特性も同時に測定し，飲み込み特性の優れたゼリー食品のテクスチャー特性について検討する．

(4) また，同じゲル化剤で調製したゼリー食品について，$1 \times 10^3 \, \text{N/m}^2$ と $1 \times 10^4 \, \text{N/m}^2$ の硬さにおける飲み込み特性の相違も検討する．

実験結果のまとめ　$1 \times 10^3 \, \text{N/m}^2$ および $1 \times 10^4 \, \text{N/m}^2$ の硬さ別に，飲み込み特性の官能評価結果を図10-2に従いまとめる．ゼリー状食品は用いるゲル化剤および添加濃度（2段階の硬さ）により，飲み込み特性が異なることを理解する．

実験3　寒天ゼリーの咀嚼食塊の形状

目的　介護食用寒天により調製した寒天ゼリーの2段階の硬さ（$1\times10^3\,\mathrm{N/m^2}$ および $1\times10^4\,\mathrm{N/m^2}$）における咀嚼食塊の形状について検討する．

実験方法

試料：介護食用寒天，蒸留水

器具：ビーカー，メスシリンダー，一般実験器具およびシャーレ

条件：表10-8に示されたゲル化剤の添加濃度に従い，2段階の硬さの介護食用寒天ゼリーを調製する．

操作

(1) 一口量を2〜5mLの一定量にし，寒天ゼリーを咀嚼する．嚥下直前のゼリー食塊をシャーレ上に吐き出す．咀嚼回数は被験者の自由とする．ただし，$1\times10^3\,\mathrm{N/m^2}$ の硬さの寒天ゼリーは，咀嚼を必要とせず，舌と上顎で押すだけで食塊とすることができる．この場合も，嚥下直前のゼリー食塊をシャーレ上に吐き出す．

(2) 硬さの異なる寒天ゼリーの，嚥下直前における食塊の形状を観察する．

実験結果のまとめ　$1\times10^3\,\mathrm{N/m^2}$ および $1\times10^4\,\mathrm{N/m^2}$ の硬さにおける寒天ゼリーの食塊の形状をおのおの観察する．この食塊の形状の相違と官能評価結果をあわせて考察する．

参考

表10-9　3種ゲル化剤の濃度，凝固温度，融解温度および硬さの関係

	濃度 (g/100mL)	凝固温度 (℃)	融解温度 (℃)	硬さ ($\times10^3\mathrm{N/m^2}$)
ゼラチン	2.0	3.2	20.0	2.2
	3.0	8.0	23.5	6.0
	4.0	10.5	25.0	13.0
介護食用寒天	0.5	36.5	83.0	5.6
	1.0	39.5	83.0	16.0
カラギーナン製剤	2.0	20.0	34.0	0.8
	4.0	27.0	42.0	13.0

　介護食に用いるゲル化剤は，調理するうえでは，比較的高い温度で凝固するものが使いやすく，また，供食する時間によって硬さの変化が少ないものが適している．融解温度の低いゼラチンは，供食するまでに室温に放置する時間によって大きく硬さが変化する（温度依存性が大）ので，温度管理が重要な課題となる．一方，介護食用寒天やカラギーナン製剤を用いたゼリー食品は，ゼラチンに比べ融解温度が高いため，供食するまでの温度管理は比較的簡便である（表10-9）．

索 引

あ

あく　69
アクトミオシン　155, 157
アクロレイン・シッフ反応　31
揚げ油の吸油率　195
揚げ物の適温と時間　197
味質　76
足の強さ　156
味の強さ　76
アスコルビン酸　73
アスコルビン酸オキシダーゼ　73
アスコルビン酸オキシダーゼ活性　75
圧縮速度　61
圧縮変形　56
圧縮量　61
油の吸着量　194, 195
油の脱水率　194
アミノ・カルボニル反応　125, 145
アミログラム　175
あめ細工　185
泡の比重　164
アントシアニン　144

い

イースト　122
閾値　77
位相差顕微鏡　28
一元配置法　100
イノシン　159, 161
イノシン-1-リン酸　161
意味測定法　107
意味微分法　107
因子分析　107, 109

え

エキステンソグラフ（Extensograph）　119
エマルション　201
嚥下機能　4
えん下困難者用食品規格基準　202
えん下困難者用食品の試験方法　202

お

応力緩和曲線　55
応力緩和測定　52
応力-ひずみ曲線　58
オーバーラン　172
オーブン加熱　69
オストワルド粘度計　42
温泉卵　166, 167
温度　14
温度計　14
温度降下速度　14

か

カードメーター　56, 179
介護食　4, 214
介護食用寒天　211, 214
海藻抽出物　188
回転回数　45
果汁　70, 189
果汁添加ゼリー　191
荷重-変形記録曲線　58
カスタードプディング　168
カゼインミセル　170
硬さ　61, 123
硬さの経時変化　205
硬さの濃度依存性　204
カッテージチーズ　170
カテゴリースケール　179
カフェイン　76
過飽和状態　183
過飽和溶液　183
かまぼこ　157
ガム性　62, 123
過ヨウ素酸・シッフ（PAS）反応　31
カラギーナン　188
カラギーナン製剤　211
カラギーナン製剤ゼリー　213
カロテノイド　144
緩衝液　74
緩衝作用　26
寒天　71, 188
寒天ゼリー　71
乾熱調理　148
官能検査　115
官能評価法　3, 76
乾麩　119
甘味の評価尺度　186
甘味料　181, 186
感量　8

き

気孔率　12
基質溶液　73
絹ごし豆腐　130
気泡　122
キャンデーテスト　181
吸水率　116
牛すね肉　152, 153
牛肉の加熱　150
牛乳　170
牛乳の酸凝固　170
凝固温度　192

凝集性　62, 123, 189
共焦点レーザー走査顕微鏡　29
強力粉　118
魚介類　154
魚肉だんご　154, 156
筋原質たんぱく質　157
筋原線維　149
筋線維　152

く

クエン酸　76
口ざわり　121
クッキー　124
クラーク試薬　34
クリアランス　61
クリープ曲線　55
クリープ測定　49
クリーム煮　170
グリコアルカロイド　34
グルコアミラーゼ法　177
グルテン　118
グルテンの網目構造　119
クレーマーの検定　98, 123
クロロゲン酸　69
クロロフィル　143

け

蛍光顕微鏡　29
鶏卵　162
計量カップ　8
計量スプーン　8
結合組織　152
ケモメトリックス　3
ゲル　188
ゲル化剤　211
ゲル－ゾル転移温度　190
ケンドールの一致性の係数　97

こ

光学顕微鏡　28
高脂肪生クリーム　172
酵素　66, 72, 190
酵素活性　73
酵素活性の単位　74
酵素的褐変　66
酵素反応　66
硬度計　64
糊化　54
糊化状態の観察　32
小型卓上走査電子顕微鏡　37, 38
糊化度　178
糊化特性　46
粉ふきいも　128
小麦　33
小麦粉　118
コラーゲン　152
衣揚げ　196
コンゴーレッド　33

さ

サイコレオロジー　3
細胞壁　38
細胞壁中層　38
魚のだし　157
さつまいも　68
砂糖濃度　181
砂糖の結晶化　183
砂糖の転化　184
砂糖溶液の加熱温度　181
さわし柿　140
酸乳　171

し

ジアスターゼ法　177
シェッフェの一対比較法　89
塩じめ　154

刺激閾　77
嗜好型官能評価　76
示差走査熱量計　191
失活　67
実体顕微鏡　28
湿熱調理　152
湿麩　119
市販とろみ調整食品　203, 205, 206, 209
しめさば　154
社会学的方法　3
じゃがいも　33, 34, 38, 194
じゃがいもでん粉　176
尺度法　79
重量　8
主成分分析　109
順位法　96, 206, 208
しょうが汁　153
ショートネス　127
初期弾性率 E_0　58
食塩　76
食肉　148
食肉の風味　149
食品の体積　12
食味関連測定装置　115
食味特性　107
食味の評価　115
食物繊維　5
食塊　214
しょ糖　76, 181
しょ糖の溶解度　184
しょ糖溶液の沸騰点　184
白身魚　157
伸展性　118

す

素揚げ　194, 196
水中テスト　181
水中油滴型　201
水中油滴型（O/W型）エマルション　198

炊飯　114
水分活性　22
水様卵白　163
スープ　152
スープストック　152
酢じめ　154
スチューデント化された範囲　105
スティーブンスのベキ法則　79
スピアマンの順位相関係数　96
スポンジケーキ　122
ずり応力　41
ずり速度　41

せ

生鮮度試験紙　159
静的粘弾性　3, 48, 55
生物顕微鏡　28, 32, 37
セファデックス　72
セファデックスG‐25カラム　72
セマンティック・デファレンシャル法　107
ゼラチン　188, 211, 213
ゼラチン化　152
ゼラチンゼリー　70
ゼリー　189
ゼリー強度　56
線形領域　58
全熟卵　166, 167

そ

走査電子顕微鏡　36
相対粘度　121
ソース　120
速度勾配　41
粗酵素液の保存　73
組織化学的染色　31
組織構造　28

咀嚼機能　4
咀嚼食塊の形状　214
咀嚼性　62, 211
ソラニン　34
ゾル　188
ゾル-ゲル化　71

た

だいず　37
対比効果　80
脱渋　140
たて塩　155
卵　162
卵豆腐　168
卵の鮮度　162
卵の熱凝固　166
タンニン　141
たんぱく質の等電点　155
たんぱく質分解酵素　70, 71, 153
弾力性　62, 118, 119

ち

血合肉　156
チーズ　171
茶わん蒸し　168
調味料の影響　116
調理科学　2
調理科学実験　2
調理学　2
調理学実習　2

て

低脂肪生クリーム　172
低真空走査電子顕微鏡　37
定速上下運動　60
呈味強度　193
テクスチャー　3, 60, 70, 188
テクスチャー記録曲線　61

テクスチャー測定　123, 204
テクスチャー測定方法　205
テクスチャー特性　60, 209
テクスチュロメーター　179
デューヌイの表面張力試験器　165
転化糖　185
電子レンジ　69
てんぷらの衣の材料と役割　197
でん粉　174
でん粉懸濁液　54
でん粉の糊化　174
でん粉の糊化度の測定法　177
でん粉の調理性　180
でん粉のデキストリン化　121
でん粉粒の糊化　32

と

ドウ（生地）　119
透過型電顕図　167
透過電子顕微鏡　36, 37
糖質甘味料　187
動的粘弾性　3, 54
糖度　69
糖度（甘味）　68
動粘度率　42
豆腐　130
動物性食品　148
とうもろこしでん粉　176
共立て法　122

な

なたね法　12, 123
生クリーム　172
生野菜の吸水　134
生野菜の放水　135

に

肉の臭み　151
肉の軟化　153
二元配置法　102
乳化剤　198, 201
乳化性　201
乳清　170
ニュートンの法則　41
ニュートン流体　41
人間工学的研究　3

ね

ねかし時間　119
熱電対温度計　15, 16
粘性　41
粘性率　41
粘弾性　119
粘度　41
粘度曲線　47

の

濃厚卵白　163
濃厚卵白率　162
飲み込み特性　206, 211, 213
飲み込みやすさ　203

は

抜糸　184
廃棄率　8
配偶法　94
ハウユニット　162
薄力粉　118
バタークリーム　172
破断エネルギー　58
破断応力　58, 59
破断強度　56
破断記録曲線　58
破断特性　3, 56

破断ひずみ　58
パン粉揚げの材料と役割　197
半熟卵　166, 167
反応の時間経過　73
ハンバーグステーキ　150

ひ

ビーフステーキ　148
比較論的方法　3
ひき肉　151
比重　21
比重計　18
比重瓶　18
ひずみ率　169, 179
非糖質甘味料　187
非ニュートン流体　41
比粘度　42
ヒポキサンチン　159, 161
評点法　100
標本作製　30
秤量　8

ふ

ブール・マニエ（beurre manie）　121
フェニルチオカルバミド　78
フェヒナーの法則　79
フォークト模型　48
フォンダン　183
分粥　115
付着エネルギー　61
付着性　61, 189
フライ　196
ブラウンルー　121
ブラベンダー・アミログラフ　174
フラボノイド　144
ブラマンジェ（Blanc-manger）　179

フリードマン（Friedman）の検定　206
振り塩　155
ブレークダウン　176
フレンチドレッシング　200, 201
分析型官能評価　76
分量評価法　79
分類学的方法　3

へ

米粒の性状　115
ベーキングパウダー　122
ペクチン　37, 129, 139
別立て法　122
ペネトロメーター　65
ペプチド結合　71
偏光顕微鏡　29, 32
弁別閾　78

ほ

ホイップドクリーム　172
膨化率　123
ポリフェノールオキシダーゼ　67
ポリフェノール物質　66
ホワイトルー　121

ま

マックスウェル模型　48
マッシュポテト　128
マヨネーズ　171, 198
マヨネーズソース　201
マヨネーズソースの分離　199
マヨネーズの再生法　199
マリネ　153

み

ミートシャメーター　64
ミオグロビン　149
みかけの相対粘度　121
みかけの粘性率 η app　41
水の状態　22
密度　21，42
味盲物質　81
ミルクゼリー　107

め

メイラード反応　125
メトミオグロビン　149
目安量　8

も

毛細管粘度計　42
木綿豆腐　130
もろさ　62

や

焼きいも　68

ゆ

融解温度　192
油中水滴型　201
油中水滴型（W/O型）エマルション　173

よ

ヨウ素反応　31
容量　8

ら

ラピッド・ビスコ・アナライザー　46

卵

卵液の熱凝固　168
卵黄　162
卵黄係数　162，163
卵殻　162
卵白　162
卵白の起泡性　164

り

力学模型　48
硫化第一鉄　167
流動性　41
リン酸緩衝液　72，75

る

ルー　120

れ

冷却　72
歴史学的方法　3

ろ

老化　174

＊

2点識別試験法　82
2点嗜好試験法　83
2点比較法　82，208
3点識別試験法　85
3点嗜好試験法　87
3点比較法　85
ATP関連化合物　160
BAP法（β-アミラーゼ・プルラナーゼ（Beta-Amylase・Pullulanase）法）　177
B型回転粘度計　44
F分布　110
F-分布表　104
IHジャー炊飯器　5
ISO 8587:2006，Sensory analysis-Methodology-Ranking　206
K値　158，159，161
pH　25
SD法　107
β-アミラーゼ　68

索引　219

〈編　集〉大羽　和子
　　　　　名古屋女子大学名誉教授

　　　　　川端　晶子
　　　　　東京農業大学名誉教授

〈執　筆〉阿久澤さゆり
　　　　　東京農業大学

　　　　　石田　裕
　　　　　元東京農業大学

　　　　　大越　ひろ
　　　　　日本女子大学名誉教授

　　　　　大羽　和子
　　　　　前掲

　　　　　川端　晶子
　　　　　前掲

　　　　　佐藤恵美子
　　　　　新潟県立大学名誉教授

　　　　　澤山　茂
　　　　　東京農業大学名誉教授

　　　　　高橋　智子
　　　　　元神奈川工科大学

　　　　　田村　咲江
　　　　　広島大学名誉教授

　　　　　升井　洋至
　　　　　武庫川女子大学

　　　　　村山　篤子
　　　　　元新潟医療福祉大学

　　　　　森髙　初惠
　　　　　昭和女子大学名誉教授

調理科学実験

2003年 4 月 1 日　　第 1 版第 1 刷発行
2004年11月10日　　第 1 版第 2 刷発行
2007年 4 月10日　　第 1 版第 3 刷発行
2009年 9 月 1 日　　第 1 版第 4 刷発行
2011年 4 月20日　　第 1 版第 5 刷発行
2013年10月 1 日　　第 1 版第 6 刷発行
2017年10月 1 日　　第 1 版第 7 刷発行
2023年10月 1 日　　第 1 版第 8 刷発行

編　者　大羽　和子
　　　　川端　晶子
発行者　百瀬　卓雄
発行所　株式会社　学建書院
〒112-0004　東京都文京区後楽1-1-15-3F
　　　　　　TEL（03）3816-3888
　　　　　　FAX（03）3814-6679
　　　　　　http://www.gakkenshoin.co.jp

印刷・製本　壮光舎印刷株式会社

© Kazuko Oba, Akiko Kawabata, 2003. Printed in Japan　［検印廃止］

JCOPY　<（一社）出版者著作権管理機構　委託出版物>
本書の無断複写は著作権法上での例外を除き禁じられています．複写される場合は，そのつど事前に，（一社）出版者著作権管理機構（電話03-5244-5088, FAX03-5244-5089）の許諾を得てください．

ISBN978-4-7624-0856-4